Cabul no Inverno

Ann Jones

Cabul no Inverno

Vida sem paz no Afeganistão

Tradução
José Garcez Ghirardi

Metropolitan Books © É uma marca registrada da
Henry Holt and Company, LLC.
Copyright © 2006 by Ann Jones. Todos os direitos reservados.
Fotografias © 2006 by Ann Jones. Todos os direitos reservados.
© 2006 Editora Novo Conceito. Todos os direitos reservados.
Nenhuma parte desta publicação poderá ser reproduzida
ou transmitida de qualquer modo ou por qualquer
meio, seja este eletrônico, mecânico de fotocópia, sem
permissão por escrito da Editora.

1ª Impressão - 2011

Produção Editorial
Equipe Novo Conceito

Tradução: José Garcez Ghirardi
Preparação de Texto: Andréa Vidal de Miranda
Revisão de Texto: Fernando Lopes Dantas
Diagramação: Printmark Marketing Editorial
Design da Capa Original: Raquel Jaramillo
Design da Capa da Edição Brasileira: Vitor Novais

Este livro segue as regras da Nova Ortografia da Língua Portuguesa

Dados Internacionais de Catalogação na Publicação (CIP)
(Câmara Brasileira do Livro, SP, Brasil)

Jones, Ann
 Cabul no inverno: vida sem paz no Afeganistão / Ann Jones; [tradução José Garcez Ghirardi]. — Ribeirão Preto, SP : Novo Conceito Editora, 2011.

 Título original: Kabul in winter : life without peace in Afghanistan
 ISBN 978-85-63219-88-6

 1. Afeganistão - Descrição e viagens 2. Afeganistão - História
 3. Afeganistão - Vida social e costumes 4. Cabul - Descrição e viagens I. Título

11-09480   CDD-958.104

Índices para catálogo sistemático:
1. Cabul : Afeganistão : Descrição e viagens   958.104

Rua Dr. Hugo Fortes, 1885 – Parque Industrial Lagoinha
14095-260 – Ribeirão Preto – SP
www.editoranovoconceito.com.br

Para minha amiga Joan Silber.

Agrícola conhecia bem o temperamento da gente da província e levou a sério a lição que a experiência de outros sugerira, de que pouco se consegue com a força, se essa vem seguida da injustiça.

Decidiu, então, eliminar as causas da guerra.

Começou por si próprio e por seu povo: ele colocou ordem em sua própria casa.

— TÁCITO

Sumário

I. Nas ruas 11

II. Nas Prisões 131

III. Nas Escolas 277

Notas 386

Agradecimentos 415

PARTE I

NAS RUAS

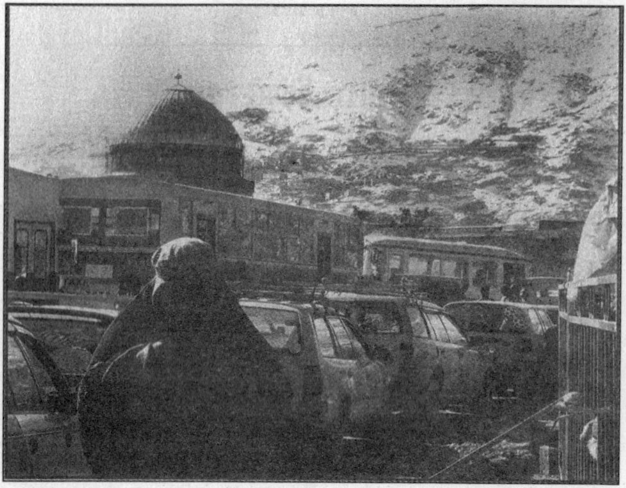

Parti para o Afeganistão depois que os bombardeios cessaram. De algum modo me sentia obrigada a tentar ajudar a recolher o que sobrara. Eu era uma nova-iorquina que sempre vivera no centro da cidade e, por um bom tempo após a queda das torres, experimentara momentos em que parecia ter perdido o rumo. Virava uma esquina e me sentia perdida. Eu precisava parar para olhar ao redor e pensar por um minuto: "qual é o caminho de casa?", como se, durante todos esses anos, eu tivesse dependido de uma percepção subliminar da massa das torres atrás de mim ou, talvez, de sua sombra sobre meus ombros para poder me orientar e encontrar o caminho certo. Eu tinha visto George W. Bush vir à cidade para pavonear-se e discursar entre os destroços e, enquanto eu o assistia arrastar para a violência o país em choque, minha tristeza se transformava em raiva e em uma decepção profunda que até agora não me deixaram. Com certeza os Estados Unidos são capazes de uma ação mais criativa do que bombardear um país pequeno, indefeso, pré-destruído do outro lado do mundo, pelo menos era nisso que eu acreditava. A morte de 4 mil civis em Cabul não serviu de consolo para a morte de milhares de todo o mundo, nas torres destruídas na cidade que, por tanto tempo, havia sido meu lar.[1] Pensei que também os EUA tinham perdido o rumo. Foi então que parti.

Cheguei a Cabul de avião, como a maioria dos viajantes estrangeiros, uma vez que as estradas no Afeganistão não recomendam a viagem por terra. Foi em dezembro de 2002, mais ou menos um ano depois que os EUA desistiram de bombardear o interior na tentativa de desentocar a Al-Qaeda das montanhas em que tinha se enfurnado. Em retrospectiva, os bombardeios de alta altitude certamente não eram a melhor maneira de se atacar alguns homenzinhos barbudos lá embaixo — uma prática que Colin Powell chamou de "bombardeie e reze" —, mas destruíram o país e acabaram com as estradas.[2] Elas já estavam em ruínas depois de vinte e três anos de guerra — os afegãos contra os soviéticos, depois os afegãos entre si. Os americanos reclamaram que, quando chegaram em busca de Osama bin Laden, um mês após 11 de setembro de 2001, já não havia mais bons alvos para bombardear mas eles bombardearam assim mesmo. Um ano, depois da guerra terminar, algumas das estradas principais ainda estavam intransitáveis, enquanto outras, pontilhadas pelas crateras deixadas pelas bombas, estavam tão desgastadas que se podiam ver as pedras sob o asfalto. Carcaças enferrujadas de tanques soviéticos e veículos blindados de ponta-cabeça jaziam ao lado da estrada como dinossauros mortos. As pontes haviam sido destruídas e algumas haviam sido substituídas por estruturas provisórias que se espalhavam pela água como balsas. Havia minas terrestres por todo o lado, mais minas por quilômetro quadrado do que em qualquer outro lugar da Terra. Os motoristas de caminhão se afastavam alguns passos da estrada para fazer xixi e voavam em nuvens de pó. Assim, o jeito era viajar de avião.

Em 2002, a Ariana Afghan Airlines era a única companhia comercial internacional capaz de me levar até Cabul, mas ela operava com uma espontaneidade displicente desconhecida das companhias que vendem suas passagens com antecedência e para voos programados. A menos que você tenha amigos influentes ou dinheiro para "presentes", o jeito de se conseguir embarcar em um voo da Ariana é ir até Dubai e Islamabad e perguntar por lá. Eles estavam fazendo o melhor possível, supus, considerando-se que apenas alguns meses antes, o estrago feito pelos bombardeios americanos havia tornado inoperante a frota da Ariana estacionada no aeroporto de Cabul. Voei para Dubai no meio da noite e fiquei andando pelo terminal, buscando aqui e ali para ver se encontrava um balcão ou escritório da Ariana. Nada. Uma faxineira do banheiro das mulheres — uma pequenina senhora do Sri Lanka, de pele escura, chamada Gloria — levou-me até um café no *lobby* do Terminal 2. Sentamos para conversar e ela se pôs a falar sobre as boas condições de trabalho em Dubai. Os governantes ricos do Emirado, disse, respeitam a classe trabalhadora e cuidam dela. Ela já trabalhava no banheiro feminino havia nove anos. O local estava bem limpo. O trabalho não era muito difícil. O salário era bom e ela tinha direito a quinze dias de licença médica, além de férias remuneradas. Ela ganhara o suficiente para comprar uma casa perto da praia e me convidou para ficar lá, caso o voo não desse certo. Eu estava quase mudando meus planos quando ela me mostrou um jovem que vinha correndo na direção do café, carregando uma grande mala preta. Vestia calças pretas e camisa branca, como um garçom do Ocidente. "É ele", Gloria me disse. "É o homem das passagens."

Ele abriu a mala em uma mesa vizinha e começou a emitir, à mão, as passagens. Pagamento só em dinheiro, como se mesmo tendo um avião na pista e passagens vendidas aos passageiros, a companhia tivesse de deixar a cidade rapidamente. "Cabul", eu disse, entregando a ele 185 dólares. "Cabul", repetiu ele, emitindo a passagem. Quando terminou de atender a mim e a um bando de homens vestindo *perahan-o tomban* — traje típico do homem afegão, composto de uma túnica comprida e calças largas —, enfiou o dinheiro na mala e partiu apressadamente. Aguardamos mais algumas horas, acompanhados de outros passageiros bem relacionados o bastante para conseguir passagens com antecedência. Então, alguém em um portão de entrada gritou "Cabul", e disparamos em sua direção, correndo, com medo de sermos deixados para trás. Os homens empurravam as mulheres e se acotovelavam na tentativa de embarcar. Segui ao lado de duas ou três mulheres ocidentais e logo deparamos com um ônibus cujos assentos já haviam sido ocupados pelos homens. Quando o ônibus chegou ao avião, os homens levantaram-se subitamente, abriram caminho entre as mulheres e dispararam para o corredor de entrada. "É a cultura local", disse uma jovem britânica ao meu lado, ao ver a expressão em meu rosto. "Os homens primeiro." Ela estava retornando de uma licença de seu trabalho em um programa de ajuda das Nações Unidas no Afeganistão. "Espere até ver os aeroportos afegãos", disse. "Eles colocam as mulheres em uma salinha e não as deixam sair até que os homens estejam confortavelmente instalados no avião."

O avião era velho — uma doação da Índia —, praticamente uma carcaça, e não estava cheio. Não havia tela para filmes, nem revistas de capas reluzentes, nem produtos de *duty-free*. A tripulação era toda composta de homens, exceto por uma jovem que andava pelo corredor carregando uma chaleira de latão. Ela usava um lenço rosa-claro sobre o rosto e educadamente desviava os olhos quando se dirigia aos passageiros: "Chá?". O avião deixou Dubai para trás e atravessou o Golfo. Mais tarde, sobrevoamos o Irã, onde montanhas escuras erguiam-se em massas compactas, como fortalezas. O piloto anunciou que havia adentrado o espaço aéreo afegão. Os passageiros aplaudiram. O deserto ondulado lá embaixo era escuro, pardo e ameaçador, sem nenhum sinal de vilarejos, nem de estradas. Desolação. Então surgiu um rio e depois campos e alguns terrenos cercados de muros — sinais de vida, finalmente —, à medida que o terreno se erguia em direção a um horizonte branco de neve e gelo. O Hindu Kush. Depois, sobrevoamos as montanhas — anônimas, sem árvores —, não os picos pitorescos dos cartões-postais da Suíça, mas um emaranhado caótico de rochas entrecortadas, como se uma grande extensão da superfície tivesse jorrado de dentro da Terra. Talvez como homens das cavernas contra-atacando. Finalmente o avião ultrapassou as montanhas e, fazendo uma grande curva, adentrou uma bacia ampla e profunda que se estendia a nossa frente, pálida à luz do sol quente e do ar rarefeito. Pairando sobre o centro dessa bacia, presa por uma cadeia de montanhas, via-se uma massa de neblina e fumaça, densa e opaca; uma mistura de fios retorcidos de fuligem oleosa e fumaça, como um grande bombril enegrecido pela sujeira das panelas. Aqui e ali a massa se esgarçava e permitia que se vissem aspectos da cidade lá embaixo; telhados planos, ruas de terra, um forte em ruínas. Então o avião mergulhou nessa massa e a luz diminuiu.

Fiquei indisposta imediatamente. Todo mundo fica. Não é apenas a altitude. É um tipo de ritual de iniciação para recém-chegados de terras mais afortunadas que podem desfrutar de luxos como gasolina sem chumbo e controle de poluição. O aeroporto fede a petroquímicos. Fora de lá o cheiro é o mesmo, e, à medida que nosso carro se aproxima da cidade, meu nariz vai ficando congestionado por causa da poeira. Respirar passa a ser um grande esforço e, mais tarde, uma luta. Em poucos dias meu peito está machucado e dolorido do esforço de manter-me viva, e minha cabeça dói o tempo todo. Eu invejo os afegãos com seus impressionantes e práticos narizes aquilinos, filtros de ar naturais de povos que vivem em terras áridas, em qualquer parte do mundo. É deprimente perceber que gente como eu, com narizes pequenos e desprezíveis, inadequados para viver nesta altitude, com o ar seco e empoeirado, foi descartada da população local, ao longo de gerações, pela seleção natural. E agora sou eu que estou sendo descartada, sufocada não apenas por doenças ocasionais, mas por forças inexoráveis que me encontram despreparada. Sob tal pressão, minha respiração fica ofegante. Meu nariz escorre, ele clama por piedade e atenção. Algumas semanas mais tarde, em encontros de "internacionais" — como são chamados os trabalhadores de agências humanitárias, diplomatas, contrabandistas e espiões ocidentais —, eu detecto o lenço de papel revelador, amassado na palma da mão ou enfiado na manga dos trajes dos recém-chegados. Alguns nunca estão bem. Parecem estar sempre sofrendo, com os olhos semicerrados por causa do pó e da luz ofuscante, com os narizes escorrendo, os lenços sempre à mão. Eu sou do grupo dos felizardos que, de alguma forma, contrariando todas as expectativas, se adaptam ao novo ambiente; como se fosse um peixe que aprende a viver na terra, eu finalmente desenvolvo a capacidade de respirar no pó.

Antes dos russos invadirem o Afeganistão em 1979, um casal de fotógrafos franceses, Roland e Sabrina Michaud, perambulou pelo país durante quatorze anos, documentando a terra e o povo. Hoje é possível folhear as páginas de *Afghanistan: The Land that Was* (*Afeganistão: a Terra que Era*) e ver uma fotografia panorâmica de Cabul, tirada em março de 1968 do alto do Bala Hissar (o Forte Alto) e exibida em página dupla. A legenda dá a seguinte descrição: "A cidade se espalha ao redor do rio Cabul. Na área ao sul da Pul-i Khesti (Ponte de Pedra), mesquitas e mercados se alternam com labirintos de ruas estreitas cortadas por uma grande avenida comercial, a Jada-e-Maiwand".[3] Lá está o rio, largo e profundo, ziguezagueando entre as páginas. Em primeiro plano, vê-se um labirinto de pequenas casas cor de barro, enquanto a ampla avenida, para além do bairro comercial, é ladeada por prédios de três e quatro andares, com as fachadas pintadas em tons de azul, ferrugem e creme. O ar é tão limpo que se podem contar as janelas das casinhas, discernir quase 20 carros — verdes, brancos, pretos — e meia dúzia de ônibus nas ruas; podem-se ver as pessoas com roupas escuras andando na orla do rio e até mesmo avistar pequenos vilarejos amontoados, bem distantes, fora dos limites da cidade. Podem-se identificar alguns edifícios que ainda sobrevivem em Cabul — a mesquita Pul-i Khesti, o mausoléu de Timur Shah, a mesquita Shah-do-Shamshira —, mas hoje não seria possível tirar a mesma foto. Mesmo em um dia favorável e com o melhor dos equipamentos, ela sairia borrada e suja, como se tirada através de lentes de fumaça e poeira.

Cabul no inverno é da cor da poeira, embora a poeira não tenha cor alguma. Ela é formada de partículas tênues de antigas montanhas pedregosas trazidas pelo vento e espalhadas pela cidade como se fossem grãos de farinha. Cobre as ruas e flutua pelas calçadas, onde se junta em pequenos montes e buracos. A chuva e a neve derretida a transformam em lama. O sol das montanhas a cozinha. As rodas das carroças a destroem. Os ventos a levantam e espalham por toda parte; pelas casas de barro e pelos muros de barro que as circundam, pela grama e pelas árvores mortas do parque, pelas vitrines das lojas e pelo letreiro quebrado do cinema, pelos xales pardos dos homens nas ruas, e pelos rostos das crianças. O pó enche o ar e o torna denso, tirando de vista as montanhas ao redor. Ele enche os pulmões, comprime o peito, entra nos olhos como grãos de areia, de tal forma que sempre se olha para essa paisagem parda e obscura com os olhos cheios de algo que parece lágrima.

A cidade se ergue solitária no ar rarefeito, cercada de montanhas. Algumas pequenas plantações se intrometem na área urbana, espalhando as casas em suas encostas mais baixas; e o leito do rio Cabul, esvaziado pela longa seca, serpenteia entre elas para se contorcer no coração da cidade. O sol se põe atrás da cadeia do Paghman, a oeste da cidade, e se ergue de novo dos picos chamados, de maneira vaga, de Montanhas Orientais. Durante todo o tempo que passei em Cabul, jamais encontrei um mapa decente que pudesse me indicar o nome certo das coisas. Os melhores mapas eram impressos em polonês[*] — a versão de Cabul da piada de polonês —, mas nem

---

[*] *Polish joke*, "piada de polonês"; o equivalente, no Brasil, a "piada de português" (N. do T.).

eu nem ninguém que eu tenha encontrado sabia ler polonês. As encostas vizinhas são cadeias secundárias do Hindu Kush, a maciça cadeia de montanhas que se estende cerca de 1.130 quilômetros para o leste pelo coração do Afeganistão, elevando-se gradativamente até culminar nos picos do Karakorum e do Himalaia. Para os habitantes de Cabul, a cidade protegida por uma bacia ampla e rasa, a cerca de 1.830 metros de altura, parece ser o centro de tudo.

Na verdade, fica no caminho de tudo. Uma estrada leva para o norte, sobre o Hindu Kush, para as estepes do Turquistão, na Ásia Central, estendendo-se até a Rússia. Outra desce para o sul em direção a Kandahar e para oeste através do deserto, em direção a Herat e ao Irã. Outra vai para o leste, seguindo o antigo curso do rio Cabul, onde ele mergulha entre as paredes de rocha pura da garganta do Tangi Gharu e corre em direção ao Paquistão e ao subcontinente indiano. Por essas rotas sai o comércio e entram os problemas. No limite oriental da cidade, sobre um promontório rochoso, estão as ruínas do velho Bala Hissar, demolido há mais de um século por tropas britânicas para vingar o assassinato de um enviado britânico. Como recompensa pelos serviços prestados, o general Frederick Roberts tornou-se Lorde Roberts de Kandahar e foi um herói tão famoso em seu país que a inscrição de seu busto, mais tarde exibido na catedral de St. Paul's, dizia simplesmente "Roberts". As velhas muralhas de pedra que outrora protegeram o forte ainda se erguem sobre o rio, dominando a vista do longo caminho até a garganta em que as águas somem na queda íngreme. Elas lembram um tempo de vigilância, em que Cabul ainda tinha algum modo de se proteger, quando ainda tinha algum poder.

As muralhas datam no mínimo do século V, do tempo dos heftalitas, dos hunos brancos, que cruzaram para o sul vindos da Ásia Central e destruíram a grande civilização dos kushans. Em seus dias de glória no século II, o império kushan explorava sua fabulosa localização a meio caminho da rota de caravanas para a Ásia — conhecida como Rota da Seda — para conquistar riqueza e poder político, negociando com os Césares em Roma e com os imperadores Han na China. Naquela época, o grande rei Kanishka, soberano dos kushans, mantinha duas capitais: um retiro de inverno a leste, em Peshawar, no atual Paquistão, e alojamentos de verão em Kapisa, bem ao norte de Cabul, próxima da moderna base militar em Bagram, construída pelos soviéticos e hoje ocupada por 20 mil americanos. Arqueólogos franceses que trabalhavam em Kapisa em 1939 desenterraram um enorme tesouro kushan amealhado a partir do comércio: pilhas de fino marfim da Índia, laca da China, bronzes de Roma e baixos-relevos e vidros da Alexandria. Após a morte do rei Kanishka, a luta pelo poder trouxe a guerra civil, ao mesmo tempo que desenvolvimentos em Roma e na China prejudicaram o comércio; não tardou muito para que os decadentes kushans se vissem submetidos à autoridade do império sasaniano da Pérsia (hoje, Irã), a oeste. Depois vieram os ferozes cavaleiros heftalitas, que construíram as grandes muralhas de Bala Hissar, em Cabul, fortes e grossas, para se protegerem dos invasores que eles anteviam. Acreditava-se que os tesouros dos kushans, que durante muito tempo ficaram expostos no Museu Nacional de Cabul, tivessem se perdido ou sido destruídos nas guerras recentes. Entretanto, eles reapareceram após a queda do Talibã e a invasão americana de 2001. Funcionários do museu os haviam escondido.

Aprendi a maior parte dessa história antiga lendo *An Historical Guide to Afghanistan* (*Um Guia Histórico do Afeganistão*), obra localmente famosa escrita por Nancy Hatch Dupree e que foi publicada em Cabul em 1970, pela Organização Afegã de Turismo. A autora já era conhecida na Ásia por seu trabalho na área de Educação e junto a comunidades rurais, quando se casou com Louis Dupree, o mais importante antropólogo que trabalhou no Afeganistão, nas décadas de 1960 e 1970, e renomado cronista do passado afegão. Junto com o marido, ela viajou para regiões remotas do país e, em diferentes períodos, viveu meses em vilarejos obscuros, próximos a escavações arqueológicas em que fragmentos de vasos pré-históricos eram retirados da terra. Foi assim que ela aprendeu quase tudo o que há para saber sobre o passado e o presente desse pequeno pedaço do planeta — mais ou menos do tamanho do Texas — que veio a ser chamado de Afeganistão. Como ela deve ter adorado esse tempo, essa mulher que amava aventuras e que tinha uma propensão acadêmica, maravilhada pelas novas descobertas, sentada à noite, com o marido, conversando sob as estrelas. Eu não consigo me lembrar de tudo, das dinastias — os ghaznavidas, os góridas, os mongóis, os timuridas, os mogules, os safávidas, os durranis —, suas sucessivas ascensão e queda alterando os centros de poder, aqui e ali, através do mapa da Ásia Central e do Oriente Médio, expandindo impérios e o próprio mapa para além dos antigos limites do mundo apenas para ver esse mesmo mapa reduzido novamente, à medida que o poder se fragmentava nas guerras entre famílias ou se esfacelava sob as patas de cavalos desconhecidos. Durante todos esses séculos, o que chamamos de Afeganistão jamais foi uma nação de fato, mas apenas um pedaço da paisagem ou, antes, esparsos vales de terra habitável entre desertos e montanhas intransponíveis, como um tabuleiro de xadrez em que jogos políticos eram disputados por forças que chegavam de longe, destruíam o lugar e seguiam adiante. Ninguém sabia de qual direção viria a próxima onda.

O guia segue as estradas afegãs pelas quais, há muito tempo, viajaram Alexandre, o Grande, Gêngis Khan e Marco Pólo, esse último, felizmente, apenas a passeio. A história toda se parece com a história dos kushans, que, na verdade, também vieram de outro lugar, expulsos de suas pastagens ao longo da fronteira chinesa e que, nômades, mudavam a sede do governo do Afeganistão para o Paquistão e vice-versa, de acordo com as estações. Isso aconteceu até que toda essa aventura implodisse em guerra civil. A história toda se parece, também, com eventos recentes. Está repleta de ressonâncias sinistras.

Como esta: "Indo para o sul, cobrindo 75 milhas em dois dias, ele rapidamente dominou...os rebeldes (em Herat) e prosseguiu... através do Hilmand e, daí, avançou incansavelmente para... Kandahar e Ghazni, depois para... Kabul--Charikar, até o Vale do Panjsher e através do Passo Khawak até... Kunduz. As duas principais cidades... Tashkurghan e... Balkh, renderam-se sem resistência".[4] Essa campanha avassaladora poderia ter sido empreendida bem recentemente pelo brilhante comandante *mujahidin* Ahmad Shah Massoud ou pelos conquistadores talibãs, mas, na realidade, foi liderada por Alexandre, o Grande, da Macedônia, na primavera de 329 a.C. A descrição de outra dinastia posterior, a de que eles "representavam a lei e a ordem, a ortodoxia do Islã e o retorno às tradições culturais", também poderia se referir ao

Talibã, mas diz respeito aos samanidas, que reinavam ao norte do Afeganistão, na cidade de Balkh, na virada do século X.[5]

Depois que os soviéticos invadiram o Afeganistão em 1979, não houve mais guias. Assim, quando a comunidade humanitária internacional se expandiu após a queda do Talibã, um livreiro local comprou o estoque do livro de Nancy Hatch Dupree e colocou-o de novo à venda. Ainda era indispensável, embora tivesse se tornado um livro sobre uma cidade-fantasma. Muitos dos locais que a obra descrevia haviam sido destruídos. No verão de 2002, dois funcionários de organizações humanitárias redigiram uma brochura de 16 páginas contendo informações essenciais para os estrangeiros, deram-lhe o título de *A Survival Guide to Kabul (Um Guia de Sobrevivência em Cabul)* e pediram aos garotos que vendiam jornais nas ruas que o distribuíssem. Os garotos ficavam com o dinheiro das vendas. Em 2003, a brochura já havia sido ampliada, ganhado uma capa brilhante e se transformado em *Kabul: The Bradt Mini Guide (Cabul: o Miniguia Bradt)*. Uma nova seção, sobre pontos turísticos, começava assim: "Há muito o que ver na cidade, embora a maior parte dela esteja totalmente destruída".[6] Mas o guia Dupree ainda é necessário. Você perambula pelas ruínas de Cabul, com a sua velha cópia embolorada nas mãos, examinando as ilustrações em preto e branco das coisas como costumavam existir nos velhos tempos, quando havia paz.

Após os bombardeios, empresários emergentes, motoristas de caminhão, comerciantes, contrabandistas, vendedores de ópio, traficantes e outros habitantes locais e exilados repatriados, que também haviam ficado ricos da noite para o dia, começaram a construir novamente entre as ruínas de Cabul, de modo que já em 2003 a grande extensão de escombros se via pontuada, aqui e ali, por casas novas, altas, adornadas por curvas, colunas e escadas em espiral, decoradas com azulejos roxos, verdes e laranja, como castelos exóticos em algum parque temático tropical. Esse estilo é conhecido localmente como "Palácio Paquistanês", embora tenha supostamente se originado nos estados do Golfo, entre os traficantes de drogas que precisavam lavar dinheiro e tinham tendência à ostentação doméstica. Em Cabul, os palácios atraem a atenção, alardeiam a riqueza de seus donos e obscurecem os escombros cor de barro, que, de tão familiares aos habitantes da cidade, raramente são notados. Pode-se andar de carro entre os escombros, como jornalistas estrangeiros costumavam fazer frequentemente antes que o Iraque roubasse o lugar do Afeganistão nas manchetes, quase sem se perceber que a mente vai ficando entorpecida. Eles ainda estão lá — os prédios destruídos que apareceram nas fotos dos jornais e na TV — como pano de fundo para repórteres com coletes militares que não conseguiam encontrar palavras para descrever o que viam naquela cidade arrasada, que, para eles, parecia tão desolada quanto a lua. "Surreal" era uma palavra muito usada. Comparavam a devastação de Cabul à de Dresden após os bombardeios da Segunda Guerra Mundial. Não tinham testemunhado pessoalmente a destruição de Dresden, claro, mas a possibilidade de situar, de alguma forma, essa destruição catastrófica, vendo-a como algo familiar, bastante natural na história humana, como algo que simplesmente acontece na guerra, deve tê-los feito sentir-se ligeiramente melhor.

No que diz respeito às ruínas, as de Cabul não são particularmente dramáticas — não como o emaranhado de aço retorcido e pedaços de concreto que um dia foram o World Trade Center. Cabul não era feita de aço e concreto, mas sobretudo de tijolos de barro. Assim, as ruínas da cidade são esqueletos secos, como o do prédio que abrigava o Departamento de Trânsito: pisos e telhado desmoronados, empilhados como panquecas sobre finos pilares de pedra que se projetam, retorcidos, no ar. Ou fachadas fragmentadas de estabelecimentos comerciais, quarteirões e mais quarteirões de vitrines que dão para o nada. No que era antes o melhor cinema da cidade, a escada de ferro circular ainda resiste, visível através das paredes destruídas pelas bombas. Em um antigo instituto de formação de professores, o telhado caído cobre a entrada. No monumental mausoléu do rei Nadir Shah, no alto de uma colina que domina a cidade, o sol brilha por entre os buracos no domo que ainda se equilibra sobre colunas perfuradas por bombas. Os sarcófagos de mármore da família real, destruídos, jazem espalhados no mato ao redor. Você nota esses detalhes, mas, depois, eles começam a ficar indistintos à medida que os escombros continuam surgindo, quarteirão após quarteirão. O entulho dos bairros destruídos ainda não foi retirado, exceto aqui e ali, quando alguém encontra dinheiro e uma razão para fazê-lo. Você dirige pelas ruas da cidade, talvez visitando pontos turísticos como um mórbido turista pós-conflito ou apenas tentando chegar a uma reunião, e vê a destruição se estendendo interminavelmente; bairros inteiros arrasados como se atingidos por algum enorme terremoto que tivesse excedido a escala Richter.

Eu morava em um bairro central de Cabul chamado Share Nau, a "Cidade Nova". Era uma área miserável e poeirenta, nada parecida com o bairro de classe alta que outrora fora, mas a maior parte dele ainda estava intacta. Meu pequeno quarto ficava acima do escritório da *Madar* ("Mãe"), uma organização fundada anos antes por uma americana chamada Caroline para ajudar as viúvas de Cabul. Encontrei essa organização na Internet e me ofereci como voluntária. Caroline vivera no país, em diferentes períodos, por quarenta anos, portanto achei que ela saberia mais o que fazer do que a maioria dos voluntários potenciais. Ela fora viver em Cabul nos anos 1960 — os quase míticos "bons tempos" — como uma esposa americana e fazendo parte de uma animada comunidade de expatriados que se espalhara pela cidade, vivendo confortavelmente com empregados afegãos, cavalgando para divertir-se e fazendo tudo o que tinha vontade. Seus filhos já estavam crescidos e tinham voltado para os EUA. Seu marido também. Mas Caroline acabara se sentindo em casa nesse lugar, onde podia viver tranquilamente no limbo moral reservado às mulheres ocidentais e no qual, apesar de seus 70 anos, ainda podia fazer exatamente o que queria e, além disso, fazer o bem a outras pessoas. Ela se tornara um pouco afegã: calorosa, generosa, cabeça-dura, intransigente, combativa e totalmente destemida. Mas tornara-se também um pouco como as viúvas afegãs: vivia sozinha, o que pode explicar o porquê dela desejar tanto ajudar as viúvas de Cabul, que totalizavam cerca de 40 mil à época das batalhas entre as facções de *mujahidin* pelo controle da cidade, ao final de 1994. Quatro anos mais tarde, no auge do Talibã, o Comitê Internacional da Cruz Vermelha estimou a legião de viúvas afegãs, espalhada pelo país, em 98 mil.[7]

    Normalmente, uma viúva afegã e seus filhos seriam acolhidos por seus próprios parentes ou pelos parentes do marido dela, mas a guerra dizimara e espalhara as famílias. Em 1996, quando os talibãs tomaram Cabul, a difícil situação das viúvas tornou-se desesperadora. Eles decretaram que nenhuma mulher poderia sair de casa sem que estivesse acompanhada de um parente do sexo masculino, mas milhares de viúvas de guerra já não tinham parentes homens. Maridos, pais, irmãos, filhos; todos estavam mortos. Presas em suas casas, as viúvas passavam fome. (Essa é a crise mostrada em *Osama*, o premiado filme do cineasta afegão Siddiq Barmak; uma viúva que vive com a mãe, também viúva, veste sua filha como menino — Osama — e a envia para sustentar a família.) Caroline respondera à situação com programas que ensinavam as viúvas a costurar, bordar e tecer em casa, e vendia o que essas mulheres produziam para que tivessem o que comer. Ela também abriu escolas secretas, muitas delas para garotas que o Talibã se recusava a educar. O Talibã descobriu o que ela estava fazendo. Invadiu seu escritório e prendeu seu pessoal. Como nunca tinham visto computadores antes, os membros do Talibã espancaram as funcionárias por "assistirem televisão" e as arrastaram para a prisão; quando Caroline insistiu em ser presa com elas, o Talibã a expulsou do país. Ela atravessou a fronteira para Peshawar e continuou trabalhando até que o Talibã deixou Cabul. Então Caroline voltou e descobriu que as viúvas ainda estavam lá — ainda desamparadas, ainda famintas, ainda precisando de ajuda. Ela alugou um novo escritório e retomou seu trabalho.

Eu estava em Cabul há apenas alguns dias quando Lema, a gerente do escritório afegão da *Madar*, pediu-me para ajudá-la a distribuir roupas velhas para os pobres. Eu não estava preparada para a longa viagem através dos escombros, nem para as casas miseráveis que visitamos, mas, como Lema me disse, tínhamos um trabalho a fazer. Alguns fiéis de igrejas americanas haviam se sensibilizado e enviado ajuda para os afegãos. Enviaram uma balsa carregada de roupas velhas para um capelão do Exército americano com instruções para que ele as distribuísse entre os "pobres bons" de Cabul; o capelão, por sua vez, trouxera o carregamento para a *Madar* e solicitara nossa ajuda para distribuí-lo. (Eles haviam enviado cobertores elétricos também, embora Cabul não tivesse eletricidade.) Aparentemente, o capelão não tinha tempo para executar a tarefa pessoalmente ou não sabia onde encontrar "pobres bons". Mas as mulheres da *Madar* sabiam.

Fomos até Karte Se, bairro número três, onde os escombros estavam por toda a parte. Senti-me como se também tivesse sido destroçada. A essa altura, à medida que começava a recobrar o ar, eu percebia sinais de vida nas casas destruídas: algumas roupas secando em uma janela, uma chaleira em um fogareiro na rua, um tapete roto pendurado sobre uma porta destruída. As pessoas viviam nas ruínas, como muitos, ainda hoje, em casas não atingidas ou em cômodos "remendados" em prédios parcialmente atingidos. O comércio e as lojas haviam desaparecido e era difícil imaginar como aquelas pessoas conseguiam viver, mas era ali que elas se abrigavam.

O carro parou em uma rua suja bem longe da rua principal. Nasrin, gerente de pessoal da *Madar*, e Lema pegaram duas trouxas de roupa e seguiram pelas passagens estreitas entre as paredes de barro até chegarem a um portão de madeira que dava para um pátio. Nada crescia na terra dura; algumas galinhas magras ciscavam perto de uma velha cisterna. No fundo do pátio havia uma casa alta de tijolos de barro. Os grandes buracos das janelas foram cobertos com um plástico e a porta estava tampada com um cobertor, que foi afastado por uma mulher pequenina, enrolada em um xale, que correu em nossa direção com as mãos estendidas. Nós a seguimos, passando pelo cobertor, e adentramos um aposento repleto de tijolos caídos, subindo depois um lance de escadas até uma parte do segundo andar que ainda estava intacta. Em um canto da escada, uma pequena panela fervia sobre um fogareiro de carvão, cuidado por uma de suas noras, cujo minúsculo bebê, todo envolto em panos, estava ao lado do fogo como uma galinha pronta para ser assada. No alto da escada, outra nora apontou para uma passagem coberta por uma cortina. Tiramos nossos sapatos para entrar em um aposento comprido, onde não havia quase nada. Ali, cinco ou seis crianças se amontoavam no chão sob as pontas de uma colcha que havia sido jogada sobre uma mesa baixa para fechar o espaço debaixo dela. Mais tarde, quando a comida fosse servida, colocariam um braseiro sob a mesa coberta para aquecer a família enquanto comiam. Esse sistema — o *sandeli* — é o mais próximo que os afegãos chegam do aquecimento central e, mesmo antes dos carvões em brasa serem trazidos, já é um conforto imaginar o calor. Ainda assim, as crianças se esgueiraram para observar, com olhos arregalados, Lema e Nasrin fazendo no chão três pilhas de roupas e coisas de bebê, uma pilha para cada mulher.

Fiquei atrás, retraída, sentindo o frio do chão de barro subindo pelas minhas meias. O plástico na janela tremulava ao vento. Lema apontou para minha câmera digital, que me pedira para trazer, e sinalizou que era o momento de tirar algumas fotos. Orientou a mãe e as noras a se acocorarem no chão, cada qual com sua pilha de roupas velhas. As três mulheres obedeceram, com uma expressão dura no rosto. Elas puxaram a ponta do lenço sobre o rosto e olharam para a câmera com a expressão vazia daqueles que já sofreram todas as degradações. Virei-me para Lema. *"Humilhante"* era a palavra que eu queria, mas ela parecia estar fora de seu vocabulário em inglês.

— Você acha que elas se sentem mal? — perguntei.
— Sim — ela disse. — Tira fotos.
— Mas por quê?
— "Nós mostrar que nós dar essas coisas. Nós mostrar nós não roubar elas. Muito importante. Doadores querer ver. Tirar fotos, por favor."

Obedeci, embora tenha tentado deixar o momento mais leve. Persuadi as crianças a aparecerem nas fotos e passei a câmera de mão em mão para que as mulheres pudessem ver as imagens de seus filhos no pequeno visor. "Onde estavam os homens?", eu pensava com os meus botões, temerosa de perguntar. Tantos haviam desaparecido. Pedi às mulheres e às crianças que posassem para uma última foto no pátio, uma foto de toda a família, junto com Lema e Nasrin. Lema ordenou-lhes que sorrissem, e elas sorriram.

Seguimos pelo bairro destruído, subindo a encosta no sopé da montanha, e olhamos para os escombros, que se estendiam até onde a vista podia alcançar. "Gulbuddin", disse Nasrin, à guisa de explicação. Ela se referia a Gulbuddin Hekmatyar, líder do Hizb-i Islami, o partido de islamitas radicais que ficou com a parte do leão da ajuda secreta que americanos, sauditas e paquistaneses deram à resistência afegã — os *mujahidin* — durante a ocupação soviética. Gulbuddin e seu partido radical — como a maioria dos muçulmanos modernos — traçavam a origem de sua ideologia à Sociedade dos Irmãos Muçulmanos, movimento político fundado no Egito em 1920 por um professor primário chamado Hassan al-Banna em protesto contra a dominação imperial britânica em seu país. A Fraternidade trabalhava pacificamente para impulsionar a melhoria das condições sociais, a justiça e a causa do Islã. Os britânicos responderam com as técnicas de opressão padrão, tentando alternadamente cooptar e destruir a organização; após sua ascensão ao poder nos anos de 1950, Gamal Abdel Nasser aplicou com rigor ainda maior as táticas de cooptação e repressão. Nasser também procurou os soviéticos para obter ajuda e armas, levando os EUA a enviarem secretamente auxílio para os irmãos muçulmanos, iniciando, assim, um flerte da guerra fria com o islamismo radical que duraria até o 11 de Setembro.[8]

Como era previsto, a Fraternidade fortaleceu-se, e alguns de seus membros tornaram-se mais radicais. Um deles era Sayid Qutb, romancista, crítico e funcionário público de longa data do Ministério da Educação, que começara como um político moderado, apaixonado pela literatura inglesa, e se tornara o principal teórico do Islamismo radical — "o fundador do fundamentalismo sunita".[9] Assim como Mohammed Atta e seus colaboradores no 11 de Setembro, Sayid Qutb também vivera nos EUA por algum tempo. Enviado pelo Ministério da Educação para estudar na Colorado State Teachers College (hoje University of Northern Colorado), em Greeley, em 1948, fez mestrado em Educação, recusou a oportunidade de cursar o doutorado e voltou ao Egito em 1951. O que orgulhosamente chamamos de *American way of life*, ele achara revoltante — era guiado pelo materialismo, deformado pelo racismo, obcecado por sexo e extremamente parcial, além do razoável, no tocante a Israel.[10] Nossa pomposa democracia pareceu-lhe meramente uma tentativa dos homens usurparem o papel de Deus, que é o único a ter o direito de governar. Completamente insatisfeito, Qutb voltou-se para o Islã como uma ideologia completa, "uma civilização total", a ser defendida de todas as formas, incluindo a violência, contra inimigos internos e externos: isto é, contra os ditadores militares injustos (não-islâmicos) do Egito e contra infiéis americanos, como nós.[11]

     Preso devido a sua posição política, escreveu cartas que foram reunidas no manifesto islâmico *Signposts along the Road (Marcos ao Longo da Estrada)* também traduzido para o inglês como *Milestones*. Todo o peso do Estado secular repressor, conforme experimentado por Qutb e seus irmãos muçulmanos na prisão, forjou seu pensamento e o exacerbou para além das posições reformistas não-violentas da Fraternidade, até mesmo para além da influente doutrina do revivalista islâmico Abul A'la Mawdudi, seu contemporâneo paquistanês, que fora o primeiro a convocar uma *jihad* universal — isto é, uma luta revolucionária com a finalidade de tomar o poder estatal "para o bem de toda a humanidade".[12] Qutb concordava com a convocação para uma *jihad* universal, mas buscou ir além do Estado e abolir sistemas e governos seculares, e encontrar "liberdade na realização do Islã na sociedade sob a autoridade de Deus".[13] Em *Signposts*, ele convoca islamitas de todas as partes para tomar o poder em todo o mundo muçulmano e oferece uma justificativa moral e religiosa para o uso de violência letal contra não-crentes. Assim como George W. Bush alega usar a invasão armada e a mudança de regime para "espalhar a democracia", Qutb afirma que o Islã é obrigado a libertar as pessoas por meio da *jihad* armada, implementando, pela força, a liberdade humana.[14]

Qutb foi executado no Egito em 1966, mas seu manifesto adquirira vida própria. A essa altura, o Islã estava lutando tanto contra o comunismo como contra o capitalismo, e, em 1971, o rei Faisal da Arábia Saudita estava preocupado o suficiente para oferecer 100 milhões de dólares à Universidade Al-Azhar no Cairo, a mais antiga universidade islâmica do mundo, a fim de promover a educação islâmica. *Signposts* deve ter circulado entre os alunos da universidade. O manifesto logo chegou à Universidade de Cabul: o jovem Burhanuddin Rabbani — futuro presidente do Afeganistão, retornou de Al-Azhar como professor da *Sharia*, a lei islâmica, e o traduziu para o dari, uma variante do farsi (persa), que é uma das duas principais línguas do Afeganistão. Gulbuddin Hekmatyar leu *Signposts* em dari na Universidade de Cabul. Osama bin Laden estudou-o em árabe nas aulas em Jedda, onde teve como um de seus professores Mohammed, irmão de Sayid Qutb. Mohammed Atta também deve tê-lo lido.

Como aluno da Faculdade de Engenharia da Universidade de Cabul, patrocinada pelos EUA, no início dos anos de 1970, Gulbuddin Hekmatyar se destacou como ideólogo extremista, dado a impor sua fé por meio da violência. Um professor americano que lhe dava aulas nesse período, ou tentava fazê-lo, lembra que Gulbuddin atacava as alunas que apareciam no campus em trajes ocidentais. Alguns relatam que ele jogava ácido nos rostos sem véu e nas pernas daquelas que usavam saias curtas. O professor lembra ainda que era mais comum vê-lo espancar essas mulheres. "É um psicopata", diz o professor. "Deviam tê-lo jogado na prisão naquela época."[15] Na verdade, ele foi jogado na prisão, embora por pouco tempo, no início de 1973, quando foi acusado de ter assassinado um estudante maoísta; esse teria sido o motivo de ele não ter comparecido a uma reunião de professores e estudantes que se encontraram na casa do professor Rabbani a fim de formar um *shura* — conselho de liderança — para o crescente movimento islamita. Rabbani e seus companheiros eram intelectuais islâmicos, e, embora muitos deles fossem gente das províncias — e não sofisticados habitantes de Cabul —, não eram fundamentalistas reacionários como os homens da geração seguinte, que formariam o Talibã. Eles conheciam bem os sistemas de pensamento ocidentais que haviam dado origem ao avançado desenvolvimento técnico do Ocidente; um grau de modernização que eles, como Sayid Qutb, ao mesmo tempo admiravam e desejavam para o mundo islâmico. Esses homens queriam construir, sob a base do Islã, um *ethos* político totalmente moderno — uma nova ideologia islamita capaz de participar do mundo moderno e também enfrentar o imperialismo ocidental. Quando o grupo se reuniu na casa do professor Rabanni para formalizar sua organização, posteriormente nomeada Jamiat-i Islami (Sociedade Islâmica), esse era o projeto avançado que tinha em mente.[16] Contudo, colocou o sanguinário Gulbuddin à frente das atividades políticas.[17]

Os islamitas não eram os únicos a fazer planos. Em 17 de julho de 1973, enquanto o rei Zahir Shah estava fora do país, seu primo e ex-primeiro ministro Mohammed Daoud Khan, com o auxílio dos jovens partidos comunistas de Cabul, proclamou uma nova República do Afeganistão e nomeou-se chefe de Estado. Logo começou a prender aqueles que pareciam ameaçar seu poder, tanto os de direita como os de esquerda. Em 1974, quando ele prendeu Ghulam Muhammad Niyazi, reitor da faculdade de *Sharia* e principal proponente da Fraternidade Muçulmana, além de 200 de seus associados, Gulbuddin Hekmatyar fugiu para Peshawar junto com Burhanuddin Rabbani e a maioria dos outros líderes do movimento islamita. Ali Gulbuddin tinha uma clara vantagem, pois era um pashtun, membro da etnia mais numerosa e problemática dos dois lados da fronteira.[18] (Rabbani, por sua vez, era um tajique, membro de uma minoria do norte.) Gulbuddin apelou para contatos pró-islâmicos e pró-pashtun no governo do Paquistão, que logo o nomeou *liason*, oficial para todos os partidos islâmicos afegãos exilados. E lá, em 1975, ele rompeu com a Jamiat-i Islami do professor Rabbani para fundar o Hizb-i Islami (Partido Islâmico), sua própria facção, muito mais radical.[19] Quando os soviéticos invadiram o Afeganistão em 1979 para salvar o autoritário regime comunista que havia substituído Daoud e os americanos aumentaram sua ajuda secreta para que os afegãos fustigassem os soviéticos, Gulbuddin e o Hizb-i Islami já eram os queridinhos do Serviço de Inteligência do Paquistão (ISI), a agência irmã por meio da qual a CIA canalizava bilhões em ajuda americana para os "guerreiros da liberdade" afegãos.[20]

Naquela época, ninguém suspeitava de que a resistência afegã, os *mujahidin*, poderia de fato vencer o exército soviético. Os americanos pareciam saber muito pouco sobre o Afeganistão, e os governos posteriores sequer tinham uma política para o país, exceto a de dificultar a vida dos soviéticos. Assim, a CIA simplesmente distribuía dinheiro e armas para o ISI, que ficava com uma taxa generosa e passava o restante para os *mujahidin*.[21] O ISI dividia as doações entre as diversas facções, aparentemente para incentivar a competição e desencorajar a unidade afegã — o que pode ter inspirado os islamitas radicais do próprio Paquistão a se levantar —, mas Gulbuddin e o Hizb-i Islami sempre conseguiam uma fatia muito melhor. Ele também se tornou o favorito dos EUA e dos amigos íntimos dos americanos, os sauditas e Saddam Hussein.[22] Usou a ajuda que recebeu deles para sabotar os outros partidos *mujahidin*, ao mesmo tempo em que todos lutavam contra os soviéticos; enfraqueceu especialmente seu arqui-rival, Ahmad Shah Massoud, o comandante militar da Jamiat-i Islami. Outro líder afegão disse a respeito dele: "O problema de Gulbuddin é que ele mata mais *mujahidin* que soviéticos".[23] Gulbuddin nunca pareceu importar-se muito com a guerra contra os soviéticos. Sua maior batalha foi contra outros pashtuns, pelo controle dos campos de papoula na província de Helmand.[24] Aparentemente, ele se importava sobretudo com seu sucesso pessoal, com o aumento de sua prosperidade e com levar adiante suas próprias noções de um Islã radical.

Depois de dez anos lutando contra a resistência, os soviéticos desistiram e voltaram para casa, deixando os vários grupos de partidos *mujahidin* brigando para conseguir chegar a um plano de paz. Na ausência de um inimigo comum para inspirar pelo menos a ilusão ocasional de unidade, a resistência se desmantelou ao chocar-se com questões de ego, de ideologia islâmica e, especialmente, de etnia. Os pashtuns dominantes do sul e do leste (que falam sua própria língua, o pashtu), os tajiques e os usbeques do norte, e os hazaras das terras altas centrais, muçulmanos Shi'a cujas feições asiáticas, atribuídas à descendência de soldados mongóis de Gêngis

Khan, fazem com que sejam a minoria mais facilmente identificável e mais universalmente perseguida — esses são apenas os grupos maiores, cada qual com suas rivalidades internas oriundas de uma estrutura subtribal, da geografia e da história. Os soviéticos deixaram o presidente títere Najibullah, antigo chefe da polícia secreta, no controle do governo; e, para dar apoio a sua presidência, entregaram a seu exército toda a artilharia pesada soviética, além de oferecer uma ajuda anual de três bilhões de dólares. O próprio presidente Najibullah estava operando uma metamorfose, tentando fazer com que seu governo fosse aceitável tanto para os partidos da resistência como para a comunidade internacional. Professando uma política de "reconciliação nacional", ele abraçou o Islã, retirou completamente o marxismo-leninismo da plataforma do comunista Partido Democrático Popular do Afeganistão (PDPA, em inglês) e deu ao partido um nome novo e atraente: Partido da Pátria. Ele ofereceu o cargo de ministro da Defesa a Ahmad Shah Massoud.[25] A *jihad* contra os invasores soviéticos havia terminado. Por que os *mujahidin* não poderiam entregar suas armas e voltar para casa? Por que seu governo não poderia ser — de maneira devota, mas moderadamente islâmica — um bastião contra extremistas islamitas insanos como o psicopata Gulbuddin? Essas eram boas perguntas.

As respostas estavam com a CIA e com o ISI. Eles pararam de olhar para os soviéticos e concentraram-se no "pateta" que os russos haviam deixado para trás: decidiram derrubar o presidente Najibullah. O Paquistão desejava substituí-lo por seu próprio "pateta", Gulbuddin; e os EUA, determinados a levar sua guerra anticomunista até o fim, concordaram.[26] O esquema também vinha ao encontro das ambições de Gulbuddin, e ele ainda tinha bastante armamento, que sobrara da *jihad*, para se voltar contra Cabul. Em 1990, com a conivência do ISI, ele se juntou a Shahnawaz Tanai, secretário de Defesa do presidente Najibullah, para dar um golpe de Estado. O obstinado comunista de extrema esquerda parecia um curioso companheiro para o fanático religioso de extrema direita, mas eles tinham em comum a herança tribal dos pashtuns ghilzais em um país em que a identidade conta mais do que a ideologia. Além disso, Gulbuddin nunca foi do tipo que sacrifica uma oportunidade por um princípio. Em uma preparação para o golpe, ele tentara comprar a neutralidade do exército do presidente Najibullah, uma vez que o suborno é, com frequência, o caminho mais seguro para a vitória no Afeganistão. Para fazer isso, ele recebeu dinheiro de Osama bin Laden, que nessa época estava trabalhando em Peshawar, em colaboração com o ISI, para derrubar dois presidentes: Najibullah do Afeganistão e a presidente do próprio Paquistão, Benazir Bhutto, ambos apontados como inimigos do Islã.[27] Mas, na ocasião, a maioria do exército apoiou Najibullah e o golpe fracassou. Enfurecido, Gulbuddin voltou-se mais uma vez para seus rivais da Jamiat-i Islami e assassinou 30 dirigentes do partido, incluindo alguns dos principais comandantes militares de Ahmnad Shah Massoud. Ele ainda buscava mais inimigos quando, em 1991, a ONU apareceu com um plano para o presidente Najibullah entregar o poder a um governo afegão interino, a ser escolhido em um encontro dos partidos da resistência sediado em Peshawar. Fato raro, os líderes dos partidos concordaram; exceto Gulbuddin, é claro.

Então a União Soviética se desfez, e com ela o Estado afegão. Em 1º de janeiro de 1992, com base em acordo prévio, a "defunta" União Soviética e os EUA encerraram a guerra vicária que travavam em território afegão, suspendendo toda a ajuda militar, tanto para o governo como para os *mujahidin*. Cessaram também os carregamentos soviéticos de alimentos e combustível para Cabul. Tudo desmoronou. Tudo o que sobrava do Afeganistão era, nas palavras do historiador Barnett Rubin, "redes de poder hiperarmadas".[28] O palco estava montado para que as sangrentas batalhas entre partidos e tribos eclodissem em uma guerra civil pelo controle da capital e do país.

Em abril de 1992, o presidente Najibullah partiu para um local desconhecido e desapareceu enquanto os líderes da resistência em Peshawar ainda negociavam entre si os planos para o governo afegão interino ao qual ele, supostamente, iria entregar o poder. Gulbuddin dirigiu-se a Cabul, mais uma vez, com o objetivo de tomá-la para si. As forças de Massoud entraram na cidade para rechaçá-lo. Massoud, que se aliara a outro exército do norte, o Junbish-i Milli-yi Islami (Movimento Islâmico Nacional) — milícia do general usbeque, Abdul Rashid Dostum —, reivindicou Cabul para os líderes da resistência do governo. O novo acordo, celebrado no dia seguinte, determinava que um conselho de líderes de todos os partidos funcionaria junto a um presidente interino. Esse posto seria ocupado, durante dois meses, pelo islamita moderado Sibghatullah Mujaddidi, seguido do professor Rabbani, que exerceria o poder por um período de quatro meses. Depois disso, um *shura* seria convocado para escolher um governo interino para atuar nos dezoito meses seguintes, quando haveria eleições. (Não sendo capazes de trabalhar juntos, os partidos do Peshawar haviam escolhido um sistema de governo por rodízio.) Massoud, que se recusara a reivindicar Cabul para si, foi nomeado secretário de Defesa. Em 28 de abril de 1992, membros do Conselho da *Jihad* Islâmica chegaram de Peshawar em uma caravana de cinzentas caminhonetes militares (fornecidas pela Arábia Saudita) para proclamar o novo Estado Islâmico do Afeganistão.[29]

Mas o Estado corporificado na pessoa do presidente Najibullah já havia desaparecido; e o eventual Estado islâmico dos acordos de Peshawar rapidamente se estraçalhou como resultado da luta por poder entre as quatro facções mais poderosas, que se dividiam substancialmente com base na etnia: os tajiques da Jamiat-i Islami de Rabbani e Massoud; os pashtuns do Hizb-i Islami de Gulbuddin; os usbeques da milícia Junbish de Dostum; e os hazaras Shi'a do Hizb-i Wahdat (Partido da Unidade). Eles tomaram conta de diferentes partes de Cabul e aterrorizaram seus habitantes, saqueando casas e edifícios públicos. Durante todo o verão de 1992, Gulbuddin lançou mísseis sobre a cidade, ainda tentando conquistar a capital para si. Quando chegou o momento determinado pelo acordo, o presidente em exercício, Mujaddidi, entregou seu desprestigiado cargo ao professor Rabbani, que, por sua vez, se recusou a deixá-lo. Em vez disso, convocou um *shura* de autoridade dúbia para ratificar a extensão de seu governo por mais dezoito meses.[30] Assim, a luta continuou. Era uma guerra civil peculiar — Gulbuddin contra Rabbani e Massoud, pashtuns contra não-pa shtuns —, mas era uma guerra civil incentivada por estrangeiros (o ISI do Paquistão, os sauditas, Osama bin Laden) no vácuo criado pela saída abrupta de estrangeiros (os soviéticos e os americanos) e sujeita a infinitas variações sangrentas à medida que os comandantes mudavam de lado e vendiam seus serviços.

Antes que o ano terminasse, mais de cinco mil civis haviam morrido, e quase um milhão de habitantes de Cabul havia fugido da cidade.[31]

Os afegãos estavam chocados com o fato de um compatriota destruir uma cidade afegã — a capital, ainda por cima. Durante todos esses anos, os *mujahidin* haviam buscado lutar seguindo as regras tradicionais, mantendo as batalhas longe das cidades e das vilas, para que a vida civil pudesse prosseguir mesmo em meio à guerra. As pessoas cuidavam de seus negócios e trabalhavam em suas fazendas da melhor forma possível. Até mesmo os guerreiros *mujahidin* voltavam para casa a cada estação para arar, plantar e colher. Quando tinham de matar um afegão — algum informante ou colaborador do governo —, eles o faziam na rua. Nem mesmo em tempo de guerra invadiriam a casa de algum homem para realizar uma busca ou para prendê-lo, pois a casa de um homem pertence somente a ele. Entretanto, lá estava Gulbuddin, mês após mês, ano após ano, lançando mísseis contra as casas de barro de Cabul. As forças de Massoud também estavam fora de controle nos bairros da minoria hazara, estuprando, mutilando e assassinando sem piedade. Será que havia algo em toda essa ajuda estrangeira, em todos esses anos de doação de armamentos, ou será que fora a guerra incessante que mudara as regras de combate? De acordo com o Comitê Internacional da Cruz Vermelha, cerca de 20 mil pessoas foram mortas entre abril de 1992 e dezembro de 1994, na luta que se seguiu à "libertação" de Cabul de seu governo "comunista".[32] Outras fontes estimam o total de mortos em 50 mil e afirmam que houve cerca de 150 mil feridos.[33] Quase três quartos daqueles que sobreviveram tiveram de deixar seus bairros e ir para outras partes da cidade ou para os campos de refugiados de Jalalabad e Peshawar. O Estado se desintegrara e o centro urbano se estraçalhara, espalhando os cidadãos como balas de metralhadora.

Foi a vez, então, de os talibãs atacarem Cabul. Eles não vinham, como às vezes parecia, do nada. Vinham de Kandahar, ao sul, no coração do território pashtun. Afirmavam ter o direito histórico de dominar a capital e o país, uma vez que os pashtuns haviam estado no poder no Afeganistão por mais de duzentos e cinquenta anos, mas, a princípio, expunham suas razões e conquistavam adeptos com base em argumentos morais. Alguns de seus líderes haviam lutado como *mujahidin*, e muitos haviam sido feridos durante as longas guerras. O jornalista paquistanês Ahmed Rashid ressalta que os líderes do Talibã eram "os mais aleijados do mundo", e um visitante que assistisse a uma reunião de seus oficiais caolhos, pernetas e sem dedos não saberia se deveria "rir ou chorar".[34] Os pashtuns de Kandahar haviam lutado contra os soviéticos e o regime de Najibullah sob a liderança de seus tradicionais anciãos tribais e nunca tinham recebido a abundância de armas e dinheiro distribuído entre os partidos ideológicos islamitas em Peshawar. Depois que o governo islâmico obteve o controle de Cabul, eles voltaram para casa, e muitos deles, que eram mulás, retornaram as suas madrassas para estudar e ensinar; mas eles não podiam escapar da anarquia das lutas internas, do banditismo, da ganância e da corrupção de comandantes *mujahidin* fortemente armados — chefes locais — que agiam à solta. Os chefes locais atacavam as caravanas de poderosas transportadoras paquistanesas — a chamada máfia do transporte — e destruíam seus planos de expandir suas tradicionais atividades de contrabando no Afeganistão, via Kandahar, para o Irã e a Ásia Central. A liderança *mujahidin* não havia conseguido trazer a paz, e as lideranças tradicionais que poderiam tê-lo feito se desfizeram; os antigos líderes foram mortos, desacreditados, expulsos ou comprados. Assim, mulás caolhos e pernetas discutiram esses assuntos e escolheram seu próprio líder: o fervoroso mulá Mohammad Omar, um veterano *jihadi* de 35 anos marcado por ferimentos de batalha, oriundo de uma família de camponeses sem terra, que tinha uma pequenina madrassa em um casebre de barro no vilarejo da província do Kandahar. Então, sob orientação divina, eles estabeleceram seus objetivos: "Restaurar a paz, desarmar a população, fazer valer a lei da *Sharia* e defender a integridade e o caráter islâmico do Afeganistão".[35] Chamavam a si mesmos de Talibã "estudantes", pois a maioria de seus líderes era estudante.

O governo paquistanês de Benazir Bhutto tinha objetivos diferentes, mas todos ligados a este: abrir uma rota comercial segura, através do Afeganistão, para a máfia do transporte. Portanto, não foi coincidência que a primeira e surpreendente vitória do Talibã tenha se dado em um trecho de parada de caminhões. Em outubro de 1994, cerca de 200 talibãs de Kandahar tomaram Spin Baldak, na fronteira paquistanesa, das mãos da Brigada de Fronteira do Paquistão (Pakistani Frontier Corps), tomando, em seguida, um depósito de armas dos *mujahidin*, que guardava, entre outros tesouros, 18 mil fuzis Kalashnikov. Os talibãs agradeceram a Alá por esse butim, embora a maioria dos comentaristas dê crédito ao Paquistão pela falsa conquista; um estratagema utilizado pelo ISI para organizar, por detrás do pequeno bando de mulás fervorosos, uma maciça e moderna operação militar.[36] Algumas semanas mais tarde, os talibãs resgataram um comboio de caminhões paquistaneses que fora sequestrado, enforcaram o chefe local que os capturara e, em seguida, tomaram o controle de Kandahar, a segunda maior cidade do país. Dezenas de milhares de jovens estudantes pashtuns acorreram dos campos de refugiados, dos campos de treinamento do ISI no Paquistão e das madrassas fundamentalistas financiadas pelos sauditas ao longo da fronteira para se juntar aos triunfantes talibãs. Esses jovens eram, como os descreve Ahmed Rashid, os náufragos da guerra, arremessados "na praia da história" sem memória de país, nem de clã, de família ou de vida no vilarejo, sem ocupação nem talento, sem outra educação a não ser o Corão, sem passado a não ser a guerra, sem identidade a não ser o Islã, sem contato com garotas ou mulheres, e sem nenhuma esperança a não ser a de reconquistar sua pátria para o califado islâmico.[37] Os talibãs marcharam para Cabul, mas em março de 1995 Massoud os rechaçou, impondo-lhes a primeira derrota. Ele também os expulsou de Herat, cidade que abrigava o ponto extremo ocidental da rota de caminhões trans-Afeganistão. Mas, em setembro de 1995, eles a retomaram. E, então, marcharam novamente para Cabul.

Em Kandahar, o mulá Omar envergava uma veste que, segundo se dizia, pertencera ao Profeta e proclamou-se Amir-ul Mominin, ou Comandante dos Fiéis. Osama bin Laden deu-lhe três milhões de dólares para comprar a conivência dos comandantes *mujahidin* que estavam em seu caminho. E assim, durante dez meses, o Talibã manteve a capital sob cerco, bombardeando-a a partir do sul, exatamente como fizera Gulbuddin. Eles não eram mais guerreiros sagrados, restaurando a "paz" a uma Kandahar sem lei, mas fanáticos bem armados e bem treinados, funcionando como se fossem um exército paquistanês por procuração no Afeganistão, determinados a conquistar o país.³⁸ O presidente Rabanni usou o tempo para construir alianças com outros líderes, incluindo Gulbuddin, na esperança de concluir um acordo de paz. Mas justamente quando parecia que ele iria obter sucesso, o Talibã, apoiado pela Arábia Saudita e pelo Paquistão (que sempre mentiram, negando ter qualquer relação com isso), realizou um ataque mais maciço e mais rápido do que qualquer outro planejado por um afegão. Gulbuddin, percebendo que seus velhos benfeitores do ISI o haviam entregue ao Talibã, fez um acordo com Rabbani, seu inimigo de longa data, para se unir ao governo, e com Massoud, para ajudar a defender Cabul. Quando chegou a hora, em setembro de 1996, tendo atraído as forças de Massoud para o sul de sua linha de defesa na cidade, os homens de Gulbuddin ficaram apenas assistindo enquanto o Talibã avançava contra elas. Percebendo a armadilha tarde demais, Massoud retirou suas forças para sua fortaleza ao norte e abandonou a cidade moribunda.³⁹ Os talibãs entraram em Cabul, tiraram Najibullah e seu irmão do complexo da ONU em que haviam se escondido, arrastaram-nos amarrados atrás de um jipe, fuzilaram Najibullah, estrangularam seu irmão e penduraram os dois em um posto na frente do palácio presidencial, para que todos pudessem vê-los. Pela segunda vez, a cidade fora libertada.

Os habitantes de Cabul dizem que, ao deixar a cidade, Massoud acabou sentindo pena deles. Quanto a Gulbuddin, perguntam-se: "Que tipo de homem bombardeia sua própria gente?". De pé, ao lado de Nasrin na encosta da colina que dominava a cidade, naquele dia frio de inverno, eu me perguntava que tipo de ajuda estrangeira fizera com que tais coisas fossem possíveis. Nasrin apontou para além do bairro devastado a nossa frente, indicando, ao longe, a localização das plataformas para canhões. Sua expressão era feroz. Ela tinha um jeito peculiar de juntar as sobrancelhas em uma linha negra, acentuada e longa, quando sofria, e suas lembranças frequentemente a faziam sofrer. Um dos mísseis de Gulbuddin atingira sua casa quando ela era criança, matando seu pai. Ela perdera quase toda a audição na explosão. "Gulbuddin", eu disse, bem alto, olhando para o horizonte, para mostrar que entendera a mensagem.

Tudo sobre as guerras civis do Afeganistão — as sangrentas batalhas pelo poder, iniciadas, financiadas e prolongadas pelas potências estrangeiras — deixa o observador perplexo diante dos objetivos inexplicáveis e desconcertado pela mutabilidade das alianças. Tantos líderes. Tantos partidos. Tantas variações doutrinárias do "verdadeiro" Islã. Aqui em Cabul as linhas são claras. Havia Ahmad Shah Massoud, homem de oração e leitor de poesia, o maior dos comandantes *mujahidin*, líder da Aliança do Norte, "Leão do Vale de Panjshir", inimigo mortal dos soviéticos e — inédito entre afegãos — um homem que recusara o poder quando lhe fora oferecido. Muitos reverenciavam Massoud como herói nacional e, após seu assassinato em 2001 (orquestrado por bin Laden), como um *shahid*, um mártir. No meio desse caos, outros o temiam e usavam sua imagem como uma espécie de talismã, um sinal de aliança que anunciava: "Estou do seu lado. Por favor, não me mate". Em Cabul, sua foto estava em toda parte: nas vitrines, nas casas, nos vidros dos carros e nos pára-choques, no chaveirinho de plástico da chave do escritório que me deram. Os olhos intensos e profundos de Massoud dominavam a cidade de um enorme *outdoor* no alto da montanha perto de nosso escritório. À noite ele era iluminado, e, deitada em minha cama, eu podia ver seu rosto trágico e brilhante erguendo-se sobre a capital, como a lua. Complexidades históricas dissolvidas em uma simples proposição. Massoud era o mocinho. E, do outro lado, havia Gulbuddin.

Saímos do carro carregando trouxas de roupas velhas. A próxima casa ficava no alto de um corredor íngreme e estreito, com o chão gelado e escorregadio por causa do esgoto. Uma porta de madeira na parede dava para um pátio, de onde uma escadaria levava a um aposento superior. Tirei os sapatos e espichei-me sob a colcha que cobria a porta. Na penumbra, só conseguia discernir as formas de duas mulheres encostadas na parede. Ouvi uma voz fraca vindo do *sandeli* que ocupava o centro do quarto e, olhando mais de perto, vi o rosto moreno, anguloso e sem dentes de uma senhora que se encolhia ali, na colcha que cobria a mesa. Ela contou a Nasrin sobre as duas mulheres, que eram suas noras, e sobre seus filhos, que também estavam lá, encolhidos sob a mesa, e ainda sobre o filho que havia lutado ao lado de Massoud, sendo depois preso por um longo tempo e torturado pelo Talibã. "É por isso que ele agora tem cabelos grisalhos", diz, apontando em direção à porta, onde ele estava. Nasrin e Lema separaram as roupas. Eu tirei as fotos necessárias. "O inverno mata a velha", disse Lema, em inglês. O filho de cabelos grisalhos, alto, ereto, digno, silencioso e descalço, nos acompanhou até o carro, caminhando sobre o chão gelado.

Voltando para o escritório, paramos para comprar pão no *silo*. O que os afegãos chamam de *silo* é um imenso celeiro com vários andares e uma padaria construído na década de

1950 pelos soviéticos, durante a guerra fria, em uma campanha de ajuda estrangeira para conquistar o coração, a mente e o estômago dos afegãos, que, como depois se viu, preferiam seu próprio *naan* tradicional ao pesado pão "moderno". Os soviéticos também construíram *silos* em outras grandes cidades, em Mazar-i Sharif e Kandahar, talvez se preparando, já àquela época, para saciar o apetite de um exército de ocupação. O *silo* alto e amarelo de Cabul fica em uma avenida larga, e aqui, conta Nasrin, algumas vezes os combatentes instalaram suas metralhadoras para massacrar cidadãos fugindo de ataques de mísseis. Agora, as janelas estão estilhaçadas e as paredes, cheias de buracos de bomba. Sem que Nasrin precise me dizer, eu sei. Gulbuddin. Mas em algum canto do *silo* arrasado alguém ainda prepara filões pesados de um pão marrom-escuro. Um contêiner metálico no pátio serve de loja, e aí escolhemos alguns pães de uma pilha sobre uma mesa improvisada. Depois, quase noite, voltamos ao escritório, em silêncio, ao longo do leito do rio seco pela estiagem e ladeado por barracas mambembes de ambulantes; atravessamos a ponte Pul-i Khesti e cruzamos o centro da cidade, passando pelo Hotel Cabul, destruído pelas bombas e fechado indefinidamente para reforma — onde, em 1979, os policiais afegãos que estavam "salvando" o americano de seus sequestradores acidentalmente o mataram —, até chegar às ruas largas e esburacadas de Share Nau. Durante todo o percurso apertei em meus braços os pães grandes, redondos, reconfortantes. No escritório, deixo o pão sobre a mesa da cozinha, subo para o meu quarto acanhado e acendo o fogareiro.

A pequena ONG para a qual eu começara a trabalhar, treinando professores de inglês de nível médio, era apenas uma dentre muitas. Algumas ONGs haviam trabalhado no Afeganistão ao longo de toda a ocupação soviética, durante as guerras civis e mesmo na época do Talibã, fornecendo alimentos, assistência médica, educação e outros serviços a cidadãos sofridos, desamparados por uma série de governos rivais. Outras, como a *Madar*, tinham saído da região durante o período do Talibã, por princípio ou sob coação, indo trabalhar com refugiados afegãos no Paquistão ou no Irã. Mas, com a queda do Talibã e a promessa de uma ajuda internacional maciça, as ONGs voltaram para o Afeganistão e se multiplicaram. Em 2002 havia cerca de 800 delas em Cabul. Eram 200 organizações internacionais, incluindo algumas grandes, com nomes conhecidos como CARE, Cruz Vermelha/Crescente Vermelho, Médecins Sans Frontières e o Comitê Internacional de Assistência, mas a maioria eram instituições menores nomeadas por siglas que não davam nenhuma pista sobre seu propósito ou sua função. Cerca de 600 ONGs eram organizações afegãs que dependiam da ONU e dos programas de ajuda de governos estrangeiros para obter dinheiro e assistência técnica e realizar seu trabalho.[40] A ACBAR (Órgão Coordenador das Agências para Ajuda ao Afeganistão) é a organização responsável pelo controle de todas as outras agências. Ela publica uma lista de todas as ONGs, com nomes e números para contato em ordem alfabética, grossa como uma lista telefônica.

As agências da ONU e dos governos estrangeiros, ONGs internacionais e empreiteiros independentes ocupam grandes casas, os antigos lares da classe alta de Cabul, em bairros chiques como Share Nau e Wazir Akbar Khan. Diretores de projeto e consultores visitantes usam os aposentos como escritórios e moradia, colocando escrivaninhas para seus funcionários nos corredores espaçosos. Geradores enormes instalados no jardim fornecem eletricidade a computadores, impressoras, copiadoras, aparelhos de fax e carregadores de celular, vitais para o trabalho dessas agências. À medida que se vai melhorando a traiçoeira rede elétrica e que as chuvas começam a dar vida ao rio novamente, a eletricidade aparece em Cabul, mas de forma intermitente e sempre de surpresa. No inverno, aquecedores ligados a geradores mantêm quartos e corredores a uma temperatura adequada para americanos e europeus. Os afegãos que entram pela primeira vez nesses edifícios ficam surpresos, pois na sua opinião as casas não são feitas para serem superaquecidas de maneira tão artificial, muito menos os afegãos, que andam de casaco dentro de casa. Os afegãos estão habituados as suas próprias instituições, como a escola de ensino médio, onde logo comecei a lecionar: sem mesas, sem cadeiras, sem lousas, sem banheiros, sem eletricidade e sem aquecimento.

Os estrangeiros com orçamentos maiores pagam aluguéis inimagináveis pelo privilégio de ocupar as melhores casas de Cabul, o que resulta em mais senhorios despejando seus inquilinos afegãos para dar lugar a forasteiros endinheirados. Os inquilinos despejados caem para o próximo nível de moradia, e assim por diante, e esse dominó prossegue até que os inquilinos no fim da linha são obrigados a deixar suas casas para se abrigar nas ruínas ou se juntar aos desabrigados errantes da cidade. Cedo ou tarde, todo mundo tem de se mudar. Os trabalhadores colocam em risco seus empregos por saírem mais cedo do trabalho para rodar pelas imobiliárias em busca de uma nova casa. Entretanto, precisam do emprego para pagar pela moradia. É uma situação delicada. Cada nova negociação de aluguel com o senhorio força os inquilinos a pagar mais ou então a se mudar. Servidores públicos e professores, na base da pirâmide salarial, são empurrados cada vez mais longe de seus escritórios e escolas. Eles tomam ônibus pouco confiáveis para ir ao trabalho — homens no fundo, mulheres de burca empilhadas como sacos de roupa suja nos poucos assentos reservados para elas na frente — e a cada ano a viagem demora mais. Uma hora, duas horas. É só uma questão de tempo até que esses trabalhadores de colarinho branco deixem seus trabalhos essenciais nas escolas, nas universidades e nos ministérios governamentais e busquem emprego nas agências internacionais.

    Os estrangeiros pagam salários altos, pelo menos para os padrões afegãos; assim, um motorista sem instrução pode ganhar mais que um professor na Universidade de Cabul, que o diretor de um hospital, que o chefe de polícia ou um ministro de Estado. O motorista que me levava todos os dias ao local onde eu lecionava, ganhava três vezes mais que os professores de ensino médio que assistiam as minhas aulas e que ficavam cada vez mais para trás no jogo da mudança de casas. Não me surpreendi quando me pediram que lhes ensinasse a escrever seu currículo no estilo ocidental. De todos os homens e mulheres instruídos que competem por empregos humildes nas agências internacionais, os mais procurados são aqueles que sabem inglês e têm familiaridade com o uso de computadores. O marido de uma de minhas alunas sabia falar inglês e deixou seu emprego administrativo no Ministério da Educação para trabalhar como motorista para a ONU. Um vice-ministro vira entregador, um diretor de escola vira tradutor; não é o trabalho que eles esperavam desenvolver na vida, para o qual se prepararam, mas pelo menos eles não têm de se mudar de casa. Felizardos, conseguem flutuar no mar da benevolência internacional — centenas de milhões de dólares em ajuda internacional prometida —, enquanto outros afundam. Administrada pela ONU, pela USAID (Agência Norte-americana para o Desenvolvimento Internacional) e por diversas organizações governamentais e não-governamentais, a assistência internacional alimenta uma economia artificial, paralela, mas distante da economia da vida cotidiana afegã. O tráfico de drogas é um motor ainda mais potente a impulsionar a economia artificial, mas é um jeito local e tradicional de fazer dinheiro, não fingindo ajudar o cidadão comum. Uma parte desse dinheiro chega ao bolso dos lojistas, comerciantes e fornecedores afegãos. Uma placa em uma mercearia afegã muito frequentada por estrangeiros diz "feliz o tempo todo". Entretanto, mesmo vivendo em meio a tanta abundância, a maioria dos afegãos está mais pobre do que nunca.

Membros do grande exército de invasores estrangeiros — peritos em ajuda a expatriados — estão sempre indo para lá e para cá. Eles rodam Cabul procurando reuniões, procurando uns aos outros, procurando uma refeição decente. Às vezes, quando o trabalho parece não chegar a parte alguma, o simples ato de rodar pela cidade parece dar sentido à vida. Para quem está sempre tendo de ir a algum lugar, Cabul oferece uma enorme frota de táxis amarelos e brancos, na maior parte velhos Toyota Corolla, alguns com o banco do motorista à esquerda e outros — só para complicar um pouco mais — à direita, muitos deles equipados com suporte para esquis por razões incompreensíveis em um país onde ninguém esquia. Mas táxis podem quebrar, e motoristas que não sabem ler instruções em inglês podem causar atrasos frustrantes. Para estrangeiros receosos há ainda a questão adicional da segurança: como saber se um táxi é mesmo um táxi? Assim, as agências internacionais dispõem de seus próprios veículos — Land Rovers brancos e Land Cruisers da Toyota são muito populares — e de uma equipe completa de motoristas, todos homens. Centenas desses veículos, ostentando belos brasões com siglas, circulam pelas ruas da capital todos os dias — ruas já lotadas de bicicletas, carroças puxadas por cavalos ou por burros, carrinhos de mão lotados de frutas e vegetais ou de roupas velhas, grandes reboques de madeira puxados por velhinhos fortes, cambistas exibindo maços de cédulas, ambulantes vendendo cartões telefônicos, mendigos pernetas em carrinhos improvisados, mulheres pedintes vestindo burcas imundas e garotos pobres brandindo jornais ou agitando latas que soltam fumaça de assa-fétida para proteger do mal a fim de obter gorjetas. As ruas em si já são ruins, cheias de buracos e pilhas de entulho e lixo. Quando neva, elas ficam escorregadias por causa do gelo ou da lama.

Organizar o tráfego nessas ruas entupidas é o trabalho da polícia de trânsito de Cabul. Cada policial enverga um lindo colete de lã, de ombros largos, e calças da cor dos cobertores do Exército, tornadas mais atraentes por um cinto da Sam Browne de vinil branco. Eles usam chapéus de vinil branco para combinar, como se fossem membros de uma fanfarra, e uma espécie de raquete branca e vermelha, apropriada, no tamanho e no formato, para jogar pingue-pongue, cada qual equipada com um grande refletor vermelho e as palavras "pare, polícia", impressas em vermelho. Sob os termos dos acordos internacionais que dividiram a tarefa de reconstruir o

Afeganistão, coube à Alemanha treinar a polícia, mas, quando cheguei, esse projeto ainda estava em andamento. A polícia estava improvisando. Os policiais agitavam suas raquetes para conduzir o fluxo em determinada direção, enquanto os veículos presos na direção contrária ficavam buzinando. Quando eles liberam os que estavam buzinando, os motoristas que acabaram de ter o trânsito impedido começam a buzinar. O barulho é incessante. Motoristas abaixavam o vidro ao passar lentamente pelos policiais para xingá-los e, vez ou outra, um guarda atingia com sua moderna raquete "pare, polícia" os dentes de algum motorista mal-educado. Mas a maioria dos guardas de trânsito parecia admiravelmente contida, até mesmo despreocupada. Eles arrastavam cadeiras e sofás para o meio das ilhas de orientação de tráfego e frequentemente podiam ser vistos descansando, relaxando, enquanto a sua volta, sem receber nenhuma atenção, rolava o caos. Com o tempo, alguns semáforos foram instalados no centro da cidade, e, de vez em quando, os policiais aumentavam a velocidade dos geradores que os faziam funcionar. Depois eles se sentavam, rindo, querendo ver o que os motoristas fariam. Parecia um tipo de vingança.

    Cabul é uma cidade grande — tem pelo menos dois milhões de habitantes e está crescendo rápido com o fluxo de refugiados que retornam. Ela se espalha sobre e entre várias colinas íngremes e rochosas, e para além delas. Algumas ruas importantes ligam as diversas partes da cidade, mas muitas dessas artérias ainda estão em ruínas ou fechadas por motivo de "segurança". Assim, circular pela cidade pode ser difícil; frequentemente, é impossível. Os motoristas tentam um caminho que parece bom e, se encontram um ponto que não conseguirão transpor, dão a volta, retornam pelo caminho por onde vieram e tentam outro. Para evitar esses retornos, que paralisam o trânsito, a polícia coloca enormes blocos de concreto no centro das ruas principais, mas os motoristas se juntam para empurrá-los para o lado, de modo que possam fazer o retorno. Do jeito que as coisas estão, podem-se passar horas rodando para lá e para cá, tentando um caminho aqui e outro ali, ou ficar preso no meio do trânsito sem nunca chegar a lugar nenhum.

Eu andava sobretudo com um homem chamado Sharif. Eu dirijo melhor que ele, mas não me é permitido dirigir. Sharif e eu estamos condenados a ser irmãos gêmeos pelo fato de o *ethos* nacional afegão de sexismo requerer uma presença masculina praticamente em toda a parte, principalmente atrás do volante de um carro. Aonde eu ia, Sharif ia também; e frequentemente íamos juntos a parte alguma. Eu não queria me sentar no banco de trás, que é o lugar das mulheres; sempre me sentava com Sharif na frente, para poder ver o movimento nas ruas apinhadas. Preso no meio de um engarrafamento, Sharif se reclinava, ajeitava os testículos sob seu longo *perahan* e colocava uma fita-cassete no toca-fitas. Orações islâmicas. Sharif é devoto. Ele também fala inglês muito bem, tendo passado um tempo como refugiado no Paquistão.

Eu gostava dele — no intervalo entre as orações, conversávamos, e ele parecia gostar de mim, embora se recusasse a acreditar que lá nos EUA eu dirigisse um caminhão. Tentando ilustrar o estranho conceito de leis de trânsito, eu disse uma vez a Sharif: "No meu país, a gente dirige em filas". Ele respondeu: "Em seu país é muito costume estranho." Ele preferia me contar coisas sobre Cabul. "No tempo dos talibãs", disse, "não tinha carros.

Nenhum táxi. Nada nas ruas. Agora, muitos, muitos carros".
Ao contrário da maioria dos habitantes de Cabul, Sharif acreditava que essa era uma boa mudança. Ele mesmo possuía três carros e um caminhão, todos parte do desfile diário pelas ruas de Cabul, de forma que Sharif conseguia um bom dinheiro mesmo quando estava preso em uma rotatória incontornável ou em um emaranhado de carrinhos de mão, ouvindo suas fitas de orações ou os locutores patrióticos na estação de rádio dos militares americanos.

Como às quintas de manhã, por exemplo, quando sempre ficávamos absolutamente empacados por conta da procissão dos feridos de guerra certificados que se dirigiam ao Ministério dos Mártires e dos Inválidos para receber seu pagamento semanal. De manhã bem cedinho eles vagam pelas ruas: mulheres vestindo burcas esfarrapadas, desbotadas até atingir um tom acinzentado opaco, e homens protegendo-se do frio enrolados em *pattus* de cor marrom-esverdeado. Eles surgem das ruas secundárias, sozinhos ou em grupos de dois ou três, juntando-se em um desfile solene dos aleijados, dos paralíticos e dos cegos, como em uma peregrinação medieval em direção ao santuário de um santo milagreiro. Homens de uma perna só, vítimas de minas terrestres, arrastam-se apoiados nas muletas doadas pelo Crescente Vermelho. Este é o país dos homens de uma perna só. Esses, os oficialmente inválidos, arrastam seus corpos destruídos sobre o calçamento irregular das ruas destroçadas, parando o trânsito a cada esquina. Eles continuam entre as buzinas, sem buscar milagres ou cura, mas apenas uma pequena doação: aquilo com o que conseguirão viver mais uma semana. Todos os dias as minas que salpicam os acostamentos das estradas, os pomares mortos e os campos arrasados explodem e fazem mais mártires e feridos, oficialmente inválidos. A cada *Naw Roz* (Dia de ano-novo), milhares de habitantes de Cabul visitam um santuário na colina no meio da cidade e alguém pisa em uma mina. Naquele ano, um garoto de 18 anos perdeu as duas pernas. E, a cada semana, a procissão ao Ministério dos Mártires e dos Inválidos se torna maior e mais beligerante. Eles são os pedestres mais agressivos de Cabul.

Mas não são os únicos. Em uma desolada manhã de dezembro, quando Sharif e eu estávamos totalmente presos no engarrafamento, vi um senhor se aproximar, vindo do final da rua e caminhando em nossa direção. Era alto e ereto, belo com sua barba branca e seu lindo turbante de seda. Outro homem, de bicicleta, passou atrás de nós e foi na direção daquele senhor. No exato momento em que iriam passar um ao lado do outro, um carro deu uma guinada para o lado, forçando o ciclista a se desviar. Ele atropelou o senhor de barba branca, que bambeou, mas recuperou o equilíbrio e não caiu. Então, ele se virou rapidamente e deu um murro no queixo do ciclista, arremessando-o na rua embaixo da bicicleta. Nisso, um jovem que estava passando socou o senhor de barba branca, que caiu de costas, com as pernas para cima. O turbante de seda caiu por terra. Um guarda de trânsito, abanando sua raquete por cima da cabeça, correu por entre os carros parados e atingiu a cabeça do jovem, que cambaleou para trás, bateu com o calcanhar no meio-fio e caiu violentamente sentado. No momento seguinte, ele já estava de pé, gritando com o policial. Um quinto homem, que tinha ficado displicentemente recostado em uma parede de jardim tomando o tímido sol da manhã, avançou a passos rápidos. Ele se colocou entre o policial e o jovem com os braços estendidos, as palmas viradas para fora, separando os dois. É a pose do pacificador. É também a pose da crucificação. O senhor de barba branca levantou-se e deu uma bordoada brutal no queixo orgulhoso e desprotegido do pacificador, que voou contra a parede na qual estivera reclinado alguns minutos antes e se deixou cair sentado no chão. O senhor de barba branca lambeu os nós dos dedos, arrumou o turbante, pisou na bicicleta caída e seguiu seu caminho. Tudo terminou em segundos. Sharif ria. *Mujahidin*, disse. E de repente o Afeganistão, que parecera tão difícil de se compreender, começou a se revelar.

Os afegãos são guerreiros famosos. Ferozes, implacáveis, impiedosos, ousados, selvagens, brutais; esses são os adjetivos que os livros de história lhes reservam. Essa reputação parece exagerada, considerando-se quantas vezes sua terra foi invadida e suas cidades saqueadas — por Alexandre, na ida e na volta, por Gêngis Khan, por Tamerlão e por outros saqueadores menos conhecidos —, mas tudo isso é história antiga. Mais recentemente — em 1747, para ser exata —, o Afeganistão moderno começou a se formar como um tipo de confederação tribal quando um certo Ahmed Khan foi eleito xá, mais ou menos democraticamente, por uma assembléia de pashtuns. Com o nome de Ahmed Shah Durrani, ele estabeleceu a dinastia durrani, que duraria, com uma breve interrupção, até a Revolução Comunista de 1978.[41] A presidência de Hamid Karzai, anunciada nos EUA como o advento da "democracia", aos olhos dos afegãos parece, em vez disso, uma restauração dos durranis, já que Karzai vem de uma poderosa família pashtun de Kandahar do ramo dos popolzais, a linhagem do próprio Ahmed Shah Durrani. As tribos pashtuns habitavam, naquela época e hoje, sobretudo o sul e o leste do Afeganistão e, em número ainda maior, o nordeste do Paquistão, tendo sido divididas suas terras em 1897, quando Sir Mortimer Durand, então secretário de Relações Exteriores do governo da Índia, estabeleceu a fronteira notoriamente permeável que leva seu nome. Gerações de pashtuns sonharam com o estabelecimento do país unificado do Pashtunistão; muitos ainda sonham. No entanto, eles continuam sendo o maior e mais influente grupo étnico do Afeganistão — o centro de Cabul é a Praça dos Pashtuns — enquanto, do outro lado da fronteira, na província da fronteira do noroeste do Paquistão, pashtuns paquistaneses ameaçam reunir-se a seus irmãos afegãos, levando com eles uma fatia substancial do território paquistanês.[42] Há pelo menos 20 — alguns dizem que esse número está mais próximo de 50 — outros grupos étnicos no Afeganistão: tajique, usbeque, hazara, turcomano, nuristani, aimaq, farsiwan, baluques, e assim por diante. Mas, durante séculos, os nomes afegão e pashtun foram utilizados indistintamente. Os afegãos são igualados aos pashtuns, e os pashtuns são durões.

O diplomata e historiador britânico Martin Ewans, que foi chefe da chancelaria em Cabul, descreve as principais características dos *pushtoons* como sendo "um individualismo orgulhoso e agressivo, praticado no contexto de uma sociedade familiar e tribal com hábitos predatórios, um *ethos* que é parte feudal e parte democrática, uma fé muçulmana inflexível e um código de conduta simples".[43] Esse código simples, duro — o *pashtunwali* —, os obriga a serem hospitaleiros, mesmo em relação a seus inimigos, e a oferecer abrigo para estranhos (essas prescrições, as mais generosas do *pashtunwali*, ajudam a explicar a recusa do Talibã em entregar seu hóspede pagante Osama bin Laden). Mas o código também obriga-os a vingar-se da menor afronta a sua honra — insultos, reais ou imaginados, a seu nome ou sua propriedade, uma categoria que inclui as mulheres. Vingança, é claro, gera vingança, de modo que lutas assassinas, vendetas e batalhas envolvendo indivíduos, famílias e clãs têm sido, há muito tempo, a matéria da vida social cotidiana dos pashtuns. O órgão político mais importante é a *jirga*, ou assembléia, em que cada homem tem igual direito à palavra, ou igual direito ao insulto. Os pashtuns batem-se pelo poder, entretanto têm a autoridade em tão pouca conta que descrevê-los como "ferozmente independentes" se tornou um clichê. Eles seguirão um chefe de clã ou um cã até onde isso servir a seus interesses e não mais, de forma que um líder está sempre às voltas com a tarefa de demonstrar incessantemente que merece ser seguido. Somem-se a isso as práticas de sucessão islâmicas, que distribuem a propriedade de um homem em partes iguais a seus filhos, não dando a nenhum deles uma vantagem econômica clara, e tem-se a base da democracia ou, em uma terra escarpada de recursos escassos, a base para lutas intermináveis, faccionalismo constante e "guerras fratricidas".

No passado, praticamente a única coisa que fazia com que os pashtuns interrompessem suas querelas incessantes era o aparecimento de um inimigo externo. Nada inspira tanto a unidade pashtun quanto a necessidade de expulsar um invasor, e, dada a política global dos últimos séculos, isso geralmente dizia respeito aos britânicos. Os historiadores gostam de falar do moderno Afeganistão sob os xás durranis como um "Estado-tampão fraco", de pouca importância, exceto a de ser uma terra-de-ninguém entre os principais contendores no jogo da política global — um pouco como a carcaça mutilada do novilho que cavaleiros poderosos lutam por possuir no esporte afegão do *buzkashi*. Ao norte, os czares russos cobiçavam a Ásia Central e, para além dela, a Índia britânica. O Afeganistão estava no caminho. Os britânicos, que haviam se estabelecido no subcontinente com a Companhia das Índias Orientais, respondiam com uma "política de avanço" — um pouco parecido com o agressivo "ataque preventivo" de George W. Bush — destinada a manter o Afeganistão atrelado às decisões britânicas. Durante o século XIX, emissários, espiões, aventureiros e soldados russos e britânicos dançaram para lá e para cá por décadas, naquilo que os historiadores chamam de "O Grande Jogo" e foram eles, não os afegãos, que estabeleceram as fronteiras do Afeganistão. Um emissário britânico dos primeiros tempos observou que os afegãos nem tinham um nome para seu próprio país, mas, ao final do século XIX, Amir Abdur Rahman começou a referir-se a ele como "Yaghistan", nome traduzido às vezes por "terra dos que são livres", às vezes por "terra dos rebeldes".[44]

De sua parte, os afegãos lutavam entre si pelo direito de suceder Ahmed Shah Durrani, e os xás e cãs que o seguiram, cidade após cidade, neste setor, ou naquele. Poucos foram tão eficientes quanto Zaman Shah, um dos netos de Ahmed Shah Durrani, que conquistou o poder após a morte de seu pai em 1793, imediatamente dando ordens de prender seus mais de 20 irmãos e de cegar o mais velho. Para a maioria dos herdeiros potenciais, a batalha entre irmãos era mais confusa, mais sangrenta e mais prolongada. O que os historiadores ocidentais chamam de "anarquia" prevalente no Afeganistão; "anarquia" que algumas vezes "justificava" uma "política de avanço", era, sobretudo, pashtuns tribais sendo pashtuns.

No início do século XIX, um líder pashtun ousado e popular chamado Dost Mohammed subiu ao poder em Cabul e gradualmente expandiu seu domínio para outras cidades e regiões do Afeganistão. Mas os russos também estavam se expandindo, fornecendo ao xá da Pérsia conselheiros militares e insistindo para que ele marchasse contra Herat e Kandahar. A ameaça russa foi enfrentada pelos britânicos. Incapazes de recrutar Dost Mohammed para servir a seus interesses, os britânicos decidiram recolocar seu próprio títere no trono de Cabul; e Dost Mohammed, como tantos outros líderes afegãos que o seguiram, se viu em meio a uma luta entre estrangeiros. Em 1838, 20 mil soldados do exército do Indus — acompanhados de 38 mil pessoas que viviam no acampamento militar, 30 mil camelos, um grande rebanho e uma matilha de cães de caça — invadiram o Afeganistão e, em agosto de 1839, já tinham recolocado em seu palácio em Cabul um pashtun rejeitado: o agora idoso Shah Shuja, que fora deposto e exilado (um irmão sortudo que escapara ao eficiente Zaman Shah). De acordo com George Eden, conde de Auckland e governador geral da Índia na ocasião, os britânicos tinham intenção não apenas de bloquear invasões persas (e russas) pelo oeste, mas também de "estabelecer uma base para a extensão e a manutenção da influência britânica em toda a Ásia Central"; mas, em um manifesto oficial, eles justificavam a invasão em termos mais elevados. Diziam que, uma vez que o novo governante tivesse sido empossado "por seus próprios súditos e adeptos" e que ele estivesse "seguro no poder, e que estivessem garantidas a independência e a integridade do Afeganistão, o exército britânico se retiraria". O historiador Martin Ewans relata que os termos que os britânicos utilizaram para esse pronunciamento são "estranhamente semelhantes" àqueles que os soviéticos utilizariam para justificar a invasão de 1979.[45] Os soviéticos também só tinham a intenção de permanecer ali poucos meses. Eles lembram os termos do governo Bush Dois, quando empossou seu próprio Shah Shuja na pessoa de Hamid Karzai.

Talvez seja óbvio demais — um golpe muito baixo — mencionar aqui o velho adágio que diz que aqueles que não conhecem a história estão fadados a repeti-la, porque todo mundo sabe que Bush, o Pequeno, não lê história, nem qualquer outra coisa, e, assim, permanece sendo a única pessoa no mundo que não sabe que aquilo que se seguiu à invasão britânica do Afeganistão em 1838 e 1839 foi a maior derrota militar em toda a história britânica. Tendo vencido a guerra, "missão cumprida", os britânicos colocaram no poder um títere impopular. Em nome da "segurança", eles mantiveram em Cabul uma brigada completa de soldados, logo vistos não como libertadores, mas como um exército de ocupação. Os soldados andavam como valentões pela cidade, bebiam em público, usavam e abusavam das mulheres afegãs e consumiam seus estoques de comida enquanto a maioria dos afegãos passava fome. Havia inquietação entre os afegãos e revoltas aconteciam aqui e ali, mas os britânicos seguiam determinados e otimistas a respeito do sucesso de sua nobre empreitada. Então, em novembro de 1841, Alexander Burnes, oficial da Artilharia de Bombaim e emissário especial junto ao trono afegão, foi assassinado juntamente com seu irmão por uma multidão que invadiu sua casa em Cabul. Três semanas mais tarde, durante negociações para uma trégua, insurgentes de Cabul assassinaram William Macnaghten, que, como conselheiro-sênior do governador geral da Índia, era o principal representante da coroa britânica em Cabul. Macnaghten foi decapitado e mutilado, e seu corpo foi colocado em exibição no mercado de Cabul.

Os britânicos concordaram em retirar-se, pois tinham um número muito pequeno de soldados para se defender de uma insurreição maciça. Os afegãos prometeram aos soldados, suas famílias, empregados e agregados salvo-conduto através dos desfiladeiros gelados que levavam para fora do Afeganistão e, depois, perseguiram-nos pela neve e mataram os últimos deles em um local próximo chamado Gandamak. Uma brigada de 4.500 soldados, seguida de 12 mil civis, deixou Cabul em uma manhã de janeiro. Afirma-se que três mil morreram no primeiro dia, vitimados pelas duras condições climáticas, mesmo antes dos afegãos atacarem. No quarto dia, apenas 120 soldados e quatro mil civis ainda marchavam sobre a neve. Dois dias mais tarde, havia apenas 80. Quando se voltaram para resistir, pela última vez, em Gandamak, havia 20. Conta-se que seis oficiais conseguiram escapar a cavalo de Gandamak, mas apenas um deles, gravemente ferido — o dr. William Brydon, médico do Exército —, conseguiu chegar ao forte em Jalalabad.

Conforme se soube depois, houveram outros sobreviventes; no ano seguinte, um poderoso "exército de retaliação" britânico chegou ao país para estuprar, assassinar e pilhar, retornando com mais de dois mil prisioneiros e desertores resgatados. Mas a história fica melhor quando não se sabe disso, quando você se concentra apenas no sofrimento e no terror dos ingleses vagando pela neve — o soldado jovem e bonito, a mãe abraçando seu bebê, o menininho patético agarrado à barra de sua manta — enquanto os impiedosos pashtuns abrem fogo sobre eles, alvos tão fáceis, do alto das rochas da montanha. A história fica melhor se você imagina o sofrido e corajoso Dr. Brydon sangrando profusamente, abraçado ao pescoço do cavalo agonizante ao arrastar-se até Jalalabad, sobrevivendo milagrosamente para contar o que se passou. Essa é a versão que os britânicos nunca esqueceram. Da perspectiva afegã, é claro, a história é diferente.

Quando os britânicos voltaram para dar o troco, queimaram o mercado de Cabul e arrasaram seu interior. Depois, em 1842, tendo restabelecido a reputação britânica como um poder militar temível, eles declararam o fim da guerra anglo-afegã e deixaram o país do mesmo jeito que o tinham encontrado, com Dost Mohammed de volta ao poder. Ele governou por mais vinte anos, sonhando com a unidade afegã em meio a confrontos pashtuns fratricidas que culminaram novamente em anarquia após sua morte. Tendo, aparentemente, aprendido quase nada com a experiência anterior, os britânicos iniciaram — apenas quarenta anos mais tarde — uma segunda guerra anglo-afegã, tão inútil e cara quanto a primeira. O objetivo, mais uma vez, era fazer frente aos russos e impulsionar a "influência" britânica na Ásia Central. Quando tudo terminou, em 1881, o secretário de Estado britânico descreveu para a Índia um resultado que soa sinistramente familiar: "Como resultado de duas campanhas vitoriosas, do emprego de uma força enorme e do gasto de vultosas somas, tudo o que se conseguiu até agora foi a desintegração do Estado que se desejava ver forte, amigo e independente, a possibilidade de novas e indesejáveis dificuldades..., e um Estado de anarquia em todo o resto do país".⁴⁶ Houve também uma terceira guerra anglo-afegã, em 1919, que durou só um mês. O rei afegão Amanullah havia proclamado uma *jihad*, exigindo independência completa da suserania britânica. Os exaustos ingleses, enfraquecidos pela Primeira Guerra Mundial, quase não opuseram resistência. Conferindo a Amanullah o que parecia ser uma vitória diplomática, eles cortaram todos os vínculos com o Afeganistão. Mas também cortaram os subsídios de que o rei precisava para fazer seu país ingressar no mundo moderno. O Afeganistão seria independente, mas continuaria pobre.

Houve outra consequência das guerras anglo-afegãs. À medida que jornalistas, políticos e historiadores britânicos contavam, várias e várias vezes, a história amarga da sangrenta retirada de Cabul, os afegãos tornavam-se maiores e mais selvagens. Na imaginação dos britânicos e, por extensão, do Ocidente, eles ganharam uma reputação duradoura como uma raça de guerreiros bárbaros e traiçoeiros, sem escrúpulo nem piedade; habitantes de um território proibido. Um jornalista americano escreveu que "a principal reivindicação dos afegãos à fama na história, era a de serem uma passagem e uma armadilha mortal para exércitos estrangeiros invasores".⁴⁷ Os afegãos, agora amargamente desconfiados de forasteiros, isolaram-se e lutaram entre si, por vezes com uma ferocidade que confirmava a opinião que o mundo tinha a respeito deles. Cem anos se passaram antes que qualquer potência estrangeira invadisse novamente o Afeganistão, apenas para encontrar os mesmos guerreiros ferozes e engenhosos. Quando os soviéticos desistiram, depois de uma década de guerra sangrenta, e lentamente se arrastaram para o norte, novamente na direção de casa, os *mujahidin* afegãos da Aliança do Norte — homens de Massoud — forçaram-nos a combater pela estrada através dos picos do Passo de Salang e apanharam-nos (alvos tão fáceis) um a um.[48] A essa altura, a perspectiva ocidental já havia mudado; os afegãos estavam fustigando nossos inimigos e nós estávamos do lado deles. Quando Peter Jouvenal, cinegrafista da BBC, premiado por sua cobertura das guerras no Afeganistão, abriu, tempos mais tarde, um pequeno hotel para jornalistas em Cabul (em uma casa em que, segundo se diz, Osama bin Laden visitara uma das esposas), deu-lhe, perversamente, o nome de Alojamento Gandamak.

A maioria dos repórteres ocidentais que cobriam as guerras não tinha essa visão ampla da história, mas da confortável e frustrante distância de seus quartos de hotel em Peshawar viam-se estranhamente atraídos pela notória selvageria dos guerrilheiros afegãos. Para muitos jovens jornalistas cheios de adrenalina, o ponto alto da reportagem era viajar "pelo interior do país" com os *mujahidin*. Contrabandeados através da fronteira com o Paquistão, confortavelmente embrulhados em seus casacos de esqui, eles viajavam com os afegãos, agora chamados de "guerreiros da liberdade", deslocando-se à noite para não serem descobertos. Sobrecarregados de equipamentos e não habituados à altitude, eles sofriam para acompanhar os guerreiros esguios e robustos, que viajavam sem levar quase nada e caminhavam rapidamente. Alguns confessaram que os afegãos os colocavam sobre as mulas como se fossem mais um pacote da bagagem pesada. Mas, de algum modo, sua própria inabilidade em acompanhá-los — sua delicadeza e flacidez — os fazia ainda mais apaixonados por seus anfitriões sobre-humanos. Um jornalista escreveu: "Neles, vemos uma versão mais forte, mais heróica, de nós mesmos".[49] As reportagens às vezes lembram correspondências de fãs, coloridas com a glorificação homoerótica da masculinidade e, no entanto, homoerótica de um modo seguro, porque esses guerreiros idealizados, barbudos, durões, ferozes pareciam o próprio ápice da masculinidade "macho". Quem perderia a oportunidade de andar por aí com esses garotos? Charlie Wilson, congressista texano — mulherengo, viciado em cocaína e alcoólatra — a quem se atribuía o crédito de ter extraído milhões e milhões de dólares do Congresso americano para ajuda secreta aos *mujahidin*, pediu como recompensa um pequeno passeio com os guerreiros da liberdade, durante o qual ele poderia disparar sozinho um lança-mísseis.[50] Conforme George Crile relata em *Charlie Wilson's War* (*A Guerra de Charlie Wilson*), esse foi o ponto alto da patética vida de Wilson, embora seja possível que seus cicerones paquistaneses, não desejando arriscar o pescoço do tolo congressista americano no Afeganistão, tenham encenado o episódio, na verdade, no Paquistão. O ISI do Paquistão usou o mesmo truque com William Casey, diretor da CIA, levando-o de jipe, no meio da noite, a um falso acampamento de *mujahidin* afegãos não muito distante de Islamabad.[51]

Assim, os afegãos, durante toda a guerra contra os soviéticos e as guerras civis que se seguiram, habilmente mantiveram sua reputação de guerreiros mais ferozes do planeta. Mas os fatos às vezes se perdem ou se distorcem nessa visão romântica. A pobreza, por exemplo. Muitos *mujahidin* viajavam sem levar quase nada porque as roupas do corpo eram tudo o que tinham. Eles viviam como "espartanos", diziam os repórteres, quando, na verdade, viviam como afegãos. E o islamismo. Aqueles ferozes guerreiros da liberdade, treinados e armados com mísseis Stinger pela CIA, eram *jihadis* islâmicos. E pelo menos 35 mil deles não eram nem mesmo afegãos, mas voluntários vindos de 43 países muçulmanos do Oriente Médio, da África setentrional e oriental, da Ásia Central e do Extremo Oriente — argelinos e egípcios, sauditas e kuwaitianos, paquistaneses e usbeques, filipinos e uigures — ansiosos por, um dia, morrer pela fé, no Afeganistão ou em qualquer outro lugar.[52]

A luta afegã sempre foi sobre ideologia. Mas a política americana estava atolada na guerra fria e era distorcida — mais uma vez — pela religiosidade intransigente. Bill Casey, diretor da CIA de 1981 a 1986 e católico fervoroso, saudou os militantes islamitas como aliados naturais da Igreja Católica na batalha contra o comunismo ateu dos soviéticos.[53] O ministro das Relações Exteriores da União Soviética, Eduard Shevardnadze, solicitou de George Shultz, secretário de Estado no governo Reagan, ajuda americana para conter a expansão do fundamentalismo islâmico, mas o pedido deu em nada.[54] Em vez disso, durante toda a ocupação soviética, a CIA continuou treinando os *jihadis* islâmicos "árabe-afegãos" em campos no Paquistão, a um custo de 800 milhões de dólares.[55] Ela levou seus professores paquistaneses e afegãos para campos nos EUA para aprenderem técnicas letais.[56] Portanto, os árabe-afegãos importados para lutar no Afeganistão, não tinham nada a ver com os *mujahidin* nativos descritos por Robert D. Kaplan em seu livro *Soldiers of God* (*Soldados de Deus*) como não sendo "nem complicados, nem fanáticos".[57] Os afegãos lutavam por suas famílias, seus vilarejos, sua terra, enquanto os árabe-afegãos lutavam por uma causa. "Nós, afegãos, estávamos lutando para viver. Eles estavam lutando para morrer pelo Islã", explicou-me um antigo *mujahidin* local. Afegãos moderados alertaram os EUA: "Pelo amor de Deus, vocês estão financiando seus próprios assassinos".[58] E, de fato, quase todos os líderes do Islã militante ao redor do mundo e dos mais importantes ataques terroristas que se seguiram, têm sua origem na guerra afegã.[59] Mas os EUA — mais vingativos e ardilosos que qualquer pashtun e sempre se achando muito espertos — secretamente armaram a intransigente causa do anticomunismo e criaram um monstro religioso.

O homoerotismo sempre esteve muito presente, embora poucos jornalistas ocidentais relatassem as propostas recebidas de afegãos viris. Como se poderia conciliar aquilo com as noções oficiais de masculinidade militar? O que aconteceria com as verbas conseguidas por Charlie Wilson se os congressistas republicanos ficassem sabendo dessas histórias? Mas um jornalista australiano amigo meu (bem hetero) confessou-me que, quando viajava com os *mujahidin*, mal conseguia dormir com o barulho dos soldados transando. Contou que o comportamento dos *mujahidin* conferiu novo sentido às expressões "passo na montanha" e "avanço estratégico". Ele ficava apavorado. Isso amedrontava e desmoralizava os russos também. Havia uma infinidade de histórias sobre prisioneiros de guerra russos estuprados por gangues de *mujahidin* viris, embora os *mujahidin* tenham passado ao estupro de mulheres assim que chegaram às ruas de Cabul. Também eram comuns as histórias de estupro e sodomização de meninas e meninos sequestrados, e elas são parte importante dos mitos fundadores do Talibã. Conta-se que o mulá Omar e seus homens conquistaram os habitantes de Kandahar quando salvaram um "menino dançarino" das garras de dois déspotas rivais e, depois, quando enforcaram um comandante *mujahidin* de Kandahar responsável pelo sequestro e estupro múltiplo de duas adolescentes.[60]

O estupro generalizado de mulheres não recebia muita atenção oficial, já que se acreditava que muitos dos estupradores eram homens de Massoud; naquela época — a das guerras civis —, Massoud era o herói dos jornalistas ocidentais.[61] Idolatrando Massoud em um documentário sobre sua vida, um cineasta francês ousou filmar apenas os pés descalços da esposa e das filhas servindo o jantar que tinham preparado. "Eles têm suas tradições", diz, em inglês, o narrador — como se manter as mulheres trancadas fosse apenas um costume estranho e como se sua servidão fosse apenas um fato da natureza. Mas há que se considerar também que quase não há menção às mulheres durante todo o período das guerras. O jornalismo de guerra em Peshawar era, "de forma consciente", uma atividade para machos, segundo Robert D. Kaplan, e a fronteira noroeste do Paquistão, "um posto avançado da masculinidade como o Velho Oeste, cor de terra". Dentro do Afeganistão, Kaplan notou algumas "tendas ambulantes com pequenos buracos para os olhos", mas outro observador informou que as mulheres "não estão nem em segundo plano... simplesmente não aparecem".[62] Assim, você pode ler livros e mais livros sobre o Afeganistão em que o termo *Afghan* claramente se refere apenas a "homem adulto afegão"; e muitos livros atuais de reportagens e de história, escritos por homens e considerados excelentes, não têm uma única frase sobre mulheres ou crianças.

Às vezes aqueles repórteres ocidentais que seguiam os *mujahidin* pareciam sofrer, inconscientemente, com a ausência de mulheres. Um viu nas montanhas o formato dos "seios de uma jovem". Outro, ao escrever para a *Harper's*, descreveu um passo de montanha que a ele pareceu uma vagina. Tomado de espasmos semelhantes, o jornalista soviético Artyom Borovik descreveu uma estrada afegã que "como uma prostituta, balança seus quadris curvilíneos para cá e para lá".[63] Mas a maioria parecia satisfeita com a companhia dos homens e a invisibilidade das mulheres. Tendo chegado de surpresa, já bem tarde da noite, a uma casa modesta em um vilarejo remoto, o autor britânico Jason Elliot registrou: "Uma lauta refeição apareceu. A mágica que permite que essas pequenas proezas aconteçam, sem interrupção aparente do ritmo das coisas — independentemente do número de convivas inesperados —, é um dos perenes e misteriosos prazeres das viagens pelo Afeganistão".[64] Que tipo de jornalista não consegue ligar esse misterioso prazer a sua causa atrás da cortina? Àquelas mulheres descalças que se encarregam, dia e noite, da hospitalidade *pashtunwali* que faz dos homens afegãos anfitriões tão famosos? (Resposta: o mesmo tipo de jornalista que não percebe que a verdadeira função da hospitalidade *pashtunwali* é a de detê-lo, de gastar seu tempo, de impedir que ele olhe o que acontece no vilarejo.) E que mulher ocidental descreveria tal hospitalidade — preparar uma "lauta refeição" para convidados inesperados no meio da noite, sem água corrente, nem eletricidade, nem geladeira, nem uma lâmpada decente, sem nem mesmo uma caixa de Minute Rice ou uma lata de feijão — como uma "pequena" proeza?

Para o nosso tempo, o homem afegão, feroz, implacável, impiedoso, selvagem e traiçoeiro, é irresistível. As ocidentais também se apaixonam por ele. Quando contei a amigas no trabalho de ajuda humanitária que eu iria para o Afeganistão, todas sorriram maliciosamente. "Consiga um bom motorista!", disse uma delas. "O que você quer dizer com isso?", perguntei.

"Você não sabe? Meu Deus, em que planeta você vive?". E assim eu ouvi as histórias — talvez apócrifas, dessa mulher e daquela, que trabalhava para a CARE ou para a Save the Children ou para a embaixada americana, cujo motorista era tão deslumbrante que... "Bom, o que você faria?" Todo mundo conhecia a história da esposa recém-casada com um poderoso do Departamento de Estado (ou era da USAID?) que foi para Cabul para uma missão rápida e fugiu com o motorista. Todas as histórias acabam aí, como filmes românticos, com o casal, hormônios a mil, partindo apressadamente. Ninguém conhece, ou ninguém conta, a parte do "para sempre". Conheci uma americana — empresária de cerca de 40 anos, casada duas vezes, independente, que chegara como voluntária beneficente e se casara com um afegão em Cabul. Eu a convidei para se juntar a mim nas ótimas aulas de idioma que eu estava tendo com um excelente professor. "Meu marido nunca me deixaria falar com outro homem", ela disse. "Ele me ama demais." Percebi que ela estava feliz. Ele era muito bonito. Algumas semanas mais tarde fiquei sabendo que seu marido havia tomado uma segunda esposa em Dubai. Conheci outra voluntária americana que ficara obcecada pelo seu motorista afegão (casado), lindo e esbelto. Durante semanas ele fez o que pôde para evitá-la e mudar de emprego. A mulher colocou em seu orçamento uma soma astronômica para carro e motorista e, quando uma indulgente agência doadora deu-lhe o dinheiro, ela se deu de presente o homem de sua vida.

Não sei se os afegãos são melhores ou piores que guerrilheiros de outras partes do mundo. Não sei se são mais ferozes ou mais impiedosos, mais corajosos ou mais incansáveis que outros homens sob quaisquer circunstâncias lutando pelas próprias vidas. O que eu sei é que os homens afegãos que conheci, muitos dos quais haviam lutado com os *mujahidin* — homens para quem lecionei, homens que empreguei, com quem trabalhei ou para quem trabalhei, ou que conheci de passagem —, eram educados, de fala macia, cuidadosos com suas famílias, atenciosos e gentis. Estavam sedentos de paz. E quanto ao meu motorista — lá estava o plácido, gorducho, trabalhador e fervoroso Sharif. Ele frequentemente trazia ovos das galinhas que a mãe dele criava.

Mas dê um carro na mão de um homem como Sharif, e ele vai dirigir como um guerrilheiro. Dê-lhe um cavalo, e ele vai cavalgar impetuosamente em um jogo de *buzkashi*, batendo-se contra adversários para agarrar um bezerro ensanguentado. Dê-lhe um fuzil Kalashnikov ou um míssil Stinger, e ele vai se enfiar nas montanhas com os *mujahidin*. O impulso é o mesmo: uma luta desesperada pela sobrevivência, fundada na certeza de que, em que pesem as ligações de parentesco e *qawm*, família e amizade, religião e partido, cada homem está sozinho. Esse é o estado psicológico: solidão, isolamento, profundo e permanente. É um estado mental que deriva, talvez, de gerações de batalhas contra uma terra difícil, uma pobreza brutal e inimigos sanguinários, e que foi reforçado pelo último quarto de século de guerra incessante. Talvez porque nunca tenha havido fontes duradouras de autoridade na vida afegã — nenhuma monarquia estável, nenhuma hierarquia clerical, nenhuma aristocracia intelectual ou econômica que fosse confiável — cada homem parece sentir-se sozinho contra o caos iminente. Solitário, ele irá se ligar, se a oportunidade se apresentar, a algum benfeitor, algum cã ou comandante — algum dono de terras ou chefe local —, alguém no comando, para proteger-se da violência.

Mas cãs e comandantes só têm o poder que conseguem angariar ao longo da vida. O patrimônio do dono de terras é dividido entre seus filhos, de forma que nenhum se equipara ao pai e todos são levados a combater uns contra os outros. Quanto ao comandante da milícia privada, seu poder é tão efêmero quanto sua vida é breve. Nem mesmo o mulá, que pode exercer uma pequena influência na vida do vilarejo, representa um centro de poder estabelecido, de um papa ou de um bispo, mas é, antes, uma espécie de artesão *freelance* que cuida das necessidades religiosas locais do mesmo jeito que o carpinteiro cuida da necessidade dos móveis. A nação afegã não é, na verdade, nem mesmo uma nação, mas um Estado fracassado, um mero corredor, um campo de batalha, um *buz*, um bode dilacerado entre cavalos nos jogos de estratégia da geopolítica. Quanto aos homens que tentaram governá-lo no último século, cinco foram assassinados, quatro foram exilados, dois foram executados e um, o talibã mulá Omar, subiu em uma motocicleta e desapareceu. A última vez que um governante morreu pacificamente no cargo, de causas naturais, foi em 1901, e, desde então, apenas dois homens transmitiram o poder, e a contragosto, a outro legítimo governante, e um deles, Sibghatullah Mujaddidi, nem tinha poder de verdade para transmitir. Assim, não há nada que dure: nenhuma autoridade, nenhuma instituição, nenhum homem. A vida está sempre recomeçando, como outra rodada de *buzkashi*, e cada homem tem de lutar, interminavelmente, pelo prêmio. Talvez ele desejasse ser bondoso, mas o jogo é duro e só um pode vencer. Talvez ele desejasse ser leal, pelo menos a sua família e a seus amigos, mas a pressão das circunstâncias o deixa sempre atento a uma oportunidade imperdível. Talvez ele desejasse estar em paz, mas há perigo em toda a parte.

Alguns afegãos, em algum momento, devem ter desfrutado vidas de tranquila harmonia e disciplina, pois quem mais teria plantado os pomares e os vinhedos, cuidado das amoreiras, cavado, com infinita paciência, os intermináveis canais de irrigação, cercado os campos com pedras, construído os altos muros de barro ou as casas das fazendas ao longo da terra, agora em ruínas, destruídas? Mas que chance tinham essas pessoas simples contra os poderes do mundo exterior? Forasteiros ofereceram ao Afeganistão "assessoria técnica" para a política e, sobretudo, ajuda militar, e, quanto mais ajuda os afegãos recebiam, mais lutavam. É uma equação simples. O historiador Barnett Rubin explica dessa forma: "Como o número de *mujahidin* dependia do número de armas disponíveis — a oferta de voluntários era inesgotável —, mais ajuda militar significava mais *mujahidin*".[65]

O governo Carter enviou 30 milhões de dólares em ajuda militar para o Afeganistão em 1980 e 50 milhões de dólares em 1981. Em 1984, Reagan aumentou o valor da ajuda para 120 milhões de dólares e obteve do general Zia ul-Haq, do Paquistão, uma promessa secreta de ajuda aos *mujahidin*. Em contrapartida, Reagan abandonou a política americana de não oferecer ajuda a países com programas de pesquisa nuclear e enviou ao Paquistão a terceira maior fatia do orçamento para ajuda externa, fechando os olhos para a fabricação de bombas.[66] Alguns anos mais tarde, quando a guerra contra os soviéticos havia terminado, o governo do Bush Pai suspendeu a ajuda ao Afeganistão, afirmando que os EUA estavam absolutamente consternados de ver que seus aliados haviam, de algum modo, se tornado uma potência nuclear. Em abril de 1985, enquanto os soviéticos se preparavam para deixar o Afeganistão, Reagan assinou a Diretiva de Segurança Nacional 166 (National Security Directive) autorizando uma política mais agressiva: que se usassem "todos os meios disponíveis" para expulsá-los, e o Congresso entrou na dança da guerra com 250 milhões de dólares. Durante todo esse tempo, os EUA inteligentemente pagaram os chineses para fabricar armamentos do tipo soviético para os *mujahidin*, de modo que as armas capturadas não denunciassem o envolvimento americano na guerra suja no Afeganistão. O comandante *mujahidin* Abdul Haq reclamou, certa vez, do desperdício de ter que disparar vários mísseis SAM-7 para entender como funcionavam, porque eles vinham com o manual de instrução em chinês.[67] Os EUA também desviaram secretamente milhões de dólares em armamentos, alocados como ajuda ao Afeganistão, para o Irã, por baixo do pano, como parte do esquema Irã-Contra o governo Reagan mas, mesmo assim, muitas armas chegaram também ao Afeganistão.[68] A ajuda atingiu 470 milhões de dólares em 1986 e, pela primeira vez, os EUA enviaram mísseis antiaéreos laser-guiados Stinger para o Afeganistão e armas de última geração nunca antes distribuídas fora da OTAN. O esforço frenético de comprá-las de volta de gente que pode usá-las para derrubar nossos aviões se dá ainda hoje.[69] Em 1987, quando as tropas soviéticas saíam do país, a ajuda militar americana atingiu 630 milhões de dólares. Os soviéticos completaram sua retirada em fevereiro de 1989, mas o auxílio americano subiu para 700 milhões de dólares naquele ano.[70]

Foi só então que o governo do Bush Pai resolveu dar uma olhada na política dos beneficiários de nossa ajuda — particularmente na de nosso aliado de longa data, Gulbuddin — e solicitar que houvesse rapidamente um acordo político "isolando extremistas". Tardiamente, os EUA cortaram a ajuda à organização islamita radical de Gulbuddin, mas os sauditas e outros Estados árabes vieram em seu socorro. Durante todo esse tempo, a Arábia Saudita — terra natal do reacionário movimento Wahhabi do Islã e o Estado teocrático islâmico mais conservador do mundo — oferecera auxílio que igualava, dólar a dólar, a ajuda americana, e até um pouco mais, fazendo com que a ajuda combinada aos *mujahidin* chegasse a cerca de 1 bilhão de dólares por ano. Os sauditas também pagavam a conta — de cerca de 1,5 milhão de dólares por mês — do transporte das armas para o Afeganistão através da fronteira com o Paquistão, utilizando os escritórios sauditas do Crescente Vermelho para operar o dinheiro. A ajuda americana a outras facções *mujahidin* diminuiu — apenas 280 milhões de dólares em 1990 —, mas continuou vindo, enquanto os soviéticos continuavam a enviar ajuda ao governo afegão do presidente Najibullah, em Cabul. Barnett Rubin calcula o valor da ajuda: "Se somarmos os cerca de 5 bilhões de dólares em armas enviadas aos *mujahidin* entre 1986 e 1990 com a estimativa conservadora de 5,7 bilhões de dólares daquelas enviadas a Cabul, o total das importações de armamentos durante o período eclipsa aquelas feitas pelo Iraque e estava mais ou menos no mesmo patamar do Japão e da Arábia Saudita — com a diferença de que as armas pessoais representavam uma porcentagem muito mais alta das importações afegãs". O país recebeu provavelmente mais armas pessoais que qualquer outro na face da Terra, e mais do que o Paquistão e a Índia juntos. Mas talvez não fosse o suficiente. Em junho de 1991, dois anos após solicitar um acordo político rápido, Bush Pai autorizou uma transferência não-contabilizada de 30 milhões de dólares em armas iraquianas capturadas durante a primeira Guerra do Golfo[71] às facções *mujahidin*, então engajadas em uma guerra civil. Talvez George Pai simplesmente não estivesse prestando atenção. Tempos depois, um funcionário da CIA contou a Steve Coll, do *Washington Post*, que quando ele mencionou ao presidente, *en passant*, sobre a guerra no Afeganistão, Bush Pai "pareceu perplexo" e "surpreso". O presidente perguntou: "Essa coisa ainda continua?"[72]

Tendo os soviéticos deixado o Afeganistão, a *jihad* chegara ao fim. O Irã expôs a posição do Islã moderado: os combates têm de parar. Mas os EUA ainda estavam, constrangedoramente, do lado dos extremistas islâmicos e contra o governo soberano do Afeganistão, que eles ainda consideravam um instrumento soviético. Assim, tomaram providências para que as hostilidades continuassem. Apoiaram um esquema do ISI para reunir todas as facções *mujahidin* em uma grande investida para capturar Cabul e depor o presidente Najibullah. O Paquistão desejava instalar seu próprio títere amigo (ainda Gulbuddin) em Cabul, enquanto os obstinados americanos só pensavam em impingir mais uma humilhação aos enfraquecidos soviéticos. Comandantes de campo *mujahidin*, incluindo Massoud, diziam que não conseguiriam tomar Cabul — eles eram guerrilheiros despreparados para ataques frontais e cerco e não atacavam nem cidades, nem civis. Mas o ISI e a CIA diziam que eles conseguiriam fazê-lo se recebessem um pouco mais de ajuda militar e treinassem um pouco as técnicas de combate urbano. Assim, os EUA enviaram ainda mais armas através de Peshawar enquanto em Islamabad, o embaixador americano Robert Oakley reunia-se com oficiais paquistaneses, sem um único oficial afegão presente, para planejar um ataque a Jalalabad, a maior cidade no caminho para Cabul.[73] Pensado como um aquecimento antes do ataque à capital, o cerco em câmera lenta a Jalalabad foi um longo desastre, conforme haviam previsto os *mujahidin*, com milhares de mortos dos dois lados e entre os civis pegos no meio do fogo-cruzado. Mas àquela altura os líderes dos partidos *mujahidin*, que haviam gasto muito tempo brigando pelo banquete de armas oferecido em Peshawar, pareciam ter se esquecido completamente das pessoas pelas quais, supostamente, estavam lutando. Soltos e à deriva como pipas cujas linhas tivessem sido cortadas, eles voaram cada vez mais alto, em direção ao ar rarefeito da ideologia extremista e da ambição pessoal. Então, no primeiro dia de 1992, os EUA e a Rússia declararam o fim do banquete, deixando para trás todos aqueles líderes de partido famintos, todos aqueles homens desesperados, e todas aquelas armas. O que esperavam? É fácil colocar a culpa no "atraso" e na ferocidade tribal do Afeganistão pelas amargas guerras civis que se seguiram à retirada soviética, mas na qualidade e na profusão de seus armamentos, os irmãos afegãos eram absolutamente modernos e atualizados.

Os afegãos lutaram, e os americanos voltaram para casa. Em dois anos, a nova administração Clinton, pressionada por congressistas republicanos para parar de gastar dinheiro com pequenos países caóticos e miseráveis, encerrou toda a ajuda humanitária e para desenvolvimento destinada ao Afeganistão. Na CIA, o Afeganistão recuou para segundo plano.[74] Foi então que os mulás de turbante preto do Talibã partiram para o sul em suas caminhonetes sauditas e os estudantes deixaram, aos milhares, as madrassas financiadas pela Arábia Saudita no Paquistão, marchando lentamente sobre o país, festejados, a princípio, pela "segurança" que traziam às violentas cidades do sul, que a guerra havia destruído, pela liberação de estradas de modo que alimentos pudessem chegar, pela "paz" que chegava a vidas cansadas de guerra quando enforcavam mais um déspota. Mas então, imediatamente, eles passaram a proibir música, televisão, pipas, mulheres, garotas, sapatos brancos, esmalte e homens cujas barbas não fossem longas o suficiente para se apanhar com a mão e aqueles cujas pontas do turbante balançassem a uma altura imprópria. Eles não compartilhavam da moderna ideologia islamita que os intelectuais da Universidade de Cabul haviam imaginado. Era uma mistura volátil de preceitos pinçados de fontes islamitas arquiconservadoras, como a Fraternidade Muçulmana do Egito e a Jamaat-i Islami do Paquistão, de Sayid Qutb e Abul A'la Mawdudi, da versão ultraconservadora do deobandismo indiano ensinado no Paquistão, e o wahhabismo radical da Arábia Saudita promulgado, em língua pashtun, por Osama bin Laden e Seu comandante afegão *mujahidin*, Abdul Rasul Sayyaf — que resultava em um fundamentalismo idiossincrático que olhava com saudade para o século VII e a vida exemplar do Profeta. Era uma teologia totalitária que proibiu pasta de dentes, de todas as marcas, por ser um produto não aprovado por Maomé e não mencionado no Corão. Em todo o Afeganistão, as pessoas resistiam a essa avalanche de religiosidade ardente, e Massoud ofereceu sua Aliança do Norte como um bastião para conter tal avalanche; mas os EUA, que haviam se envolvido tão longa e tão negligentemente no Afeganistão, anunciaram uma nova política de neutralidade naquilo que chamaram de "guerra civil" entre o Talibã e Massoud.

A princípio, os EUA na verdade festejaram o Talibã e seu estilo feroz de lei e ordem. E é aqui que o petróleo entra na história, em um episódio que mostra que mesmo um país sem nenhum petróleo não consegue escapar das maquinações dos "interesses petrolíferos americanos". Eles foram os primeiros no comitê de boas-vindas ao Talibã.[75] Há muito tempo faziam planos para canalizar as reservas de petróleo da área do Cáspio — talvez os maiores depósitos de petróleo da Terra — para portos no Paquistão por meio de um oleoduto passando pelo Afeganistão. No jargão de futebol tão caro aos industriais texanos do petróleo, isso seria o equivalente a dar uma finta no Irã. O grande problema era a segurança. Não compensa construir um oleoduto em uma zona de guerra, e os desgraçados dos déspotas continuavam lutando e atrasando a construção.

Felizmente para os interesses petrolíferos, o Talibã parecia bem próximo de liquidar os *mujahidin* e abrir caminho para um excelente acordo. Em 1997, líderes talibãs visitaram Washington por duas vezes para se encontrar com funcionários do Departamento de Estado e do conglomerado petrolífero americano Unocal. A companhia petrolífera confessa ter gasto entre 15 e 20 milhões de dólares no projeto, uma soma que inclui os salários de vários ex-funcionários do Departamento de Estado contratados para ajudar a fechar o negócio. Entre eles estava o afegão-americano Zalmay Khalilzad, durante longo tempo estrategista e conselheiro de Donald Rumsfeld, que posteriormente foi nomeado por George W. Bush, enviado especial e, depois, embaixador americano no Afeganistão e, mais tarde, no Iraque. Um outro jogador nessa mesa era Hamid Karzai, representando a Unocal nas negociações com o Talibã. Naquela época, Khalilzad insistiu que o governo se "envolvesse" com o Talibã, alegando que "o Talibã não pratica o tipo de fundamentalismo antiamericano praticado pelo Irã — ele está mais perto do modelo saudita".[76] Não importa que o modelo saudita — o wahhabismo seguido por Osama bin Laden — oprima completamente as mulheres e ignore direitos humanos básicos; é um modelo com o qual os americanos que lucram com petróleo podem negociar. Assim, eles se esforçaram muito para fazer negócios com o Talibã. No fim das contas, o projeto não deu certo, em grande parte porque o Talibã não conseguia aprimorar a "segurança" enquanto Massoud estivesse lutando e bin Laden estivesse ocupado explodindo coisas por aí. Mas a esperança é a última que morre. Depois da queda do Talibã, os EUA enviaram como embaixador no Afeganistão um certo Robert Finn, perito em petróleo do Cáspio. Ele foi substituído em 2003 por Khalilzad, que logo passou a ser visto em Cabul como o verdadeiro chefe por trás de Karzai. Mas quando ele partiu para o Iraque em 2005, a segurança no Afeganistão ainda era uma piada, e o oleoduto era apenas um sonho irreal.[77]

Enquanto os EUA namoravam o Talibã, Massoud buscou ajuda junto ao Irã e à Índia e acertou a compra de equipamento militar dos russos, derrotados, e da máfia russa. Enquanto isso, os afortunados Talibãs tinham apenas que estender as mãos para conseguir dinheiro, armas, suprimentos, treinamento e inteligência dos peculiares aliados americanos — Paquistão e Arábia Saudita — e de Osama bin Laden e seu movimento Al-Qaeda. Em fevereiro de 1998, bin Laden convocou uma coletiva de imprensa na sua base afegã para anunciar a formação de uma coalizão internacional islâmica radical — a Frente Islâmica Internacional para a *Jihad* contra Judeus e Cristãos — determinada a realizar ataques violentos nos EUA. O manifesto do grupo, escrito por bin Laden, foi assinado por líderes islamitas radicais do Paquistão, do Egito, de Bangladesh e da Caxemira. Em 7 de agosto de 1998, grupos de homens-bomba islâmicos, financiados por bin Laden e treinados no Afeganistão, atacaram as embaixadas americanas no Quênia e na Tanzânia; na mesma semana, no Afeganistão, o Talibã, ajudado pelo ISI paquistanês e por 28 mil soldados suicidas "árabe-afegãos" das madrassas financiadas pelos sauditas no Paquistão, tomaram Mazar-i Sharif e massacraram milhares de seus cidadãos.[78] Logo depois, Ahmad Shah Massoud escreveu uma carta ao Senado americano.

Massoud protestava que o Paquistão e seus aliados árabes haviam entregue o país a "fanáticos, terroristas, mercenários, máfias da droga e assassinos profissionais".[79] Ele pedia aos EUA que quebrassem o velho hábito de deixar que o Paquistão administrasse a política americana para o Afeganistão e que, ao invés disso, o ajudassem em sua guerra contra o Talibã, o ISI do Paquistão e Osama bin Laden. Posteriormente, depois de 11 de setembro, os afegãos se perguntariam por que os EUA não estavam bombardeando o Paquistão, ou a Arábia Saudita, ao invés deles.[80] Mas os EUA — agora no governo Clinton — consideravam Massoud um aliado inaceitável porque ele ganhara dinheiro negociando ópio, embora líderes *mujahidin*, particularmente Gulbuddin, tivessem feito a mesma coisa o tempo todo. Na verdade, o negócio de drogas afegão-paquistanês ao longo das linhas de suprimento dos *mujahidin* passara de tráfico local de ópio à maior operação de heroína do mundo — com a bênção tácita da CIA.[81] E o Paquistão, agora com o ditador militar Pervez Musharraf, também pediu a Clinton que se "engajasse" no regime talibã. Clinton, como todos os presidentes que o precederam, fez o que o Paquistão dizia, talvez porque o conselho coincidisse tão perfeitamente com aquilo que lhe tinha dito o pessoal da Unocal, nos EUA. Ao se "engajar" com os "moderados" do Talibã, ele esperava persuadi-los a entregar bin Laden. Na sequência dos atentados contra as embaixadas americanas na África, ele lançara alguns mísseis sobre bin Laden, mas o escândalo Monica Lewinsky deixou-o sem poder para agir novamente. E, assim, a política americana continuou atrelada aos serviços de inteligência paquistaneses, que treinavam e protegiam os radicais islâmicos que os EUA temiam, e à Arábia Saudita, que financiava a empreitada. Os sauditas enviaram milhões a bin Laden e ao Talibã, enquanto o ISI paquistanês fazia jogo de cena entregando, de vez em quando, alguns operadores pequenos, descartáveis, da Al-Qaeda, nos momentos em que a paciência americana parecia esgotar.[82] As únicas vozes políticas que se levantaram nos EUA contra o Talibã foram as das feministas, que reclamavam que as mulheres afegãs tinham sido privadas de todos os direitos humanos. Mas, durante muito tempo, isso não foi suficiente para fazer o governo Clinton decidir-se pelo outro lado. As mulheres nos EUA, ao que parecia, não tinham muita influência.

Apesar da política oficial de neutralidade, Richard A. Clarke, que atuara como conselheiro de segurança nacional para contra-terrorismo junto a quatro presidentes, propôs que a CIA apoiasse Massoud contra o Talibã, com base no argumento de que "se Massoud representasse uma ameaça séria ao Talibã, bin Laden, que os apoiava, teria de utilizar seus homens e suas armas na luta contra a Aliança do Norte, e não contra nós".[83] Mas a CIA considerou o trabalho "arriscado demais" para sua reputação e para a segurança de seu pessoal, caso uma operação desse tipo viesse à luz algum dia.[84] A CIA também afirmou estar sem muitos recursos financeiros. Enviou, assim, apenas alguns pequenos pagamentos simbólicos a Massoud, e equipamento de rádio para encorajá-lo a fazer a escuta dos talibãs. Em contrapartida, pressionou-o a entregar o grande prêmio: Osama bin Laden. Detalhes jurídicos impediram que a CIA pedisse a Massoud para "matar" bin Laden — o governo Clinton se sentia obrigado a seguir as normas do Direito internacional e da diplomacia —, e eles tentaram, então, persuadir Massoud a capturar vivo um homem que estava constantemente cercado de 100 seguranças *jihadi* fortemente armados. Mas Massoud estava cansado da política autocentrada dos americanos. Eles só pensavam em bin Laden; ele pensava em seu país. Se seus homens aceitassem a missão suicida, perguntou, qual seria o ganho para o povo do Afeganistão? Depois de tantos anos lutando, Massoud deveria estar cansado dos melindres dos EUA, de sua recusa, após vinte anos de ingerência, em tomar partido, declarar inimigo o Talibã e deixar de lado as sutilezas jurídicas que protegiam bin Laden. Massoud declarou que a política americana era míope e estava condenada ao fracasso. Em 1999, a Al-Qaeda já operava em seis países, e o plano que resultou no 11 de setembro já estava em andamento.[85]

    Massoud enfurnou-se no norte, como tinha feito algumas vezes durante a ocupação soviética, e esperou. A sua volta começaram a se juntar aliados: temíveis comandantes *mujahidin*, como o líder herati Ismail Khan; o usbeque Abdul Rashid Dostum; Abdul Haq, um exilado pashtun cuja mulher e filhos haviam sido assassinados por bin Laden e o Talibã; e Hamid Karzai, antigo negociador da Unocal e descendente de uma poderosa família pashtun do Kandahar exilada que apoiara o Talibã em 1994 e, mais tarde, em 1999, se unira aos pashtuns para combatê-lo. O pai de Hamid, Abdul Ahad Karzai, que havia liderado a defecção, fora assassinado em Quetta em 1999. Até mesmo o antigo rei Zahir Shah juntou-se à aliança, à medida que Massoud gradualmente construía algo raro na história afegã — uma coalizão islâmica moderada, monarquista e multiétnica. Aparentemente poderia ser a base para se construir uma nação. Steve Coll, editor do *Washington Post*, tentando estabelecer o lugar de Massoud na História, afirma que "depois de 1979, o Afeganistão era um laboratório para visões políticas e militares concebidas no exterior e impostas pela força.[...] Nação jovem e fraca, o Afeganistão produzia poucos nacionalistas convincentes que rissem a oferecer uma alternativa, que pudesse definir o Afeganistão a partir de dentro. Ahmed Shah Massoud era uma exceção".[86] Os habitantes de Cabul que sobreviveram à anarquia e à destruição das guerras fratricidas dos *mujahidin*, aqueles que se lembravam dos estupros, das atrocidades e das execuções do período dos *mujahidin*, aqueles que não desejam mais que a paz; podem ter uma visão menos brilhante desse homem que se recusava a parar de lutar. No entanto, mesmo as pessoas que se lembram de todas essas coisas dirão que Massoud era diferente.

Quando o Bush Filho escorregou para dentro da Casa Branca, Massoud ainda estava esperando os EUA escolherem seu inimigo. Ele não poderia estar otimista. Bush, o Pequeno, era mesmo um fundamentalista religioso, renascido, que acreditava em impor suas crenças ao mundo pela força; o espelho exato de bin Laden, desprovido de qualquer noção das coisas; o primeiro presidente americano de quem se tem lembrança que tenha se vangloriado de sua própria ignorância, paroquialismo e religiosidade. Condoleezza Rice, então sua conselheira de segurança nacional e especialista em guerra fria, parecia acreditar que o Talibã era municiado de armas pelo Irã (que estava, na verdade, enviando ajuda para Massoud). Richard Clarke imediatamente enviou-lhe uma agenda urgente de combate ao terrorismo, incluindo novamente sua proposta de ajudar Massoud e mesmo de bombardear a infraestrutura talibã, mas suas propostas deram em nada. Toda a equipe neoconservadora de Bush — Rice, Dick Cheney, Donald Rumsfeld, Paul Wolfowitz e o resto — estava tão concentrada no sistema de defesa "guerra nas estrelas", em petróleo e em apanhar o Iraque, que parecia não ter se dado conta dos prementes relatórios dos especialistas antiterrorismo do governo Clinton que deixavam o poder. Apesar disso, durante os primeiros cinco ou seis meses do novo governo, os serviços de inteligência dos EUA observaram um aumento tão dramático nas ameaças de ataques terroristas que a sugestão de se tomarem providências experimentais para o envio de ajuda secreta a Massoud conseguiu, afinal, infiltrar-se em uma proposta de plano de segurança nacional. Levou meses para se conseguir reunir todo mundo — o novo presidente tirava férias com muita frequência — mas, finalmente, o plano foi adotado.[87] Milagrosamente, o governo de Bush, o Pequeno, parecia poder considerar dar a Massoud a ajuda de que ele precisava. Massoud e seus aliados, evidentemente, eram as mesmas forças moderadas que os EUA poderiam ter apoiado uma década antes, se a política não tivesse sido entregue ao Paquistão por governos anteriores dados à indiferença ou à ganância; o tipo de ganância que não quer arruinar lucrativas amizades com a família real saudita, nem destruir a oportunidade de colocar as mãos no petróleo da Ásia Central. Uma das ironias dessa longa e triste história da negligente política externa americana é que foi a equipe do Bush Dois — que não sabia nada sobre o Afeganistão e se importava ainda menos, exceto, é claro, no que diz respeito aos oleodutos — aquela a apoiar o lado certo. Mas essa não é a última ironia. Cinco dias após ser adotado o novo plano de segurança, um homem-bomba da Al-Qaeda apontou uma falsa câmera de TV para o peito de Ahmed Shah Massoud e acionou o detonador. Dois dias depois, era 11 de setembro.

Massoud ainda era uma presença em Cabul, e da minha janela podia vê-lo olhando sobre a cidade, do *outdoor* sobre a montanha. Podia estudar seu rosto, as rugas profundas no cenho franzido e as sobrancelhas unidas em um nó sobre os olhos escuros, profundos, de extraordinária intensidade. Sua tragédia fora enxergar mais do que outros que ditavam, de escritórios longínquos, o destino de seu país. Em um lado de nosso mundo dividido ficam as nações privilegiadas, especialmente a nossa, exercendo a disciplina do "tudo o que for preciso" para comprar uma ilusória sensação de segurança; do outro, os pequenos países miseráveis e falidos, que servem de campo de batalha para nossas guerras vicárias, seus patriotas, nossos soldados-fantoche, seus civis, nossas perdas secundárias, suas sociedades, o entulho através do qual nossa "democracia" marcha incessantemente em direção ao mercado aberto. Barnett Rubin coloca bem: "O país desenvolvido não mostra, como pensava Marx, o futuro ao país atrasado; os países que se fragmentam mostram aos que se integram o lado negro de seu presente comum. A violência e a decadência do Afeganistão são o reflexo da violência que criou e que mantém nossa sociedade".[88]

Massoud também deve ter sonhado com segurança. Seu cabelo estava salpicado de grisalho, suas costas doíam e sua vida havia sido gasta na guerra. Entre os homens que veem glamour na guerra, ele se tornara o maior herói; mas ele também deve ter sabido que para as mulheres, que juntam os cacos deixados pelas guerras, ele parecia ser apenas mais um pistoleiro, como o resto. Em seus últimos anos, ele projetou e construiu uma casa modesta para a família, com uma biblioteca para si. A biblioteca tinha janelas amplas que davam para o vale do Panjshir e estantes para guardar as obras dos poetas farsis que ele amava. Li, em algum lugar, que ele mesmo havia colocado o carpete. Era um soldado cansado que deve ter desejado voltar para casa. Ele morou com a mulher e os filhos na casa nova por apenas vinte dias. Depois disso foi assassinado por forasteiros pagos por um forasteiro, outro "antigo *protégé* dos EUA", Osama bin Laden.[89] Nem havia acabado de desempacotar seus livros. De quem era a culpa?

Era fevereiro quando Caroline, eu e outra voluntária de nome Helen partimos para Mazar-i Sharif, época ruim para viajar pelas montanhas do Afeganistão. Mas o inverno em Cabul fora longo e precisávamos de uma mudança de ares. Caroline queria ir ao mercado de tecidos em Mazar-i Sharif procurar novos panos para seus projetos. Um período precoce de dias quentes em Cabul nos convenceu de que o pior do inverno já passara e soubemos, quando Caroline enviou seu motorista para perguntar no ponto de parada de caminhões, que a estrada que passava pelo Hindu Kushi estava aberta. "Eles vão jogar *buzkashi* agora", disse Caroline. "Se a gente der sorte, vamos conseguir ver um jogo de verdade." Esse argumento foi decisivo.

A pequena ONG de Caroline não possuía nenhum veículo que conseguisse vencer a longa subida pelas montanhas. Teríamos de alugar um. Assim, partimos antes do amanhecer para o mercado nos subúrbios ao norte de Cabul, onde caminhões e veículos de aluguel privados esperam passageiros. Hasan insistiu em vir conosco até Mazar-i Sharif, para tomar conta de Caroline e pelo menos dar a impressão de que estávamos adequadamente acompanhadas de um homem. Motorista excelente, ele havia operado um serviço privado de viagens de longa distância até que os talibãs o espancaram e roubaram seu ônibus. Durante meia hora ele correu para cima e para baixo na longa fila de peruas e SUVs (veículos esportivos-utilitários) de aluguel, negociando com os motoristas, até que fechou negócio com um Toyota Town Ace — os afegãos pronunciam "Tunis" — e com um motorista bonito e sonolento chamado Marouf. Entramos no carro, arrumamos a nossa volta as nossas garrafas de água e nossas sacolas com pães, ovos cozidos e mexericas e nos preparamos para uma linda viagem. Seria nosso pequeno feriado.

Na luz cinzenta da manhã, rodamos em direção ao norte pelas planícies de Shamali, passando por tanques enferrujados e veículos de transporte capotados, por campos nus e vinhedos destruídos, por pomares de árvores esqueléticas, por paredes cor de barro em fazendas que se desfaziam na terra. Pó ao pó. Em Jabal ul-Saraj, onde a estrada dobra para nordeste em direção ao vale do Panjshir — onde Massoud lutara, várias e várias vezes, contra os soviéticos: seis vezes antes de chegar aos 30 anos, atravessamos um pontão colocado ao lado dos pilares destruídos da antiga ponte bombardeada, ao alcance do canhão enferrujado de um tanque soviético meio submerso na corrente. Seguimos até a estrada principal, indo para o norte até o sopé das colinas às margens do rio Salang, e o terreno começou a se elevar. O rio corria claro, azul e glacial. A cada curva, casas de barro de telhado plano se amontoavam em uma encosta da montanha que olhava para o sul. Adiante, o rio era ladeado por pequenas elevações com jardins e, quando se alargava em redemoinhos, era pontuado por chamarizes para patos, feitos de folhas de metal e montados ali. O sol sobre nossas cabeças brilhava forte, através do ar límpido, e o céu, de um cobalto brilhante, se tornava mais profundo à medida que subíamos cada vez mais alto por entre a neve.

Marouf segurava o volante com as duas mãos, lutando contra a estrada difícil, e conduzia rapidamente o Town Ace, como se não tivesse um só minuto a perder. No painel, rosas plásticas vermelhas balançavam a cabeça a cada solavanco, a cada derrapada. Do meio do vidro da frente, Ahmad Shah Massoud nos observava com seu familiar sorriso de lado, preocupado. De tempos em tempos, Marouf esticava-se rapidamente para tocar a fotografia, embora eu não pudesse dizer se era para dar sorte ou se era por respeito. Assim como Massoud, Marouf era um tajique. Ele trajava o mesmo colete de lã, o mesmo gorro de lã rústico. Ele já tivera sua cota de azar. Passara com o carro sobre uma mina terrestre, conforme contou, e ela o estraçalhara. Passou seis meses no hospital e depois voltou a dirigir. "O que mais eu posso fazer?", dizia. Toda vez que ele saía do veículo dava para ver que era estranhamente baixo, como se, quando fora juntado novamente pelos médicos, uma parte de seu tronco tivesse ficado faltando. Ele andava de um jeito engraçado, com uma perna fazendo um passo de ganso e a outra se arrastando atrás. Mas, quando se sentava atrás do volante, não dava para perceber. Desde o acidente com a mina ele tinha tido quatro filhos em seis anos. Comentou que estava com pressa de voltar para a mulher em casa.

    Quando partimos de Jabal ul-Saraj, por volta de duas da tarde, Hasan nos disse que chegaríamos ao túnel Salang em uma hora. Construída pelos soviéticos em 1964, para facilitar o fluxo de produtos (e soldados) entre o Afeganistão e as repúblicas soviéticas da Ásia Central, essa estrada, coroada por um túnel, era a principal rota entre Cabul e o norte. No inverno, era a única. A guerra contra os soviéticos quase a destruíra, e, mais tarde, em 1997, Massoud explodira a saída sul do túnel para deter a fuga de guerreiros talibãs que haviam tomado Mazar-i Sharif apenas para ver o povo da cidade levantar-se contra eles. A maior parte do entulho já havia sido retirada, mas o túnel não fora completamente consertado. Oficialmente, o tráfego fluía apenas em um sentido: um dia para o norte, outro para o sul. A estrada em que estávamos viajando ia agora piorando, fazendo com que andássemos mais devagar, e o tráfego a nossa frente aumentava. Uma hora. Duas. "Lá está", disse, quando vi que no alto da longa encosta coberta de neve a nossa frente a estrada desaparecia por trás de um muro de postes de concreto. Mas essa era apenas a primeira galeria, disse Hasan, o primeiro de muitos trechos em que a estrada tinha sido escavada na montanha e coberta por um teto de concreto sustentado na extremidade por pilares. As galerias deveriam proteger a estrada de avalanches que, ao menos em teoria, passariam por cima do teto, mas chegamos a uma galeria que havia sido completamente destruída exatamente no dia anterior. Alguns pilares sobreviventes retorciam-se em ângulos esquisitos ao longo da encosta e, bem abaixo na montanha, outros jaziam espalhados próximos de dois caminhões tombados que se projetavam da neve. "*Barfkuch*", disse Hasan. Ele estava sempre pronto para uma aula de dari, a língua que Helen e eu lutávamos para aprender. *Barf*, sabíamos, significava neve. Mas *kuch*? "*Kuch, Kuchi*", disse Hasan. Kuchis são os nômades andarilhos do Afeganistão. *Barfkuch* é a neve que caminha.

Subimos mais, balançando para lá e para cá pela estrada sinuosa, derrapando entre os montes de neve e gelo empilhados ao lado dela. Fizemos uma última curva sob uma longa galeria e escorregamos para dentro de um congestionamento. Vacas assustadas nos observavam, examinando-nos por sobre a placa escrita à mão na porta traseira de um caminhão paquistanês: "Rei da estrada". Marouf fixou os olhos naqueles plácidos rostos bovinos — ou foi na placa? — e toda sua energia brilhante subitamente explodiu como se algo tivesse causado a erupção de algum poderoso vulcão interior. Ele pôs a cabeça para fora da janela para gritar com o motorista do caminhão. Pontuava suas observações cuspindo nas vacas. O motorista gritou de volta. Marouf pulou do carro e disparou em relação ao caminhão, tão rápido quanto podia com aquele seu curioso manquitolar. Mas ele deve ter visto que depois do caminhão com o gado havia um caminhão-tanque e, além dele, uma fila enorme de caminhões e caminhões paquistaneses pintados em cores berrantes, minivans, SUVs, Land Rovers brancos com símbolos da ONU na porta, peruas talibãs (picapes com janelas coloridas) e velhos táxis Toyota Corolla. Todos empacados em um engarrafamento maior do que qualquer um que eu tivesse visto nas ruas de Cabul.

Ele voltou, rosnando e gritando imprecações. A nossa frente, muitos motoristas estavam colocando correntes nos pneus, e Marouf fez o mesmo com a minha ajuda e a de Hasan. Contra os conselhos de Hasan, Marouf amarrou as correntes bem apertado com uma corda de náilon. Os veículos começaram a avançar milimetricamente, e Marouf estava preparado. Colocou a fita-cassete no último volume, algum tipo de tambor sendo esmurrado sem piedade, e acelerou o motor. Fez uma curva larga em direção à beira da estrada, apontou o Town Ace para a frente e virou rapidamente o volante para dar uma fechada no caminhão de gado, baixando a janela para xingar o outro motorista. Alguém na parte de trás do caminhão de gado atirou uma pedra que bateu em nosso teto, mas Marouf já estava derrapando e passando pelo caminhão-tanque para entrar na galeria escura. Um pequeno Corolla branco passou rápido pelo outro lado do caminhão-tanque e entrou a nossa frente, dando-nos uma fechada. Marouf uivou de raiva. "Veja isso!", berrou. "Ninguém controla. É uma vergonha." Ele bateu na traseira do Corolla, rindo quando esse derrapou e bateu de lado contra a parede da galeria. Dei uma olhada para Helen, que estava agarrando o banco com toda força. Caroline balançou a cabeça e disse, como que pedindo desculpas: "Gostam de ser os primeiros, esses homens".

E assim subimos a montanha em constante combate com uma centena de outros sujeitos, todos determinados a chegar, antes de todo mundo, ao mesmo lugar. Homens saltavam de seus carros e corriam para cima e para baixo na fila, gritando instruções e insultos uns aos outros. Depois saltavam de novo para dentro, determinados a ocupar o próximo espaço que abrisse na fila, onde quer que ele aparecesse. Dois veículos avançaram lentamente, bloqueando um ao outro e à estrada, e, enquanto os dois motoristas aceleravam seus motores, aqueles que estavam presos atrás corriam a pé para gritar ordens conflitantes sobre quem deveria fazer o quê. "Uma bagunça", disse Helen. Caroline disse: "As montanhas podem ser tão tranquilas", e saiu para caminhar, com Hasan atrás dela, em nome da decência. Logo um de nossos pneus amarrados com força saiu da roda, exatamente como alertara Hasan, e Marouf ficou totalmente apoplético, como se ele realmente tivesse ficado louco. Saí do carro e comecei a árdua tarefa de tirar as coisas enquanto Marouf socava a estrada, urrando e brandindo os punhos no ar. Levantei os olhos e vi o caminhão de gado passando. "Rei da estrada."

 Entramos na última galeria no exato momento em que o sol desaparecia, tingindo de um branco luminoso, depois de rosa, os altos picos. Dentro da galeria já estava negro como a noite. O ar estava pesado e cinzento com a fumaça dos carros. Os faróis não conseguiam penetrá-lo. Lançavam apenas uma luz pálida e sinistra, por meio da qual silhuetas escuras surgiam e desapareciam. Neve havia se acumulado nos espaços entre as colunas e congelado em arcos agourentos, que pendiam sobre os veículos como grandes ondas prestes a cair. Homens a pé surgiam na escuridão, formas, vultos estranhos, gritando.

Quando finalmente deixamos a galeria, já era noite e as estrelas brilhavam no céu escuro, o ar rarefeito, mas límpido e frio. Logo estávamos empacados de novo. A nossa frente a estrada desaparecia em uma enorme poça que se estendia longe, entre muros íngremes de neve e gelo, altos como uma casa. Era a entrada do túnel, bloqueada por um Corolla que tinha afundado até a altura da maçaneta na poça gelada. Motoristas ficavam em volta, vociferando ordens ao motorista. "Ajudem-me, irmãos", gritava ele. "Em nome do Profeta, a paz esteja com ele, me deem um empurrão." Os homens gritavam em resposta: "Empurre você mesmo". Finalmente, três passageiros arrastaram-se para fora pelas janelas do Corolla e, afundados até a cintura na água, empurraram até que o carro se moveu e desapareceu dentro do túnel. Marouf acelerou o Town Ace e mergulhamos no pequeno lago. A água cobria nossos faróis e navegamos na escuridão até que o Town Ace se ergueu novamente, deslizando sobre uma placa de gelo e despencando túnel adentro.

Aqui a estrada estava quase lisa, embora cheia de crateras profundas repletas de areia e neve. Quinze minutos mais tarde, consegui ver por um segundo as estrelas no céu, brilhando através de um buraco no teto — "um buraco do Massoud", conforme o chamava Hasan —, e logo depois estávamos de novo rodando pela noite fria e calma. A faixa da direita na estreita estrada à frente estava cheia de centenas de caminhões indo para o sul, agora estacionados com os motores cobertos por encerados para mantê-los aquecidos, esperando a manhã e a sua vez de passar pelo túnel. Forçados a tomar a faixa da esquerda, rastejamos morro abaixo, no escuro, passando lentamente de uma curva gelada à seguinte. Os outros motoristas, talvez exaustos pelo combate ou com medo do barranco à beira da estrada gelada, formaram algo parecido com uma fila para descer, morosamente, a montanha.

Paramos na primeira *chaikhana*, desmaiamos no chão de um pequeno aposento superior e dormimos por algumas horas. Antes do amanhecer, já estávamos de novo na estrada com Hasan dirigindo para que Marouf e todos nós pudéssemos descansar um pouco. As montanhas comprimiam-nos na escuridão, sua enorme massa acinzentada mais pressentida do que vista, até que, à primeira luz da manhã, desapareceram em campos ondulados. Gradualmente, a terra se tornava seca e pedregosa, e rochedos se erguiam para, ainda uma vez, nos envolver. Ziguezagueamos por um cânion longo e baixo, Hasan disse que esse caminho através da última montanha fora magicamente feito pelo próprio califa Ali, encontrando, a seguir, caravanas de camelos nas estradas, casas de terra vermelha abobadadas e, finalmente, as amplas planícies do Turquistão, que se estendiam em uma linha longa e clara até Mazar-i Sharif.

Nós, mulheres, nos hospedamos em um hotel. Caroline pagou um extra a Marouf para que levasse Hasan de volta a Cabul, e eles partiram imediatamente para pegar o fluxo sul pelo túnel. Duas semanas mais tarde, quando chegamos a Cabul, soubemos que Marouf abandonara Hasan no meio da montanha. Ele pedira a Hasan que saísse e desse uma verificada nos pneus, e partira sozinho, levando consigo o cobertor de Hasan. Hasan fez sinal para um caminhão e pagou ao motorista para que lhe desse uma carona, mas eles ficaram presos durante a noite em uma galeria perto do topo da montanha. Ele comprou alguns pedaços de madeira de outro motorista que estava cortando a carroceria de seu caminhão com um machado; fez uma pequena fogueira, mas não conseguiu se aquecer. Eles finalmente conseguiram chegar ao túnel só para ficar sabendo que esse havia sido fechado indefinidamente pelo comandante militar responsável, por causa do risco de avalanches. Os motoristas, em fúria, atacaram os soldados do comandante e tomaram suas armas. Arrombaram a porta de seu escritório e espancaram-no quase até a morte. Os soldados mostraram os corpos congelados de três homens que haviam sido pegos na última avalanche, aquela que destruíra a galeria destroçada que havíamos visto. Espancaram os soldados. Daí voltaram para os caminhões e atravessaram o túnel. No dia seguinte, Hasan chegou a sua casa em Cabul, onde a mulher tratou dele, massageando com sal seus pés e pernas congelados. Nesse mesmo dia, uma série de avalanches fechou o Passo de Salang, que permaneceu fechado por um mês. Tempos depois, perguntei a Hasan se sabia o porquê de Marouf tê-lo enganado e abandonado. Ele deu de ombros, sorriu e disse: "É nosso costume".

Sem saber da viagem de Hasan para casa, Caroline, Helen e eu ficamos empacadas por algumas semanas, esperando um avião. Depois de Caroline terminar os negócios de que viera tratar, ela disse: "Vocês gostariam de assistir a um jogo de *buzkashi*? Ou já viram o suficiente na viagem até aqui?"

"Gostaria de ver aquele que eles jogam com cavalos", disse Helen. E, assim, partimos a pé para Dasht-i Shadian para ver, em uma tarde fria, homens a cavalo estraçalharem um animal morto.

Quando chegamos ao campo de jogo, o bezerro já havia sido abatido. Estava no chão, ainda virado para o Ocidente, em direção a Meca. Não tinha cabeça, e suas pernas se abriam em ângulos impossíveis. Os cascos haviam sido cortados a machado e retirados. Um velho desenhava um círculo no chão com o salto da bota. O vento, em redemoinhos no céu de inverno cinzento e sem sol, levantava as orlas de sua veste desbotada. Atrás dele, homens de turbante já se juntavam nas arquibancadas de concreto, cumprimentando os amigos com uma mão sobre o coração e uma profusão de saudações. "Como vai? Como está a saúde? Como está a família? Como passou a noite?". Enrolavam-se em seus cobertores de lã pardos para se proteger do frio do inverno e nos olhavam com expressões agressivas, acompanhando nossa subida a cada lance de bancos enquanto nos dirigíamos para o topo da arquibancada.

Do nada, surgiram cavaleiros no ar empoeirado. Sozinhos ou em pares, e perfilados como uma cavalaria se preparando para a guerra, eles iam chegando, tendo cavalgado de longe. Surgiam das ruas empoeiradas da cidade que se estendia para além da extremidade do campo e da terra seca que se espalhava ao redor. Vinham a passo, para não cansar os cavalos, figuras escuras movendo-se imperturbavelmente, convergindo para o campo de jogo; e, à medida que se aproximavam — de forma que da arquibancada conseguíamos ver seus turbantes, as mantas brilhantes de suas selas, as borlas chacoalhando nas rédeas de seus cavalos ariscos —, o ar ia ficando elétrico como se eles cavalgassem para nos envolver no campo de força de sua própria excitação. Alguns começaram a circular em frente à arquibancada, trotando, trombando uns contra os outros, correndo para lá e para cá. Caroline aplaudiu e disse: "Isso é que é *buzkashi*!".

Dei uma espiada para trás e vi um cavalo branco trotando em direção à arquibancada. Seu cavaleiro trajava um turbante de seda clara e um acolchoado *chapan* de inverno; a longa veste das tribos do norte que vivem para além do Hindu Kush. Tinha listas escuras que, com o tempo, haviam desbotado, mesclando-se em um cinza parecido com o das metralhadoras. O presidente Karzai usa um *chapan* em cerimônias de Estado, com suas características listas verde-claras e roxas, parecendo sempre engomado e passado; mas Karzai utiliza-o na forma cerimonial, pendendo dos ombros e com as mangas extralongas estendendo-se como as franjas de um fraque. O cavaleiro usava seu *chapan* como um casaco, com as longas mangas descendo em dobras sobre os braços, e a orla cobrindo a garupa do cavalo branco, que também estava bem vestido, com rédeas e fivelas prateadas e uma manta de sela usbeque com listas brilhantes.

O cavaleiro esporeava o cavalo, mas o segurava com mãos firmes, de forma que o animal não podia fazer nada a não ser empinar. Ele dançava para cima e para baixo enquanto o cavaleiro fingia indiferença.

— Ele é o *tooi-bashi* — disse Caroline. — Um tipo de mestre de cerimônias, ou coisa do tipo.

— Mas o que ele faz? — perguntou Helen. Helen era enfermeira e vivia eternamente organizando as coisas. Ela gostava de saber como os sistemas funcionavam.

— Bem, o que você está vendo. Ele cavalga ao redor. Faz as coisas no lugar do *tooi-wala* — o cã que patrocina os jogos —, para que o cã possa ficar sentado e pareça importante.

Suponho que seja algo cerimonial, mas sempre tem de parecer que há alguém no comando.

Tirei minha câmera do bolso quando o *tooi-bashi* passou bem abaixo de onde estávamos. Ele percebeu na hora. Puxou as rédeas e esporeou o cavalo para que ficasse de frente para mim. Através das lentes vi o cavalo retesar o pescoço e escancarar a boca, lutando contra o freio pontiagudo. Ele recuou, elevando seu cavaleiro, enquanto quem estava atrás corria para sair do caminho. Por um instante ficaram lá, no ar, o exótico cavaleiro e o cavalo de olhos arregalados com as patas no ar, emoldurados pela monótona extensão de planície poeirenta e pelas montanhas longínquas; depois, o cavaleiro relaxou o corpo e afrouxou as rédeas. Caroline ficou maravilhada. Ela mesma fora uma amazona, tempos atrás, e imaginava que ainda o fosse. Quando me voluntariei para vir ao Afeganistão ajudá-la em seu trabalho, enviei-lhe um e-mail perguntando sobre o tempo. "Como é o inverno em Cabul?". Eu estava fazendo as malas. Precisava tomar decisões práticas. "Preciso de botas?". A resposta, quando finalmente chegou, não dizia nada sobre o tempo ou sobre os enfadonhos tópicos de sapatos de inverno e casacos de frio adequados. Dizia: "Por favor, traga alguns bons descascadores de batata e ratoeiras para camundongos bem pequenos, que estão roendo as toalhas da cozinha. Se você quiser cavalgar, traga sua própria sela". À medida que o inverno avançava, uma dúzia de descascadores de batatas sumiu da cozinha no bolso da cozinheira, além de uma dúzia de ratoeiras para camundongos bem pequenos, enquanto Caroline, perdida em seus devaneios, desfiava histórias de suas cavalgadas emocionantes pelos campos de Cabul quarenta anos antes. Naquele tempo, havia prados que se estendiam ao redor da cidade, de relva bem verde e canais de irrigação transbordantes, ideais para saltar. Isso fora antes do campo ser infestado de minas, claro. Antes dos ataques com mísseis e das bombas. Amontoadas diante da estufa à lenha no escuro escritório nas noites de inverno, partilhando uma refeição de sobras de arroz e pão, Helen e eu ficávamos ouvindo aquela voz borbulhante que vinha da escuridão. Percebi então, lentamente, que Cabul no inverno é um estado de espírito, uma mistura de memória e desejo que se ergue como a poeira ao vento para esconder o mundo como ele é.

— Ele não é maravilhoso? — disse Caroline.

O *tooi-bashi* estava se exibindo, esporeando o cavalo para lá e para cá, puxando o freio com força até que o animal empinasse de novo e saltasse mais uma vez para o chão. Guardei minha câmera no bolso e ele logo cavalgou para o outro lado.

— Você não lhe mostrou a foto — disse Helen.

— Ele não pediu. Não queria vê-la — respondi, pensando que nenhuma foto poderia se equiparar à imagem que ele deveria ter de si mesmo quando seu *chapan* era novo e tinha as listas brilhantes, e sua barba era negra e ameaçadora. — Ele só queria que alguém estivesse impressionado o suficiente para tirar sua foto.

— Não — disse Caroline. — Ele queria que todos vissem que estavam tirando uma foto dele. Mostra quão importante ele é. Quando as pessoas comentarem esse jogo, vão mencionar o nome dele.

— E vão mencionar a fotógrafa?

Caroline riu. — Os afegãos são muito criativos — disse. — Muito poéticos. Excelentes contadores de histórias.

Ninguém amava os afegãos mais do que Caroline. Eles nunca faziam nada de errado. Ela também carregava na imaginação a imagem do altivo *tooi-bashi* e seu cavalo dançarino, pintando um quadro mais nítido — maior e mais belo — do que aquele que aparecia na fotografia digital, em que se podiam ver as orlas puídas da manta da sela e do *chapan*, a cicatriz na cara do cavalo, os fios grisalhos na barba do velho cavaleiro. Não se podia estar no Afeganistão por muito tempo sem aprender que os fatos são coisas sem importância. Que importa se você é velho e pobre, e seu cavalo é magro e ofegante? A apresentação é tudo, uma mostra de coragem que faz com que um velho, ou um país combalido, consiga atravessar tempos difíceis. Faça seu cavalo empinar e dançar, e conquiste a fama, fama que talvez ainda seja lembrada quando homens afegãos se reunirem à noite para contar histórias.

O *tooi-bashi* reapareceu montado em seu cavalo branco, desfilando pela beirada do campo de jogo até chegar diante do centro da arquibancada, a uma espécie de pavilhão coberto, atapetado e forrado de almofadas. Virou-se então para saudar um potentado barrigudo e barbudo que tinha acabado de chegar em um Toyota sedan branco e ocupado seu lugar na única poltrona na plataforma. Dignatários menos importantes e empregados espalharam-se pelos tapetes a seus pés.

— Veja o *tooi-wala* — disse Caroline. Nesse exato momento ele levantou a mão e, ao seu sinal, o *tooi-bashi* fez o cavalo retroceder novamente e virar-se para ficar de frente para o campo de jogo. Um grupo de cavaleiros destacou-se dos demais e cavalgou à frente para saudar o cã. Eram homens grandes, de feições duras, vestindo túnicas escuras, botas altas de couro preto e gorros de couro com bordas de pele, o *chapandaz*, a vestimenta dos jogadores profissionais de *buzkashi*. A maioria deles provavelmente vivia como agricultores a maior parte do ano, fazendo as tarefas pesadas do campo, mas quando chegava o tempo do frio e as colheitas já haviam sido armazenadas, a estação de *buzkashi* recomeçava, e um senhor de terras local mandava uma mensagem para os outros cãs, que, por sua vez, convocavam seus melhores cavaleiros. Os agricultores vestiam suas esporas e seus gorros de couro, montavam em seus cavalos e iam competir pelos prêmios oferecidos pelo generoso anfitrião — cortes de seda para turbantes e pilhas de dinheiro. Agora, obedecendo a algum sinal invisível, os *chapandazan* se enfileiraram junto ao círculo em que jazia o bezerro morto, enquanto ao redor deles se agrupara uma centena ou mais de impacientes cavaleiros — os cãs pelos quais os *chapandazan* cavalgavam e os empregados do cã, os *sawarkaran*. Os *chapandazan* conduziram adiante seus cavalos grandes, robustos, peito contra peito, e tudo pareceu parar enquanto os cavalos se comprimiam.

— Você consegue ver o que está acontecendo? — perguntou Helen.

— Eles estão tentando pegar o bezerro — disse Caroline. — Vê como eles se empurram?

— Só consigo ver poeira — disse Helen.

Um cavalo empinou, erguendo por um momento a cabeça e o peito acima do grupo. Outro cavalo relinchou estridentemente. Chicotes subiam no ar e despencavam sobre as ancas dos cavalos. O grupo inteiro se movia como se fosse um corpo só, ondulando para frente e para trás ao redor do círculo em que estava a carcaça. Avistei um *chapandaz* para imediatamente vê-lo desaparecer, inclinando-se, supus, entre as patas dos cavalos se debatendo. Então, de repente, toda aquela massa pareceu se desprender e alguns cavaleiros se desgarraram. Correram pelo campo e víamos o bezerro pendendo por uma perna das mãos de um *chapandaz* montado em um veloz cavalo preto. Um segundo *chapandaz* aproximou-se e inclinou-se na sela para agarrar a carcaça. "Todo bezerro tem quatro patas", diz um antigo ditado afegão: há mais de um jeito de um homem esperto vencer. Os dois cavaleiros, com o bezerro suspenso entre eles, galoparam para além do limite do campo, até o banco na extremidade mais afastada, e fizeram a curva de volta em direção à massa de cavaleiros. Ao chegarem ao meio do campo, eles conseguiram se desgarrar novamente do grupo. O cavalo preto ainda liderava. O cavaleiro curvou-se bastante sobre a garupa do cavalo, depois projetou o corpo para a frente e arrancou o bezerro das mãos do outro *chapandaz*. Correu em direção às arquibancadas. Agora sozinho e livre do grupo e do cavaleiro rival, ele largou o bezerro diante do pavilhão do *tooi-wala* e distanciou-se com seu cavalo.

— Ele conseguiu! — exclamou Caroline.

O *chapandaz* vitorioso recebeu o dinheiro do *tooi-bashi*. Depois, apertou a cinta da sela, arrumando-a para a próxima corrida frenética, e virou novamente seu cavalo preto para o local onde jazia a carcaça mutilada. A sua volta, aproximaram-se os outros *chapandazan* e a grande massa de *sawarkaran*, enquanto garotos em esquálidos cavalos de carroça trotavam pelas beiradas do campo, prontos para a perseguição assim que o cavaleiro que apanhasse o bezerro desgarrasse do grupo, a galope.

— Não consigo ver nada — disse Helen. — É como tentar assistir a um estouro de manada.

Caroline riu e disse:
— É *buzkashi*.

O *buzkashi* é conhecido como o esporte nacional do Afeganistão, se é que se pode dizer que o caleidoscópico conjunto de clãs e tribos partilhe um passatempo nacional.[90] Aqui, ao norte do Hindu Kush, onde as montanhas do Afeganistão Central dão lugar às estepes da Ásia Central, gerações de cavaleiros nômades correram através de campos sem limites, desolados, a não ser por manchas de grama aqui e ali, em que deixavam pastar seus animais. Alguns dizem que foram esses ferozes cavaleiros que inventaram o jogo de se bater a cavalo pela posse de uma carcaça, enquanto outros dizem que eles simplesmente o adaptaram do esporte praticado pelos invasores que acompanharam o mongol Gêngis Khan, que jogavam uma espécie de futebol equestre com uma cabeça humana. Os cavaleiros do norte lutavam por um bode, o *buz* de *buzkashi*. O bezerro mais robusto utilizado hoje resiste melhor e prolonga o jogo, e seu maior peso, talvez 50 quilos, exige mais do tamanho e da força tanto do cavaleiro como de sua montaria.

Senhores de terra e chefes locais afegãos há muito aumentam sua popularidade e seu poder patrocinando jogos de *buzkashi*, exatamente como fazia agora o gordo *tooi-wala* sentado na poltrona, mas, no passado, os encontros poderiam durar muitos dias. O cã local recrutava amigos e vizinhos para ajudá-lo a organizar as festividades e receber os hóspedes importantes. Ele enviava convites e preparava banquetes. Oferecia um prêmio em dinheiro e indicava um juiz para supervisionar a conduta dos jogadores, enquanto se sentava confortavelmente para assistir aos jogos, como um general contemplando o campo de batalha, bem à vista, para a admiração de seus convidados. Se os jogos fossem bem-sucedidos, isto é, se muitos jogadores comparecessem e nenhum contingente cavalgasse de volta para casa ofendido, o cã que os patrocinara teria sua reputação aumentada como um líder valoroso, que sabia como ordenar as coisas. Os cavaleiros, ao retornarem a seus lares distantes, iriam espalhar sua fama.

O *buzkashi* era tão importante para a vida política de algumas regiões do Afeganistão que, em 1972, um funcionário do Serviço de Relações Exteriores dos EUA em Cabul, abandonou sua carreira diplomática para escrever uma tese acadêmica sobre o jogo. Whitney Azoy era adido da embaixada quando, em uma reunião social do Ministério de Relações Exteriores afegão, um amigo afegão mudou sua vida com uma simples sugestão: "Se você quer realmente nos conhecer, vá a uma partida de *buzkashi*".[91] Azoy abandonou seu emprego de diplomata, ingressou em uma universidade americana e logo estava de volta, como um antropólogo recém-saído do forno, para visitar os campos de jogo. Pesquisa, segundo ele dizia. Encontrei uma cópia de sua tese, publicada em 1982, em uma estante em nosso escritório, carinhosamente dedicada a Caroline, companheira no amor pelos cavalos. Enfiada na cama, com a colcha puxada até o queixo, eu lia *Buzkashi: Game and Power in Afghanistan* (*Buzkashi: Jogo e Poder no Afeganistão*) à luz do lampião de querosene, como haviam feito todos os outros jornalistas estrangeiros que tentavam entender o país, e eu pensava nele agora, sentindo o vento gelado, sentada em um banco de concreto entre homens hirtos e silenciosos, de olhos grudados na agitação dos cavalos em meio à poeira que subia.

A luta a nossa frente era apenas o espetáculo superficial — um jogo de poder de primeira ordem — na análise acadêmica de Azoy. Por trás da batalha entre os *chapandazan* estavam os jogos de poder de ordem superior, em que se poderiam decidir os destinos de cãs e mesmo de reis e de ditadores comunistas. O *chapandaz* vencedor adquiria fama e mais seda para turbantes do que jamais poderia usar, enquanto o cã bem-sucedido ganhava mais seguidores, além de mais poder sobre seus vizinhos e sua região. Em 1953, ocorreu a Mohammed Daoud, o então ambicioso primeiro-ministro do Afeganistão, cujo governo chefiado por seu primo e cunhado, rei Zahir Shah, poderia consolidar seu poder patrocinando, na capital, o espetáculo simbólico tão popular no extremo norte do país. Para celebrar o aniversário do rei, o governo trouxe o *buzkashi* para o sul, através das montanhas, até Cabul.

Mas era um *buzkashi* do interior trazido para a capital, transformado de jogo selvagem em esporte regulamentado. Jogava-se no estádio Ghazi, com capacidade para 18 mil espectadores, onde, mais recentemente, os talibãs realizaram execuções públicas, confinado por muros de concreto. Havia hora certa para começar. Deveria ser jogado segundo novas regras escritas. O *buzkashi* tradicional exigia apenas que o cavaleiro carregasse a carcaça estando livre e desgarrado de todos os outros cavaleiros para vencer a rodada, mas o novo esporte exigia que ele cavalgasse por trás de uma bandeira na extremidade do campo e que depositasse a carcaça dentro de um círculo. O esporte foi chamado de *qarajai buzkashi*, sendo que o termo *qarajai*, ou "lugar escuro", sugeria os novos limites espaciais que os tradicionalistas achavam realmente muito escuros. Os espectadores reclamavam que as novas regras reduziam o jogo a repetidas idas e vindas, mais parecidas com as do tênis do que com as do rodeio. A grande massa de cãs e *sawarkaran* a cavalo, que ao norte poderiam se reunir às centenas em um encontro animado, fora banida do campo de jogo. O *buzkashi* de Cabul restringia-se aos *chapandazan* e, pior, os *chapandazan* jogavam em *equipes*. Nos jogos selvagens do interior, um *chapandaz* poderia bloquear o rival de um outro, mas essa cooperação entre contendores era uma coisa entre homens, um com o outro, que tinha de ser conquistada. Era voluntária e fugaz. Uma equipe era algo completamente diferente e parecia estorvar um homem com alianças impostas. O Comitê Olímpico Nacional do Afeganistão selecionava os *chapandazan* para representar cada província e dava-lhes uniformes vistosos com peças combinando entre si, mas o conceito peculiar de trabalho em equipe nunca vingou. Por que ajudar outro homem quando se pode agarrar o bezerro e o prêmio para si próprio?

Em 1973, essa pergunta, aparentemente, se apresentou a Mohammed Daoud, a quem o rei havia aliviado das funções de primeiro-ministro. Enquanto o rei estava em viagem pela Itália, Daoud proclamou a nova República do Afeganistão e nomeou-se não só presidente, mas também primeiro-ministro, ministro das Relações Exteriores e ministro da Defesa. Cinco anos mais tarde, o próprio Daoud foi assassinado na Revolução de Saur (abril), que empossou Noor Mohammed Taraki como chefe de um regime comunista. O retrato de Taraki substituiu o de Daoud no estádio, e o torneio anual de *buzkashi* realizou-se, como de costume, em mais uma demonstração pública do poder do Estado.

Taraki era um ativista político de longa data e havia sido agente da KGB. Fundara o comunista Partido Democrático Popular do Afeganistão (People's Democratic Party of Afghanistan) (PDPA) em 1965, apenas alguns anos antes dos intelectuais da Universidade de Cabul começarem a organizar sua contraditória versão de um futuro Estado islâmico. Mas os comunistas afegãos, sendo afegãos, não conseguiam se entender. Logo no início, dividiram-se em dois partidos: o Khalq (O Povo), partido linha-dura de Taraki, e o mais moderado Parcham (O Estandarte). Eles sabotavam as tentativas de golpe um do outro. Os moradores de Cabul brincavam que a diferença entre eles era apenas uma questão de moda: os khalquis ostentavam fartos bigodes pretos, enquanto os parchamis andavam barbeados.[92] Talvez fosse verdade, pois, por fim, eles conseguiram se reunir e tomar o poder. Agora, subsidiado pelos soviéticos, Taraki estava impaciente para criar o novo, completamente moderno, Afeganistão de seus sonhos, organizado segundo as linhas do marxismo/leninismo. Mas, conforme observou Louis Dupree, no Afeganistão, Marx estava fadado a ser "mais Groucho que Karl". A maioria dos camaradas do PDPA era de intelectuais, educados nos EUA, na União Soviética, na Europa e no Egito, e membros da classe média de Cabul. Seu país não possuía proletariado industrial — 85% dos afegãos eram camponeses e nômades analfabetos —, então eles tiveram de impor às massas, de cima para baixo, uma "revolução pela base", da capital, relativamente sofisticada, aos vilarejos tribais do interior. Eles se voltaram para o exército para fazer o serviço e para impor aos camponeses a nova "ideologia da classe trabalhadora" promulgada pelos funcionários do governo.[93] Anos mais tarde, em seu exílio na Itália, o rei Zahir Shah observou que enviar jovens afegãos para serem educados na União Soviética fora "um erro".[94] Ele poderia ter dito o mesmo a respeito daqueles que foram ao Egito e voltaram como islamitas. A resistência começou imediatamente e espalhou-se pelo país. Em Herat, milhares morreram em protestos contras as novas políticas do governo, especialmente a proposta revolucionária de que um programa nacional compulsório de alfabetização incluísse garotas e mulheres.

Os soviéticos estavam determinados a fazer com que a experiência afegã com o comunismo não fracassasse. Eles rapidamente enviaram "conselheiros" para diluir as políticas do PDPA, de modo a torná-las mais palatáveis aos cidadãos. Mas a essa altura as facções do PDPA já haviam novamente se desentendido. Os khalquis de Taraki usaram seu momento no poder para obliterar oponentes potenciais: funcionários do antigo regime, ativistas políticos, islamitas, mulás, maoístas, professores, estudantes, oficiais do Exército, burocratas, grupos étnicos desafetos e os bem barbeados camaradas de convicções parchamis. O reinado de terror acarretou prisões em massa, desaparecimentos, traições, tortura, execuções e encarceramento de milhares; a notória prisão de Pul-i Charkhi, rodeada de covas coletivas. Clãs inteiros foram executados, vilarejos inteiros massacrados.[95] Tratava-se de um *buzkashi* político, jogado sujo e para valer.

O presidente Taraki foi o próximo. Em poucos meses, seu próprio vice-presidente, Hafizullah Amin, que havia organizado o violento golpe comunista que depusera Daoud, organizou também o assassinato de Taraki e muitas execuções mais, empenhando-se em acelerar o ritmo para se chegar até o fim da lista de inimigos.[96] O número de membros do PDPA era pequeno, nunca passando de cinco mil homens, mas, antes que os camaradas tivessem terminado, já haviam matado, segundo seus próprios relatórios, mais de 12 mil pessoas presas em Pul-i Charhi. Posteriormente, relatórios preparados por outros elevou o número de execuções entre a revolução de abril de 1978 e a invasão soviética de 1979 para 27 mil. Adicione-se o número de pessoas assassinadas e desaparecidas no interior, e o total de cidadãos "desaparecidos" sob o regime khalqui e isso sobe para algo em torno de 50 mil e 100 mil.[97] Apesar da eficiência assassina de Amin — ou, talvez, por causa dela, os soviéticos concluíram que Amin, que estudara nos EUA, estava "trabalhando para a derrota da revolução e servindo à desordem e ao imperialismo".[98] Eles suspeitaram, então, como muitos afegãos até hoje, que ele era pago pela CIA. Àquela altura, o secretário de Estado americano Zbigniew Brzezinski também estava "trabalhando para a derrota da revolução", começando um programa secreto para ajudar os contrarrevolucionários afegãos, os *mujahidin* islamitas. Seu plano maligno era arrastar os soviéticos para uma guerra no Afeganistão que não poderiam vencer, dar aos soviéticos "seu Vietnã" e parece ter funcionado.[99] Em 27 de dezembro de 1979, três meses após ter chegado ao poder, Amin foi morto por soldados russos, levados de avião, que invadiram o palácio. Eles controlaram Cabul e instalaram um novo presidente títere, Babrak Karmal. No dia seguinte, divisões motorizadas russas atravessaram o rio Amu Darya, o Oxus dos tempos antigos, na fronteira norte do Afeganistão, e tomaram o resto do país.

O *buzkashi* continuava como sempre. O Campeonato de *Buzkashi* de Cabul de 1980 foi apresentado como uma celebração da Revolução de Saur, que primeiro guindara os comunistas ao poder. O títere Karmal vestiu-se de *chapandaz* para a imprensa. Seu vice-presidente fez um retumbante discurso em que proclamava o *buzkashi* "uma manifestação do espírito de luta de nosso povo".[100] Mas, em todo o país, as pessoas lutavam contra os invasores soviéticos. De Dasht-i Shadian, em Mazar-i Sharif, o verdadeiro lar do *buzkashi*, o local que Azoy chama de Yankee Stadium do jogo, veio a notícia de que cinquenta soldados soviéticos, convidados a assistir uma partida, haviam sido massacrados no local. Em 1982, os torneios em Cabul estavam cancelados, e reuniões de cavaleiros foram proibidas em todo o país. De seus helicópteros, atiradores russos acertavam homens a cavalo.

Se acreditarmos em Zbigniew Brzezinski, os EUA merecem crédito não apenas por haverem secretamente atiçado uma guerra de dez anos no país dos outros, mas, em primeiro lugar, por a terem iniciado.[101] Diz-se que Stansfield Turner, diretor da CIA na época, preocupava-se com a possibilidade dos EUA terem a intenção de "lutar até o último afegão morto" e questionava se era correto "utilizar a vida de outras pessoas para os interesses geopolíticos dos Estados Unidos".[102] Mas o guerreiro frio Brzezinski parecia estar livre de tais escrúpulos, e também Turner concordou com o programa. Então, quando os invasores soviéticos partiram, os EUA, como um gordo *tooi-wala*, deram apoio aos *mujahidin* para mais algumas rodadas na partida. Quando os americanos decidiram sair do jogo e deixar o Afeganistão em 1992, quase dois milhões de afegãos haviam sido mortos, de acordo com a ONU, e outros

600 mil a dois milhões, mutilados. Mais de seis milhões de afegãos haviam fugido para o Paquistão e o Irã, tornando-se a maior população de refugiados de uma única nacionalidade. Mais dois milhões de afegãos haviam se tornado refugiados internos, em fuga dentro de seu próprio país. E pelo menos um milhão e meio havia ficado insano devido à guerra incessante. Considerando que, na época da invasão soviética, havia apenas 16 milhões de afegãos, para começo de história, os números da ONU mostram que, em meio às guerras fratricidas, 50% da população do Afeganistão já havia sido morta, ferida, expulsa de casa ou perdido a razão. E as batalhas ainda continuavam.

Na volta do estádio, um homem nos ofereceu carona até o hotel. Ele contou que se graduara em Educação pela Universidade de Cabul e se tornara professor em Mazar; mas, quando o Talibã chegou ao poder, queimou as escolas e matou vários dos professores, ele fugiu para o Paquistão com a família. Havia voltado e montado uma empresa de construção, reconstruindo escolas aparentemente com lucro (a fonte do capital era sempre um mistério). "Precisamos que forças internacionais assumam o controle", disse. "Precisamos que elas nos mantenham em ordem até que possamos desarmar o país. Temos de desarmar o país, mas, infelizmente, não conseguimos fazê-lo." Ele silenciou por um instante, refletindo sobre esse enigma, e depois passou a explicar. "Todos nós matamos pessoas, entende?" Ele falava como se fosse algo trivial. "O pai de alguém, a irmã, a filha, o irmão. Então estamos todos sujeitos à vingança. Não podemos baixar as armas porque somos todos culpados. Sou um tajique, não um pasthun, mas esse é um problema para todos nós. É nosso código. O que podemos fazer?"

Pensei na meia-dúzia de jovens soldados americanos, assustados, que haviam perambulado pelo nosso jogo de *buzkashi*. Trajando coletes antibala e vestimenta de combate completa, haviam entrado no pavilhão do *tooi-wala* com suas armas automáticas engatilhadas. Os homens afegãos a nossa volta permaneciam sentados perfeitamente imóveis, mas observavam os soldados trocando algumas palavras com o *tooi-wala* e seus homens. Então, três dos soldados entregaram suas armas e se encaminharam para o campo. A um sinal do *tooi-wala*, três afegãos desmontaram e levaram seus cavalos para os soldados. Um soldado lutou para conseguir montar, ajudado por um afegão, enquanto o cavalo caminhava em círculos. Mal se ajeitara na sela quando o cavalo, a galope, saiu em disparada. Um afegão perseguiu-o, agarrou as rédeas, freou o fugitivo e ajudou o soldado a descer. Um segundo soldado foi carregado em outra direção e jogado no chão. O terceiro soldado pensou bem sobre a situação, devolveu ao afegão o cavalo que lhe fora oferecido e caminhou até o pavilhão para pegar sua arma.

— Minha nossa — disse Caroline. — Temo que eles tenham feito um papelão.

Helen defendeu-os:

— Veja como eles levam a coisa na esportiva — disse.

Os dois primeiros soldados voltavam para o pavilhão, andando com ar superior e seus curiosos uniformes parecendo justos demais, e agora estavam rindo, um pouco forçado, com os homens do cã.

— Eles são tão jovens — disse Caroline. — Não acho que soubessem no que estavam se metendo.

Mais tarde eu os vi novamente no mercado, formando um semicírculo entre as lojas e as barracas e, de fato, eles pareciam jovens, apontando suas armas para uma multidão de mulheres de Mazar em burcas brancas, que se comprimiam em silêncio como uma reunião de fantasmas. Os soldados haviam estabelecido um perímetro no centro do mercado, em volta de uma loja em que o tenente estava comprando tapetes. Eles tinham o controle.

De volta a Cabul, onde todo mundo estava falando da ameaça de Bush de invadir o Iraque, persuadimos Caroline a alugar um aparelho de televisão para assistirmos aos noticiários internacionais. Ela saiu com Hasan e voltou com um modelo portátil e um disco para satélite. Instalamos a TV em um salão com janelas grandes que não usávamos, no segundo andar, acima do escritório. Era um aposento de pé direito alto, tendo dos dois lados amplas janelas para aproveitar o sol de inverno. Os afegãos o chamam de *gulkhana*. Um aposento para flores. Deveria ser nosso escritório, mas, como a poluição de Cabul cobria o sol com grande frequência, o aposento raramente ficava quente o suficiente para que pudéssemos trabalhar nele. Assim, trabalhávamos no andar de baixo, perto da estufa a lenha, e essa sala ficava vazia. Era meu lugar favorito. A vista dava para o oeste, sobre os telhados baixos de Share Nau e uma velha cidadela logo adiante, para as montanhas distantes da cadeia do Paghman. Frequentemente vinha aqui, ao amanhecer, para admirar as encostas cobertas de neve irem se transformando na cor dos flamingos para depois empalidecerem de novo, assumindo tons de branco-pérola. Ao fim da tarde, vinha aqui para ler, enrolada em um *pattu* de lã, encolhida em uma das grandes poltronas vermelhas, lançando os olhos de vez em quando para as montanhas que iam escurecendo, até que a claridade desaparecia e eu fechava meu livro e me perdia ao vê-las sumir, lentamente, dentro da noite.

Então já seria quase a hora dos telejornais, e Helen vinha se juntar a mim. Ligávamos o gerador do terraço do lado de fora, raramente tínhamos eletricidade e assistíamos a TV. Sintonizávamos da BBC World Service, EuroNews, Al-Jazeera, Al-Arabia, Deutsche Welle, às transmissões em inglês da TV iraniana e a qualquer outro noticiário que conseguíssemos pegar. Famintas por notícias, tornamo-nos exímias surfistas de controle remoto, deslizando entre as manchetes aqui e ali, pegando as ondas que pareciam melhores, em todos os canais, em todas as línguas, em direção ao desastre certo. De outro quarteirão, ouvíamos a voz do mulá, amplificada e projetada na rua abaixo, vinda da grande mesquita na esquina, condenando (segundo a tradução de um vizinho) os infiéis causadores das guerras, os sanguinários demônios cristãos e sua cruzada, e Bush, o Grande Satã.

Certa noite, por acaso, paramos para assistir ao noticiário da Fox News e à versão americana oficial: o Afeganistão, agora em paz, fora reconstruído. Ficamos horas xingando e vituperando a TV, mas, pelo menos daquela vez, não conseguíamos mudar de canal. A Fox News nos informava que os EUA haviam bombardeado o Afeganistão para salvar o povo do maligno regime talibã, e que o Talibã havia sido completamente derrotado.[103] Mas àquela altura, em fevereiro de 2003, os talibãs ainda lutavam perto de Kandahar e a leste, próximo de Jalalabad. E para repelir o inimigo americano eles haviam, há muito tempo, se juntado à Al-Qaeda e — será que ele nunca iria desaparecer? — a Gulbuddin Hekmatyar. Quando deixei o país, em 2005, eles ainda lutavam. O Talibã havia sido, afinal de contas, um regime poderoso que se espalhara pelo país e eliminara ou cooptara quase todos os comandantes *mujahidin* de que tanto tinham gostado os EUA. Nem demonizar o regime, nem mudá-lo, poderia fazer o Talibã esvaecer. Muitos talibãs haviam raspado as barbas, mudado a cor de seus turbantes e se misturado à população. Alguns ainda estavam no governo. Muito da propaganda talibã penetrara a mente dos homens e criara raízes. A Fox News também nos dizia que as mulheres do Afeganistão haviam sido libertadas, que haviam tirado suas burcas e voltado às escolas. No entanto, o presidente da Suprema Corte — um daqueles tipos talibãs ainda no governo — acabara de condenar, publicamente, a educação igualitária como sendo um "mal". Em Herat, o chefe local/governador Ismail Khan proibira homens de ensinar garotas, e a escola para meninas havia fechado. Em Jalalabad, na semana anterior, bombas haviam destruído duas escolas para meninas, e uma professora fora assassinada. Caroline ainda mantinha no bairro as escolas para meninas que iniciara no tempo do Talibã, porque os pais achavam que não era seguro deixá-las ir a pé até as escolas públicas. Toda semana havia notícias de garotas sequestradas nas ruas de Cabul. Ainda no dia anterior, em plena luz do dia, Hasan vira dois soldados afegãos empurrarem para dentro do carro uma burca que se debatia desesperadamente.

Quanto à paz que os EUA haviam trazido ao Afeganistão, a embaixada americana em Cabul era uma fortaleza proibida, escondida atrás de muros de concreto e sacos de areia, cercada de arame farpado e de guardas armados esperando um ataque. Isso foi antes dos EUA começarem a construir sua nova fortaleza-embaixada de um bilhão de dólares, cuja maior parte é subterrânea. E, em toda parte em Cabul, as ruas estavam repletas de homens armados: soldados afegãos, soldados americanos, soldados da ISAF — alemães, britânicos, holandeses, turcos, da força internacional de segurança. Os soldados da ISAF deslocavam-se rapidamente pelas ruas em comboios de veículos blindados; soldados com capacetes ocupando a torre rotatória da metralhadora. Às vezes, acidentalmente, atropelavam alguém. E havia também os desconhecidos, muitos em uniformes estranhos — cinzas, verdes, azuis, marrons — e muitos usando trajes civis pretos e viseiras. Quem eram? A quem respondiam? Quem sabia? Meses antes, o governo de Karzai prometera desarmar as milícias privadas dos chefes locais em todo o Afeganistão. Isso incluía a milícia do general Dostum, o líder usbeque ao norte, e de seu rival tajique Atta Mohammed; mas apenas na semana anterior um homem de Dostum assassinara a mulher e a filha de um dos braços-direito de Atta. Os dois lados "desarmados" haviam encontrado armas suficientes para reiniciar a guerra, e quem iria detê-los? Tanto Dostum como Atta eram membros do gabinete de Karzai. Esse é o mesmo Dostum que lutou ao lado de Massoud, em 1992, para salvar Cabul de Gulbuddin Hekmatyar e que depois, em 1994, se juntou a Gulbuddin contra Massoud e o governo Rabbani para bombardear, mais uma vez, a cidade em ruínas. Ao longo dos anos ele havia lutado ao lado de quase todo mundo e contra quase todo mundo, e, ao final, eles todos haviam sido derrotados e expulsos do país pelos vitoriosos talibãs, sob os aplausos de muitos afegãos que já estavam cansados da anarquia, das atrocidades e dos exílios impostos pelos *mujahidin*. Mas os EUA, mais uma vez entendendo tudo errado, reabilitaram os desacreditados comandantes ao convidá-los para uma conferência em Bonn, em dezembro de 2001, para que se reconstituíssem como o novo regime afegão. Em março de 2005, o presidente Karzai, o mesmo presidente Karzai que havia repetidamente prometido desarmar os chefes locais, nomearia Dostum chefe do Estado-maior do Exército; e o embaixador americano Khalilzad elogiaria a escolha. A presença de homens como Dostum no gabinete — homens que bem poderiam ser julgados por crimes de guerra — era uma característica peculiar da paz afegã.

O Afeganistão, soubemos pela TV, fora "reconstruído" graças a milhões de dólares em ajuda internacional que inundaram o país. Onde é que estava essa ajuda? Essa fora a pergunta que ouvíramos ser feita ao embaixador americano Finn apenas algumas semanas antes. Em uma grande reunião de agências de ajuda internacional no Ministério das Relações Exteriores, o chefe afegão de uma ONG afegã levantara-se e vociferara sua pergunta grosseira, ingrata, ao embaixador, que estava, naquele exato momento, desenvolvendo sua explanação sobre tudo o que a ajuda americana estava fazendo pelo Afeganistão. "Onde é que está a ajuda?", perguntou o afegão. "Nós não a vimos." Um silêncio constrangido tomou o salão. Todos os estrangeiros presentes sabiam como a ajuda funciona: a maioria vai para manter os peritos, empreiteiros e burocratas das nações "doadoras", fornecendo amparo (e mais artifícios fiscais) aos ricos sob a aparência de ajuda aos pobres. O embaixador Finn explicou ao impaciente afegão que a "parte do leão" havia sido gasta em necessários "custos iniciais", tais como alugar e reformar "instalações de trabalho adequadas" — todos aqueles lindos casarões — e equipá-las de forma a apresentarem "padrões apropriados" para moradia e trabalho dos estrangeiros. Talvez no ano que vem, disse, os benefícios da ajuda chegariam até os afegãos comuns. Dois anos e meio depois, um candidato ao parlamento afegão iria basear sua campanha no *slogan*: "Para onde foi o dinheiro?" Mas, naquele momento, houve um congelamento não-oficial de atividades humanitárias em Cabul; ninguém sabia se os fundos necessários para reconstruir o Afeganistão seriam de fato enviados, ou se os programas já iniciados seriam terminados. A ajuda internacional, como se apresentava, estava suspensa ou minguando, desviada para a iminente guerra no Iraque.

A Fox News continuava descrevendo a "missão cumprida" em um lugar que eles chamavam de Afeganistão, um país absolutamente diverso daquele em que vivíamos. Certa noite, sentadas no escuro para economizar energia do gerador para a TV, ouvimos um intelectual "zé-ninguém", direitista, pró-guerra e explicar que os EUA poderiam prontamente reparar qualquer dano incidental à infraestrutura do Iraque, exatamente como haviam feito no Afeganistão. Segurança, água, eletricidade, todas essas coisas a cuja privação os habitantes de Cabul haviam se habituado, seriam restabelecidas em Cabul, disse ele, "sem qualquer demora". Mesmo ao clarão tênue da TV, pude ver que Helen estava chorando.

— Por favor, podemos colocar de novo na BBC? — perguntou. Nunca mais assistimos ao noticiário da Fox News.

Naquele momento, não saberíamos que há um ano a Casa Branca vinha retirando do Afeganistão os espiões e as forças especiais americanas, antes destinadas à Al-Qaeda, reunindo-os secretamente para a cruzada contra o Iraque. O número de americanos no país nunca fora muito elevado, pouco mais de 100 agentes da CIA e 300 membros das forças especiais, mas a essa altura a CIA já deixara Herat, Mazar-i Sharif e Kandahar; o contingente da Força Tarefa 5 (Task Force 5), o comando secreto que supostamente caçava Osama bin Laden na fronteira com o Paquistão, fora reduzido a um mínimo.[104] Contudo, à noite, ouvíamos os aviões de guerra. O ronco surdo dos grandes aviões cargueiros fazia tremer as janelas e nos acordava, e, depois, ouvíamos os caças zunindo, voando bem alto. Parecia haver mais deles, agora, todas as noites, pouco antes da aurora. Não iria demorar muito para que eu, sentada em frente à televisão no escuro, enrolada em meu *pattu*, assistisse as bombas sendo despejadas sobre Bagdá.

Na manhã seguinte ao início dos bombardeios, desci para a rua como de costume e encontrei Sharif sentado no carro, estacionado junto ao meio-fio. Como é que eu poderia dizer *"Salaam aleikum"* — a paz esteja com você — quando meu país acabara de iniciar uma guerra? Em vez disso, cumprimentei: *"Chittur asti?"* — como vai? — e sentei no banco da frente. Ele não respondeu. Não retornou a saudação. Isso em uma língua e em um país em que saudações rituais são uma cerimônia tão essencial à vida quanto o ar. O choque do silêncio de Sharif deixou-me sem fôlego. Ele engatou a marcha e fomos sacolejando pela rua, passando pela mesquita onde o alto-falante berrava mais uma mensagem do mulá, embora a hora da oração já tivesse terminado há muito. "Hoje é um dia diferente", pensei, embora o sol fraco inundasse o ar empoeirado da manhã, espalhando a mesma tênue luminosidade cinzenta de ontem e de anteontem. Sharif acintosamente ligou o rádio para ouvir as notícias em dari e colocou o volume no máximo.

Olhei-o mais de perto, esse homem com quem partilhara o percurso matinal todos os dias, durante meses. Ele havia conquistado muita coisa. Mas eu sabia o preço que ele pagara por isso. Sharif contara-me a história e, certo dia, Caroline havia me levado para visitar o lugar onde ficava a fazenda da família dele, próxima a Paghman, um agradável vilarejo na encosta de uma colina onde o rei Amanullah construíra seu palácio de verão e compartilhara piqueniques com a elite de Cabul. Andáramos até o fim do vilarejo e subimos a encosta suave do sopé, bem abaixo das montanhas da cadeia do Paghman, onde outrora ficara a casa da família. Era um lugar bonito, irrigado por canais ligeiros, protegidos pelas montanhas e aquecido, mesmo no inverno, pelo sol do leste. Fora lá que certo dia, durante a ocupação soviética, o pai de Sharif fora estraçalhado por uma mina plantada perto de uma amoreira, no pomar atrás da casa. Os soviéticos sabiam que os agricultores afegãos gostavam de se agachar perto de uma árvore quando queriam se aliviar, e era ali que eles colocavam as minas. Tempos depois, quando os soviéticos já haviam concordado em deixar o país, eles atravessaram com tanques o vilarejo de Paghman uma última vez e bombardearam, só de pirraça, as vilas abandonadas da classe alta de Cabul. Parte da pequena casa de fazenda fora destruída. E, ainda depois, quando os soviéticos já haviam partido e os afegãos lutavam entre si, um míssil solitário veio assobiando pelo céu azul, em um ensolarado dia de inverno, e caiu no jardim atrás da casa em que o irmão mais velho de Sharif estava conversando com o avô, enquanto uma garotinha, uma vizinha, sentada no muro do jardim, conversava com a vaca leiteira da família. Depois da explosão, o avô de Sharif ficara desorientado e confuso.

A vaca, a garota e o irmão mais velho de Sharif morreram. Quando me contou essa história, Sharif disse: "Daí eu tenho que sair da escola. Eu tenho que ser avô e pai e irmão velho". Ele tinha cerca de 14 anos na época e, desde esse momento, tomara conta do que sobrara de sua família.

Ele tinha vindo a Cabul trabalhar para Caroline, que conhecera a família nos velhos tempos, antes dos soviéticos, quando ela fazia parte de uma elite de expatriados que passavam os verões nas colinas de Paghman. Durante o período do Talibã, a polícia havia prendido Sharif 15 vezes por ele trabalhar para a americana infiel. Toda vez, ele pagava para ser solto, e a cada vez o preço subia. Ele entregou à polícia 15 mil afeganis, tudo o que possuía. Na vez seguinte, Caroline pagou dois mil dólares para o soltarem. Mas eles o prenderam de novo e o mantiveram encarcerado por vinte dias. Acusaram-no de ser cristão. Para fazê-lo confessar, haviam golpeado seus pés com cabos de aço e quebrado seus ossos. Seus pés ainda doíam, dizia. Usava sapatos grandes e largos. Mas durante todo esse tempo ele tomara conta de seu irmão mais novo, Kabir, ajudando-o na escola, levando-o às aulas de inglês, vigiando-o de perto e incitando-o a fazer coisas que o próprio Sharif talvez tivesse feito se as coisas tivessem sido diferentes.

Inclinei-me e baixei o volume do rádio:

— Você está muito zangado esta manhã, Sharif — disse. — É por causa dos bombardeios, não é?

Ele ficou quieto por um longo tempo, mordiscando a ponta dos bigodes.

— Vocês bombardeiam o Afeganistão. Muitas pessoas mortas. Mas nós também felizes que o Talibã vai embora. Vocês dizem que nos ajudam. Agora vocês bombardeiam o Iraque.

Vão pegar petróleo. O próximo talvez Irã? Síria? Vocês vão bombardear nossos irmãos em toda parte?

— Eu não sei — respondi.

— Vocês já esquecem do Afeganistão — disse. — Como antes. Os russos vão embora. Os americanos vão embora. O que é que vocês se importam com o Afeganistão? Nada. Deixa eles lutarem. Deixa eles se matarem. Vocês podem assistir. Que nem luta de galo no Babur's Garden. — Sharif colocou uma fitacassete no toca-fitas e uma voz aguda, cortante, encheu o silêncio com uma tristeza indescritível. Era um conhecido lamento Shi'a sobre o assassinato do filho do califa Ali e de seu neto infante nas planícies de Kerbala, cantado por uma mulher cuja voz parecia vergar sob o peso da dor. Ele havia escutado essa canção antes, no dia frio e chuvoso em que me levara ao vale do Panjshir para ver o lugar em que estava enterrado Massoud. Era a música mais triste que eu já ouvira.

— Vocês americanos — disse Sharif, — vocês são crianças. Vocês pensam só no hoje. E os próximos anos? E as promessas que vocês fizeram o ano passado?

Então era isso. Ele acreditara na promessa americana, que dessa vez não abandonaríamos seu país, e nós o havíamos traído. Prometêramos ajuda que a maioria não conseguia ver. Prometêramos uma reconstrução que não aconteceu. Prometêramos uma nova democracia e instalamos no governo os mesmos velhos chefes locais. Prometêramos uma paz que não veio. Prometêramos lealdade, que não durou mais do que as alianças do general Dostum. E, apesar de tudo, Sharif teria sido leal aos EUA e ao presidente Karzai se tivéssemos lhe dado a oportunidade.

— Eu sinto muito, Sharif — disse. — Eu também estou zangada. A música subia a nossa volta, trazendo-me lágrimas aos olhos. — Por favor, não fique zangado comigo, Sharif. Esse homem, o Bush, que faz essas coisas, ele não é meu presidente.

Sharif parou o carro, entalado no tráfego atrás do hospital italiano. Virou-se para mim, mudo, a expressão cheia de tristeza e desdém, e percebi que ele me avaliava exatamente por aquilo que eu era: mais uma americana que não assumiria a responsabilidade pelxo que meu país fazia com o mundo. E eu também o vi: mais um jovem afegão muito velho, sozinho, os pés destruídos, em um jardim gelado onde sabe-se lá o que poderia cair do céu.

PARTE II

NAS PRISÕES

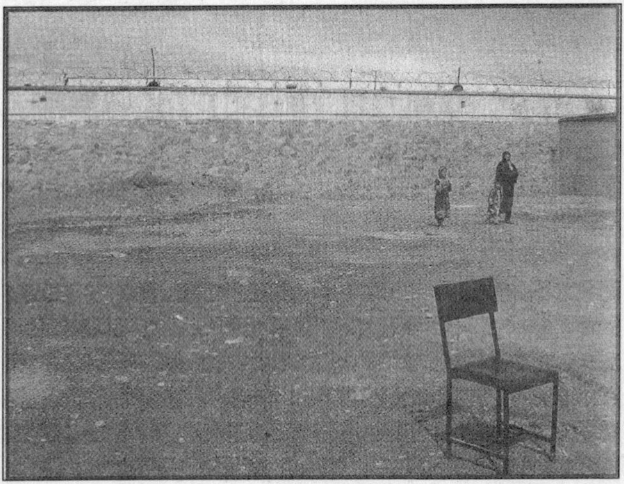

Uma porta de madeira recoberta de aço, presa ao muro de pedra por correntes de ferro. Um cadeado do tamanho de meu punho. "Não há campainha", diz Beck. Som de correntes. Golpes surdos ecoam do interior escuro do presídio feminino. Aguardamos. O prédio longo e baixo da prisão fica ao fundo de um complexo cercado por muralhas que abrigam a administração provincial: o Welayat. O complexo é todo tomado por blocos de escritórios miseráveis: o escritório do governador, o tribunal, o centro de detenção masculina, a sede dos promotores públicos e dos investigadores. Ocupa uma área de dois ou três quarteirões próxima ao centro de Cabul e, apesar disso, não chama a atenção. Quase todos os prédios em Cabul se escondem atrás de muros anônimos. Já havia passado por ali muitas vezes, perguntando-me vagamente o que poderia ser, antes de entrar de carro pelos portões naquela fria manhã de janeiro com Beck e Marzia, sua colega afegã. Os guardas acenaram para que entrássemos, e o carro deslizara pela passagem gelada até o fundo do terreno. Tábuas estreitas colocadas sobre uma vala entulhada de lixo levavam até a entrada do setor feminino. Beck agarrou a corrente de ferro e bateu à porta.

    Esta era a minha primeira visita ao presídio feminino com Rebecca Bradshaw, a diretora de operações, no Afeganistão, da

Frauen die Helfen (FDH), uma ONG alemã. Beck, britânica, era jovem, mas já trabalhara por muitos anos na Croácia e em Kosovo, mudando-se depois para abrir o escritório em Cabul em fevereiro de 2002. Ao longo dos anos, a Frauen die Helfen desenvolvera uma especialidade macabra e necessária: oferecer assistência a mulheres traumatizadas em situações pós-conflito. Ou seja, mulheres que sofrem pela violência de ataques físicos, sexuais ou mentais em meio à violência da guerra, vítimas de uma violência elevada à potência. As médicas e psicólogas da FDH eram especialmente peritas em desatar os nós deixados por traumas múltiplos e em ajudar as mulheres a tecer novamente esses fios de modo a formar algo que se parecesse com uma vida. Mas como é que se pode conseguir isso depois de uma guerra que durou quase um quarto de século, em um país no qual é costume as mulheres e meninas serem confinadas, estupradas, espancadas, vendidas e assassinadas? Afogar-se em tal violência é como uma morte, lenta ou rápida; depressão, ansiedade, suicídio, violência e mais violência se abatendo sobre o "eu". A entidade Médicos pelos Direitos Humanos (Physicians for Human Rights) tentou avaliar o estrago e relatou, em 2001, que "mais de 70% das mulheres afegãs sofriam de depressão aguda, quase dois terços eram suicidas e 16% já haviam tentado o suicídio".[1] Mas o que exatamente as faz sofrer: uma mulher com dores lancinantes, outra com entorpecimento e letargia? Por que essa grita tanto e aquela arranca os cabelos? O que faz com que uma fuja de casa e a outra ateie fogo ao próprio corpo? Como é que elas podem ser ajudadas? No Afeganistão, não faltavam mulheres como essas e algumas delas estavam naquele presídio.

"Elas sempre estão na sala das guardas", disse Marzia. "Elas nunca ouvem." Ela enfiou a cabeça em um grande buraco na porta e gritou em dari: — Olá. Olá. Vocês estão aí? — batendo novamente, com os punhos.

Um vento frio fez voar os papéis da vala atrás de nós e colou-os em nossas pernas. Fez tremer os galhos secos das árvores que se enfileiravam ao longo do muro de entrada do presídio, perfurado de balas, e nos envolveu em uma pequena nuvem de pó, como se tivéssemos sido escolhidas para um ataque. Marzia puxou uma ponta de seu cachecol sobre o rosto e, usando a outra para envolver o punho, fustigou a porta mais uma vez. Finalmente ouvi o ruído de chinelos se arrastando na pedra e um rosto severo apareceu no buraco da porta. A mulher olhou para mim, voltando depois o olhar para Beck e para a grande sacola de pano que ela trazia nas mãos.

— Ah, é você. O que trouxe?

Ela enfiou uma manga de lã marrom pelo buraco e virou a chave no cadeado. A porta se abriu. A nossa frente, um corredor se estendia na penumbra. Prendi a respiração e entrei. A guarda trancou novamente o cadeado e nos conduziu pelo frio corredor de pedra, que cheirava a bolor e umidade. Tropecei no chão irregular e pisei em poças invisíveis. O Afeganistão segue o calendário islâmico que conta os dias a partir da fuga do Profeta para Medina, de modo que no Afeganistão, naquela época, o ano era o de 1380. Até aquele momento, o calendário diferente parecera-me uma curiosidade cultural, como um sistema alternativo de contabilidade, mas em Welayat o século XIV se tornava real.

O corredor dava para um pátio onde um casebre circular se escondia entre montes de entulho e lixo. Camisas usadas pendiam de um varal, endurecidas pelo gelo. Três alas do presídio cercavam o pátio, mas as instalações na ala à direita jaziam abertas e inúteis, e a ala ao fundo estava ruindo. Dirigimo-nos à ala da frente, único setor que parecia estar em uso. A guarda afastou um cobertor que revestia uma passagem e nos abaixamos para entrar. Duas camas de ferro envolvidas por cobertores do Exército estavam junto a paredes opostas. Em ganchos perto da porta, havia uma fila de burcas azuis, das guardas, imaginei. Mesmo uma guarda do presídio poderia não se sentir segura sem uma burca nas ruas de Cabul. Sentei-me em uma das camas, como tinham feito Beck e Marzia, e, à medida que meus olhos iam se acostumando à penumbra, vi que uma chaleira fervia lentamente em um bico de propano no canto da sala. A seu lado, sob as janelas, estava o que parecia ser um monte de trouxas de retalhos ou pilhas de roupa suja no chão. Foi então que vi que cada trouxa era uma mulher enrolada em um xale e encolhida contra a parede, com os joelhos enfiados sob o queixo. Cada pilha era uma prisioneira.

Durante todo esse tempo, Marzia conversara amistosamente com a guarda e, agora, voltava sua ternura e confiança luminosas às prisioneiras. Cumprimentou cada uma delas pelo nome e foi reunindo os detalhes esparsos de suas vidas: "Como vai seu nenê, Zara?", perguntou, cruzando o aposento para se ajoelhar no chão e afastando a ponta de um cobertor para olhar um rosto contorcido. "Você está dando o remédio para ela? Ela está conseguindo dormir? E você, Mehru, esteve com o médico? Fariba, sua mãe veio visitá-la?". As mulheres murmuravam respostas tímidas, como se tivessem medo de responder algo errado. A nenê parecia um pouquinho melhor, obrigada. O médico não tinha vindo. Nem a mãe. Muito obrigada.

"É difícil para sua mãe vir tão longe", disse Marzia, "e depois ter que ficar de pé, no frio". Os familiares não tinham permissão para entrar no presídio. Deveriam esperar do lado de fora e conversar com a prisioneira pelo buraco na porta externa. "Ela virá quando puder. Eu vou ver o que aconteceu com o médico. Você ainda sente dor?"

A própria Marzia era pouco mais que uma menina, uma estudante que aprendera inglês como refugiada no Paquistão e entrara para a FDH como tradutora, mas seguia perguntando notícias e consolando, como uma tia bondosa, eficiente e preocupada. Virou-se depois para Beck para relatar o que ouvira e para traduzir as perguntas de Beck para a guarda. Tinham mesmo chamado o médico do presídio masculino? O presídio feminino não tinha médico próprio, nem enfermeira, nem enfermaria, nem remédios. A FDH deveria mandar um carro para levar Mehru para o hospital de mulheres? Amanhã estaria bom?

O cobertor sobre a porta era constantemente erguido, à medida que outras guardas e outras prisioneiras esgueiravam-se para dentro do aposento. As guardas cumprimentavam Beck e se sentavam nas camas. As prisioneiras se deixavam cair no chão a seus pés. Havia mais saudações, mais perguntas, mais providências, mas todos os olhos estavam grudados nas bolsas de pano que Beck e Marzia haviam trazido. Finalmente, chegara a hora de abri-las. Barras de sabão e sacos de uva passa foram distribuídos, um presente para cada mulher. As uvas sumiram primeiro. Depois, surgiram suéteres de lã, comprados em mercados de roupas usadas, mas recém-lavados, e Beck rapidamente apanhou os melhores deles e os ofereceu educadamente às guardas.

— Elas vão pegar as coisas melhores de qualquer jeito — sussurrou. — Então é melhor dar logo a elas.

— Elas são tão malvadas assim? — perguntei.

— Não, são muito pobres. Ganham menos de 20 dólares por mês. Muitas vezes não recebem pagamento algum. E daí os jornalistas e o pessoal de ONGs, como nós, chega todo animado com presentes para as prisioneiras. Como você se sentiria?

As prisioneiras afastaram-se silenciosamente com seus prêmios, e as guardas pediram cigarros a Beck. Sentaram-se nas camas, fumando e acariciando seus novos suéteres. Em pouco tempo, o pequeno aposento estava tomado pela fumaça. Beck lhes disse que logo eu voltaria para entrevistar algumas das prisioneiras. "Vocês sabem que estamos escrevendo um relatório sobre o Welayat para nossos doadores", ela disse, "e a Ann vai nos ajudar. Assim, por favor, deixem-na entrar quando vier". Marzia traduziu a solicitação e a resposta rápida de uma das guardas: "Ela fuma?". Beck deu-lhe o resto de seu maço de cigarros. "Para mais tarde", disse, enquanto nos levantávamos para sair. No corredor, ela pediu para dar uma olhada nos aposentos das prisioneiras, e a guarda nos levou mais ao fundo do corredor escuro, puxando um cobertor a cada porta para revelar mais um quartinho paupérrimo — seis, ao todo — tomado por camas de ferro em que mulheres, sentadas com as pernas cruzadas, abraçavam seus novos suéteres. Os quartos eram frios, com a umidade gelada e penetrante das pedras antigas, e iluminados apenas pelo sol da tarde contorcendo-se pelas janelas sujas. A luz pousou sobre uma fileira de sacolas plásticas penduradas na parede, cada qual contendo tudo o que cada prisioneira tinha, naquele momento, no mundo.

— No início viemos verificar a situação jurídica das prisioneiras — disse Beck. — Mas, como você pode ver, as necessidades delas são mais básicas. Demos-lhes aquecedores imediatamente, mas as guardas os venderam. Infelizmente, parece que qualquer coisa portátil por aqui sai andando pela porta da frente.

— Os cobertores também — disse Marzia. — As guardas disseram que as prisioneiras os enviaram para as famílias em casa. Como se elas tivessem famílias a que valesse a pena mandar presentes.

— Já vimos o suficiente? — perguntou Beck.

Logo estávamos de volta ao carro, passando pelo portão, dirigindo-nos para o trânsito de Cabul; mulheres livres indo livremente para onde quisessem. Meus sentimentos deviam estar estampados em meu rosto. Beck disse:

— Achei que você estivesse acostumada a visitar presídios femininos.

— Eu estou. Mas nunca vi um presídio assim.

Eu passara muito tempo em presídios femininos dos EUA, entrevistando as internas, mulheres sofridas, em sua maioria, presas por assassinato. Contara suas histórias em um livro. Isso fora há 25 anos, um período muito, muito longo em um país que se moderniza incessantemente. Naquela época, cada um desses presídios americanos era lúgubre e terrível a sua própria maneira, como o são todas as prisões, mas é preciso considerar que, mesmo então, cada um deles dispunha de água corrente, aquecimento central, eletricidade, luzes, privadas, banho quente, refeições quentes, atendimento médico, programas de reabilitação, aulas de extensão, TV, rádios, roupa de cama, cigarros, xampu, assistência jurídica, biblioteca, telefones, capelães, advogados, baralho, secadores, coca-cola, balas. Cada mulher tinha sua cela, um quarto inóspito e solitário, mas o quarto dela. O pior momento, sempre, era passar pela porta, ouvi-la bater as minhas costas, sabendo que eu acabara de exercer um privilégio que as mulheres a quem deixara lá dentro poderiam jamais conhecer novamente. Eu as deixara lá dentro com sua própria angústia. Mas aquilo ali era pior. Mulheres amontoadas em camas desprezíveis e imundas, algumas abraçando bebês enfaixados — pequenos e silenciosos como pães —, apinhadas em quartos úmidos, gelados. Era como se fossem passageiras clandestinas em algum pequeno navio sombrio, à deriva. Isso era miséria.

— É bom que você vá voltar para conversar com elas — disse Beck. Eu olhava pela janela o torvelinho indistinto do tráfego: uma fila de SUVs, os vidros escurecidos de presunção, indo a algum lugar, rapidamente.

— É. Acho que é.

As mulheres no presídio feminino não eram assassinas. Pelo menos, não muitas. A maioria delas nem havia cometido crime, não segundo qualquer dos padrões reconhecidos hoje no Ocidente. A maioria delas eram meninas e mulheres acusadas de ter cometido ofensas contra a moralidade pública. Muitas eram acusadas de zina, um termo que cobre indiscriminadamente sexo extraconjugal, tanto o consensual como o coagido. Algumas eram acusadas de ter contraído matrimônio "ilegal". Algumas eram acusadas de fugir com um homem ou de fugir de casa. Uma fora detida pela polícia e trazida à prisão porque estava perdida.

Havia apenas 16 mulheres no presídio naquele momento, não muitas, em uma cidade com dois milhões de habitantes. As guardas diziam que raramente passavam de 35 prisioneiras. Isso era o máximo que Cabul poderia fazer pelos criminosos? Depois de tantos anos de guerra e privação, de tempos desesperados em que as pessoas tomam medidas desesperadas, certamente mais mulheres devem ter buscado sua sobrevivência à margem da lei. Onde estavam? Cabul contava com muitas delegacias de polícia nos distritos, cada uma com sua própria carceragem, e havia bloqueios nas ruas em toda parte, efetuados por soldados ou pistoleiros em uniformes ambíguos, e casas privadas nas vizinhanças, nas quais os detidos poderiam desaparecer discretamente. A polícia afirmava que nunca detinha mulheres nos distritos, mas que sempre as enviava para o presídio central. Os soldados e os pistoleiros não diziam absolutamente nada. Entretanto, mulheres e crianças desapareciam todos os dias. Há muito pouco tempo, dois adolescentes em casos separados, mas quase idênticos, haviam sido condenados a longas penas de reclusão por assassinato. Cada um deles fora preso em um bloqueio e mantido em cárcere privado onde foram insultados e abusados sexualmente pelos policiais que os haviam detido. Cada um dos garotos, em determinado momento, havia se voltado contra seu agressor e o matado. Era um crime sério matar um policial, independentemente do motivo, e os garotos foram jogados no bloco masculino do outro lado do pátio. De vez em quando, uma mulher que era trazida ao presídio feminino dizia que ela também fora presa e mantida cativa por homens em um cárcere privado, ou em uma delegacia de distrito. A polícia negava. Ela tinha provas? Ninguém acreditava nela. Todo mundo sabe que as mulheres mentem.

No entanto, mesmo que se somasse um número hipotético de mulheres detidas ilegalmente por policiais ou pistoleiros freelance, o total de mulheres encarceradas não era muito grande. Era de se imaginar a quantidade de outras mulheres suspeitas de zina, fuga com um homem, matrimônio ilegal ou outras ofensas aos padrões morais, que eram simplesmente julgadas e punidas em casa, por suas famílias. No Welayat, em Cabul, 13 das 16 internas encarceradas naquele momento, eram acusadas de crimes de zina. Um ano mais tarde, em 2004, uma agência internacional investigou o presídio feminino em Herat, cidade mais conservadora, e descobriu que 78% das detentas eram acusadas de zina. Mas em Jalalabad, região pashtun pouco distante da fronteira com o Paquistão, não havia absolutamente nenhuma mulher encarcerada por zina. Funcionárias explicaram a uma investigadora que tais "problemas" se resolviam "em família". Esse era o fardo inescapável das meninas e mulheres afegãs: a honra da família. Sob os termos da "tradição" e das práticas "islâmicas" que as protegem, meninas e mulheres passaram a arcar com a responsabilidade pela vida moral e pela reputação das famílias que as possuem. Esse truque não é novo; no Ocidente, os vitorianos elevaram a mulher a um pedestal que exigia "pureza" moral. Mas o código afegão é mais severo e se faz cumprir com maior rigor. A mulher afegã que caía em desgraça perdia sua vida em um "assassínio pela honra", aceito extraoficialmente para preservar a moralidade das mulheres. Ninguém sabe quantas meninas e mulheres, de quem se dizia haverem trazido desonra para a família, foram mortas por seus pais e irmãos. Quantas são levadas ao suicídio. Quantas são trancafiadas. Quantas "desaparecem".

Durante os meses de janeiro e fevereiro de 2003, fui frequentemente ao presídio visitar as mulheres ali encarceradas. Eu ia com uma professora primária afegã, chamada Zulal, que traduzia para mim histórias e mais histórias, até que o padrão da justiça afegã para as mulheres começou a se desenhar com clareza.

Conversamos primeiro com uma mulher que, posteriormente, seria relacionada no relatório oficial da Frauen die Helfen — por questões de anonimato — apenas como C. Ela era acusada tanto de zina como de fuga com um homem. Ela e eu nos ajeitamos, uma diante da outra, com Zulal a meu lado, pernas cruzadas sob a janela da sala das guardas. Era o único aposento razoavelmente aquecido no presídio ou, pelo menos, assim parecia para Zulal e para mim, desde que não tirássemos nossos casacos e cachecóis. A chefe das guardas expulsou todo mundo da sala e sentou-se na cama ao lado do fogareiro a querosene para ouvir nossa conversa. C. disse que acreditava ter 19 anos. Poucos afegãos têm certidão de nascimento, de modo que a maioria consegue, no máximo, fazer uma estimativa da própria idade. Quatro anos antes, disse, quando ela tinha 15 anos, fora entregue em matrimônio por sua família. Agora, relembrando tudo, torcia os dedos e olhava fixamente para o chão; vi seu rosto pequenino cobrir-se de sombras à medida que contava sua história para Zulal. A casa de seu marido "não era boa". A mãe do marido era uma "senhora má", que cometera "adultério" muitas, muitas vezes, por ordem dele. Ele disse a C. que ela teria de fazer o mesmo. Zulal virou-se para mim, em seu rosto uma máscara rígida para esconder a emoção que aflorava:

— Acho que não é adultério — disse. — Ela não conhece uma palavra para isso, mas acho que em inglês é prostituição.

O marido dela ganhava dinheiro. C. contou que, com o tempo, ela fugiu do marido e voltou para a casa do pai; mas seu marido mandara o irmão para trazê-la de volta, e os anciãos do vilarejo disseram que ela deveria ir. Ela não sabia dizer quanto tempo ficara lá, trancada na casa "não boa" do marido, fazendo o que ele mandava, a incapacidade de explicar o que aconteceu durante um certo período é parte do mal-estar trazido pela guerra e pela violência sexual, mas fugiu novamente e, sabe-se lá como, conseguiu chegar até o Paquistão. Lá encontrou emprego como doméstica em uma casa, mas sentia saudade da família e, depois de algum tempo, voltou para a casa do pai. A família não estava mais lá. Ela foi até a polícia perguntar por eles e eles a prenderam e a trouxeram para a prisão. Aqui ela ficara detida por muitos dias, e aqui ficará indefinidamente enquanto os investigadores do Estado examinam seu caso.

Depois conversamos com D. Ela é D. no relatório oficial que Beck escreveu, mas deixem-me dar-lhe um nome — falso, para protegê-la — mas um nome real para juntar-se ao rosto real que ainda vejo, após dois anos. Que seja Dustana, então. Significa "amiga". Dustana disse que tinha mais ou menos 20 anos, embora sua pele amarelada e suas faces encovadas conferissem a ela uma aparência muito mais velha. Estava no presídio havia seis meses. Ela também havia sido dada em matrimônio, mas, seis meses após o casamento, o irmão do marido viera a sua casa e ordenara-lhe que saísse porque o marido havia se divorciado dela. O irmão mostrou-lhe um papel que parecia oficial, mas, como era analfabeta, ela não podia lê-lo. Ela pediu para falar com o marido, mas o irmão disse que não seria possível. Em vez disso, ele a enviou para a casa de uma tia. Lá, depois de algum tempo, a tia apresentou-lhe um homem de Bamiyan e disse-lhe que ela devia desposá-lo. Ela obedeceu, mas o casamento era uma farsa e, no dia seguinte, o novo "marido" desapareceu. Zulal virou-se para mim:

— Isso também não é prostituição em inglês? — Então, para surpresa de Dustana, seu marido reapareceu. Ele trouxe a polícia e insistiu que a prendessem por adultério e bigamia. Depois que os investigadores relataram o resultado de suas diligências ao promotor, ela foi levada ao tribunal, condenada por "casamento ilegal" e sentenciada a cinco anos de prisão. Dustana ainda estava desnorteada por aquilo que tinha se passado com ela. Ela chegara à conclusão de que fora enganada pelo irmão do marido. Mas não conseguia compreender qual era a participação da tia ou do marido no esquema.

E havia N. — Najela —, que não conseguia sequer imaginar a própria idade. Contou que ficara muito feliz quando sua família acertou seu casamento com um primo, porque, secretamente, ela o amava. Durante mais ou menos três meses após a cerimônia ela tivera um casamento feliz. Então o marido começou a trazer para casa homens "estrangeiros" e a forçá-la a "cometer adultério" com eles. Quando não podia mais suportar a situação, ela foi à polícia e acusou o marido de forçá-la à prostituição. Tanto Najela como o marido foram presos. Quando os investigadores concluíram o trabalho, o promotor concordou com Najela que o marido era um homem "muito ruim e imoral". O juiz o condenou a cinco anos de prisão. Mas o promotor observou que ela "trabalhara" para o marido "por muito tempo" e que não prestara queixa "imediatamente" à polícia, que, à época, era talibã. Assim, ela foi considerada culpada de prostituição e condenada a três anos.

E. — Ejar — disse que tinha "mais ou menos 22 anos". Contou que, ainda jovem, fora dada em casamento a um homem que a espancava frequentemente; até que, em uma noite de inverno, ele a jogou na rua. Buscando a proteção de um parente do sexo masculino, ela se refugiou, naquela noite, na casa de um tio; mas o marido foi à polícia e declarou que ela e o tio haviam cometido adultério. Ela foi condenada por zina e sentenciada a seis anos. Já estava na prisão havia nove meses, mas, como ninguém de sua família jamais vinha visitá-la, ela não sabia o que acontecera com o tio.

J. — Jamila — disse ter entre 22 e 25 anos. Enquanto falava, ela amamentava sua filhinha, nascida na prisão em que ela estava trancafiada havia oito meses. Contou que fora casada por um tempo, mas que um dia o marido lhe dissera, três vezes, que tinha se divorciado dela e que, segundo o Islã, ela deveria deixar a casa imediatamente. Na verdade, o procedimento de divórcio descrito no Corão exige que o marido declare sua intenção de divorciar-se de sua esposa na presença de duas testemunhas e que repita essa declaração diante de testemunhas duas vezes mais, a intervalos de um mês; durante esses meses, exige-se que o marido mantenha a mulher em sua casa como sua esposa em tudo, salvo nas relações conjugais. Mas Jamila acreditou no que o marido dissera: que essa versão condensada e conveniente de divórcio era "islâmica". Jamila não quis falar sobre aonde fora ou o que fizera depois de deixar a casa do marido, mas, algum tempo depois, casou-se voluntariamente com outro homem, com quem fora bastante feliz. Quando seu primeiro marido soube do casamento, foi à polícia e acusou-a de bigamia. Prenderam-na por "matrimônio ilegal". Seu primeiro marido jurou que nunca se divorciara dela e, como não havia testemunhas para provar o contrário, ela fora condenada a oito anos por fuga com um homem e zina.

L. — Latifa — contou-nos a mesma história. Ela fora condenada a cinco anos pelos mesmos crimes. Também tinha um bebê. Tinha 18 anos de idade.

Zulal e eu ficávamos lá, dia após dia, sentadas nos tushaks empelotados na sala das guardas enquanto a luz diminuía e o rosto descarnado da prisioneira a nossa frente desaparecia na escuridão. Então chegava a hora de dizer muito obrigada e adeus. Sempre tínhamos o cuidado de explicar, ao início de cada entrevista, que não podíamos fazer nada para ajudar a prisioneira em sua causa e que nos contar a sua história não iria lhe trazer nenhum benefício, mas que poderia ajudar outras mulheres, em outros momentos — essa era nossa esperança — se aquilo que ouvíssemos persuadisse legisladores, tribunais e a polícia a mudar o modo como faziam as coisas. Apesar disso, as prisioneiras sempre se aferravam as nossas mãos quando nos despedíamos. Resistir. Nesses momentos, Zulal sempre parecia profundamente tocada.

A primeira vez que eu propusera que ela me acompanhasse à prisão como minha intérprete, ela ficara chocada com a impropriedade da proposta. Recebera uma educação islâmica tradicional e desenvolvera o respeito afegão pelo comportamento honesto.

— Por que você vai conversar com essas mulheres? Elas são muito más.

— Por que você acha que elas são más? Você acha que elas nasceram más?

— Elas estão na prisão!

— Mas por quê? Como é que elas chegaram lá? E se elas não merecem estar lá? E se elas não forem nem um pouco más?

— Impossível. Não acredito.

No fim das contas, consegui persuadi-la com um sofisma: que era apenas conversando com as mulheres más que nós poderíamos ajudar a lei a tratá-las corretamente e, assim, proteger as boas. Zulal, com maior dificuldade, convenceu os pais de que meu trabalho era perfeitamente decente e de que eles deviam autorizá-la a me ajudar. Sendo uma mulher solteira, mesmo aos 30 anos, ela não poderia fazer nada sem a autorização de seu pai e irmãos. A princípio, com C., a primeira prisioneira que entrevistamos, ela havia sido bastante desconfiada e formal. Traduzira minhas perguntas com um profissionalismo rígido, mas, curvando-se, se aproximara para ouvir as respostas murmuradas por C. e então, no meio da história, ela virara para mim com um julgamento independente que deve ter surpreendido a ela própria: "acho que não é adultério". Depois disso, dia a dia, ela se tornou menos dura, e eu sabia que ela começara a ver nessas mulheres a imagem de mulheres que conhecia: a sombra de suas amigas, de suas irmãs, dela mesma, de modo que agora, na hora da despedida, Zulal as abraçava delicadamente e dizia: "Posso ir agora?" Faz parte da polidez afegã, das boas maneiras. "Posso ter sua permissão? Por favor, perdoe-me. Posso ir?"

Depois dessas histórias, não adiantava falar em direitos da mulher. No Ocidente, gostamos de pensar que os direitos humanos se agregam ao indivíduo em virtude dele ser humano. Mas na sociedade afegã o indivíduo vale pouco, e a mulher vale menos do que isso. É a sociedade coletiva que importa — a umma (comunidade de crentes) islâmica ou a tribo ou, mais intimamente, a família.

As mulheres de Welayat eram acusadas de haver perturbado a sociedade ao violar o código moral que a mantém coesa. A justiça residia em reparar esse dano. Não se deveria buscar a justiça no castigo, pois punir o indivíduo, como fazemos no Ocidente, não produz nenhum bem social. Se as mulheres de Welayat eram punidas, como acontecia com muitas, que ficavam detidas por anos, isso era apenas um efeito secundário de trazer a sociedade de volta a seu correto equilíbrio. Nossa justiça é individual e punitiva. A justiça afegã é social e reparadora, ou pretende ser.

Mas esse conceito convida qualquer um que tenha uma queixa a usar o sistema legal para acertar as contas, da mesma forma como cria para o Estado a tentação de abusar de seu poder ao prender aqueles cujas ideias ameacem causar-lhe algum mal futuro. A prisão se torna um depósito para a esposa indesejada ou para a filha indecente, um fosso conveniente usado pelo marido ou pai de coração muito mole para, ele mesmo, cortar a garganta da mulher. Cada mulher em Welayat sabia que estava na prisão porque alguém em sua família queria que ela estivesse lá; seu marido ou ex-marido, seu irmão, pai, sua sogra, embora, em muitos casos, fosse difícil entender a motivação do acusador, ou mesmo a identidade do Iago familiar que armara a intriga nos bastidores. Jamila acreditava que seu primeiro marido, que a acusara de matrimônio ilegal, tinha ciúmes de seu segundo marido e de sua felicidade. Latifa acreditava que seu primeiro marido, que a acusara da mesma coisa, planejava extorquir dinheiro de seu segundo marido. Mulheres atormentadas como Dustana angustiavam-se sem cessar pensando em quem havia armado a cilada (minha tia?) e por quê (meu marido?); elas pensavam no que haviam feito para merecer tal destino. O caráter obscuro desses casos deixava investigadores, promotores e juízes livres para especular também e frequentemente decidir casos com base não em provas empíricas ou apesar delas, mas em atitudes patriarcais. Mas, afinal, isso não era mais que sua obrigação, pois manter a sociedade sadia era seu trabalho, e a sociedade era, por definição, patriarcal.

Uma vez que uma mulher fosse presa, o que aconteceria com ela? Como se restabeleceria o equilíbrio familiar? Oficialmente, o sistema judiciário tem três níveis: um primeiro nível, em que ocorrem as investigações iniciais e as decisões judiciais são apresentadas; um segundo nível, em que os recursos são apreciados e investigações adicionais realizadas; e a Suprema Corte, que ouve recursos de última instância. Quanto mais se sabe dentro do sistema, mais conservadores os juízes se tornam, pois, por acidentes de educação e história, a maioria daqueles que estão no topo foi treinada exclusivamente na lei da Sharia. Costumava haver um sistema de tribunais para julgar casos de família, também estabelecido durante o governo comunista do presidente Najibullah, mas o Talibã acabou com eles; agora apenas Cabul tem um tribunal de família.

Os casos são apresentados pelos promotores (saranwali) a juízes que deveriam ser imparciais, mas até a composição do tribunal já sugere sua inclinação. Dos 2.006 juízes do Afeganistão, apenas 27 são mulheres.[2] A ré tem tão pouca importância que frequentemente nem é convocada ao tribunal para seu próprio julgamento; mais tarde, notificam-na da sentença. Ela pode nunca saber do que foi acusada. E, geralmente, a acusação nem é de caráter criminal; "fugir com um homem", por exemplo, não é crime, de acordo com o Código Penal, e prender pessoas por fazê-lo é uma violação do direito, internacionalmente reconhecido, de liberdade de movimento; entretanto, mulheres, e homens também, são presos por esse tipo de fuga o tempo todo. Uma juíza explicou: "Não devemos encorajar as mulheres a fugir de casa porque temos de manter uma sociedade de moral ilibada". As mulheres que são testemunhas também são comumente mantidas fora dos tribunais, em nome da decência; e, nos casos em que elas compareçam, deve haver duas delas para igualar o testemunho de um homem. O Corão especifica que são necessárias duas mulheres "para que, caso uma delas erre, a outra possa relembrá-la".[3] O homem que presta testemunho não precisa de ajuda. Advogadas de defesa, estrelas no judiciário americano, estavam ausentes dos tribunais afegãos até 2004, quando a FDH iniciou um programa de assistência jurídica, financiado principalmente pelo governo alemão, para treinar um punhado de advogadas para defenderem as mulheres de Welayat. Mas por que um indivíduo deveria ter um advogado de defesa quando é a sociedade, representada pelo promotor e pelo juiz, que importa? Quando as novas advogadas de defesa se apresentaram ao tribunal com as prisioneiras de Welayat, os juízes as repreenderam: "O que vocês fazem aqui, defendendo essas mulheres más? Vocês também devem ser mulheres más". Esse é o sistema, e, enquanto ele continua girando, o acusado permanece na prisão, mês após mês.

Logo depois de começar a entrevistar as mulheres em Welayat, fui fazer uma visita ao departamento jurídico do novo Ministério da Mulher do Afeganistão. O ministério era algo até então desconhecido na governança afegã, estabelecida em dezembro de 2001, sob o olhar atento do mundo, durante a conferência de Bonn, que inventou o Estado Islâmico Transicional do Afeganistão. Trazia a promessa de grandes mudanças para as mulheres afegãs, embora a primeira-ministra, Sima Samar (que passara grande parte da vida trabalhando pelos direitos das mulheres), tivesse sido desencorajada por seus colegas homens a fazer "demais" antes que o avião trazendo o novo governo aterrissasse em Cabul; não tardou muito para que ela fosse liberada de seu escritório sem sequer ter conseguido dispor de um aparelho telefônico. Sua sucessora declarou publicamente que espancar mulheres era um "costume normal" no Afeganistão, mas que não seria ela a criar caso quanto a isso; e, quando apareci no departamento jurídico, havia pouca possibilidade de que alguém no ministério fizesse qualquer coisa pelas mulheres, embora, alguns anos mais tarde, eles tenham pendurado um cartaz com os dizeres: "Grandes líderes têm grandes mães". Mas, mesmo àquela altura, o departamento jurídico não tinha nem telefone, nem aquecedor.

O ministério se tornara uma piada em Cabul: o "Menostério" da Mulher. Sentei-me com três advogadas em um escritório gelado e contei-lhes sobre as várias mulheres em Welayat que precisavam de sua ajuda. Cada uma delas fora sujeita a algum tipo de violência: espancamento, abuso sexual, casamento forçado, estupro conjugal e cada uma dessas mulheres buscara escapar daquela situação de violência. Como resultado, cada uma fora acusada de um "crime". Algumas haviam deixado seus lares sozinhas e sido acusadas de fugir de casa. Outras haviam deixado o lar com a ajuda de um homem, amigo ou parente, sendo acusadas de fuga com amante, de matrimônio ilegal ou de zina. Cada uma dessas mulheres, argumentei, poderia perfeitamente sustentar em um tribunal que agira apenas para salvar-se de um ataque criminoso. As advogadas, enroladas em seus casacos e cachecóis, ouviam educadamente, como fazem os afegãos, mas suas expressões vazias me diziam que a barreira entre nós era maior que a da língua.

— Vocês entendem? Todas essas mulheres são vítimas de violência doméstica — disse.

— O que é isso?

Tentei explicar, em palavras simples, por meio de Zulal, mas continuávamos tropeçando em palavras e expressões (como estupro conjugal) que não tinham equivalente na língua dari, muito menos no direito afegão.

— Em meu país, é contra a lei o marido forçar a mulher a fazer sexo quando ela não quer.

As advogadas pareciam desconfortáveis com o tema, mas discutiram-no rapidamente; e então a advogada principal, que sabia um pouco de inglês, respondeu — No Afeganistão, não.

— Em meu país, é contra a lei o marido bater na mulher.

Outra apressada discussão em voz baixa: — No Afeganistão, não.

— Em meu país, é contra a lei forçar uma menina a se casar com um homem idoso quando ela não o quer.

— No Afeganistão, não. Em meu país, é costume.

A regra, quando se quer levar as pessoas a entender os direitos das mulheres, é "começar onde elas estão". Mas onde estavam essas mulheres? Elas pareciam estagnadas, como as mulheres de Welayat, em algum lugar do século XIV. Educadamente, disseram que tinham gostado de conversar comigo e que esperavam que eu voltasse para conversar um pouco mais. Talvez em um dia que não estivesse tão frio. Enquanto isso, havia alguma coisa que elas pudessem fazer por mim?

— Há sim, claro. Vocês podem verificar como elas são tratadas, como seus processos são conduzidos. Podem estar atentas a seus direitos. Podem levar esses problemas para o governo e para os tribunais. Conseguir que elas sejam tratadas com justiça ou, talvez, conseguir que sejam soltas.

Dessa vez a discussão foi vigorosa e firme. Zulal traduziu: — Elas dizem que não podem aceitar esses casos porque essas mulheres são más — ela me lançou um olhar que dizia — Está vendo? Não sou a única.

— Pergunte-lhes por que elas acham que essas mulheres são más.

— Elas são criminosas.

— E por que vocês acham que elas são criminosas?

— Elas estão na prisão.

Zulal, a essa altura, já lutava para não sorrir, quase dando risadas enquanto traduzia, da boca da advogada principal, as palavras que ela mesma me dissera havia apenas algumas semanas. Talvez, assim como Zulal, as advogadas pudessem mudar de opinião.

— Pergunte-lhes se elas irão a Welayat ao menos uma vez.

— Não, elas não podem ir lá.

— Por que não?

— É uma prisão.

Beck e eu visitaríamos as advogadas do departamento jurídico muitas vezes para discutir assuntos legais e a situação das mulheres de Welayat. O trabalho delas, diziam, era sobretudo o de escrever documentos legais, embora nunca tenhamos conseguido uma só cópia de um documento escrito por elas. Oferecemos dar-lhes um curso de treinamento em violência doméstica, e elas responderam que ficariam agradecidas e que estavam ansiosas por fazer tal curso. Estabelecemos um programa semanal e divulgamos o lugar e a hora. Mas, cada vez que aparecíamos para o treinamento, as advogadas não estavam presentes. Estavam participando de um "curso de capacitação" obrigatório, de inglês ou computação. Tinham ido a uma reunião ou a um enterro. Não estavam se sentindo bem ou seus filhos estavam doentes. A chefe estava tendo um bebê.

E a lei era outro problema. Algo fugidio, algo difícil de definir, porque há muitas delas. A Constituição afegã de 2004 declara que: "Os cidadãos do Afeganistão — sejam homens ou mulheres — têm direitos e obrigações iguais perante a lei".[4] Mas qual lei? Há um código penal e um código civil e um corpo amorfo de práticas tradicionais (variando de um grupo étnico ou tribo para outro), comumente chamado de "direito" consuetudinário, e o código moral da Sharia, do qual várias escolas de jurisprudência islâmica ou Fiqh (principalmente no Afeganistão, o Hanafi ou a Shi'a) derivam conjuntos de leis que classificam os crimes e as penas aplicáveis — como Kisas (retaliação), Diya (pagamento por sangue) e Haad (amputações, apedrejamentos); e você pode começar uma discussão todo dia nos círculos jurídicos de Cabul sobre qual é qual e sobre qual tem precedência neste ou naquele conjunto de circunstâncias específico. No papel, os novos códigos em vigor sob a nova Constituição parecem razoavelmente claros, mas aqueles que deveriam aplicá-los não estão familiarizados com as novas codificações e, com frequência, são deliberadamente obtusos. Alguns juízes simplesmente negam a existência de uma Constituição e de códigos legais, afirmando que a Sharia é "a única lei do país".[5] Outros ressaltam que o significado das palavras "os cidadãos do Afeganistão — sejam homens ou mulheres — têm direitos e obrigações iguais", não é equivalente ao sentido das palavras "homens e mulheres são iguais". Imagine só.

O princípio da legalidade é a espinha dorsal de qualquer governança que se pretende democrata. Mas sem um judiciário informado para aplicar códigos legais legítimos, a justiça torna-se uma loteria (normalmente à venda para o litigante que paga mais) e a lei vira uma piada. Todo mundo reclama que juízes gananciosos confundem a lei afegã, permitindo vantagens pessoais; os afegãos vivem sob a lei do suborno. Mas várias agências internacionais começaram a trabalhar para organizar as leis afegãs e treinar juízes e advogados para aplicá-las, particularmente no que tange às mulheres e crianças; porque o mundo inteiro sabe que o Afeganistão não tem sido justo com as mulheres. Além disso, o Afeganistão assinou tratados internacionais garantindo os direitos humanos de mulheres e crianças — tratados em constrangedor desacordo com o direito afegão da forma como hoje é aplicado em toda a sua miríade de permutações. Alguns projetos treinam investigadores, promotores ou juízes. Alguns treinam policiais. Outros treinam advogados.

Em 2004, cerca de um ano e meio após minhas primeiras visitas às mulheres em Welayat, passei algumas semanas assistindo a um curso de treinamento oferecido por uma ONGI (ONG internacional) e formulado por advogados voluntários, juízes e professores de Direito para ensinar, a advogados afegãos, as seculares artimanhas dos advogados de defesa. Esperava que o curso me ajudasse a achar o caminho em meio aos múltiplos labirintos do direito afegão. Casos hipotéticos eram apresentados a 18 alunos — incluindo uma única mulher — pela instrutora, uma nova-iorquina vigorosa, articulada e inteligente que me parecia um modelo de sucesso em sua profissão. Para aquele círculo de homens afegãos, que tentava ao máximo não desejá-la, ela deve ter parecido mais uma arma de ataque ocidental, tão potente como um míssil Stinger ou uma mina. Eles não sabiam o que ela estava fazendo ali, menos ainda o que ela estava tentando ensinar. "Bem, então o sujeito é preso por roubar um tapete. Qual é a primeira pergunta que você deve fazer a respeito desse crime?". Os homens resmungavam alguma coisa e baixavam os olhos, absortos na página a sua frente, que delineava o crime hipotético. Ela insistia: "Vamos lá. Qual é a primeira coisa que temos de saber?". Escolheu um aluno para responder. "Será que o homem precisa do tapete?", sugeriu ele.

"Não, não, não. Analise. Será que importa se ele precisa do tapete ou não? Não, não importa. O que importa?". Desesperada, ela passou os olhos pelo círculo de homens, agora absolutamente mortificados pela resposta errada.

"Tudo bem. Tudo bem. Primeira pergunta: há testemunhas do crime? Ou é um crime sem testemunhas?"

Saber se alguém viu o crime ajuda a determinar se a polícia pode fazer uma busca sem mandado, o que, por sua vez, ajuda a determinar se um advogado esperto pode conseguir excluir uma prova incriminadora com base em um detalhe técnico, que não tardei a aprender, é tudo nesse tipo de defesa criminal. "Estamos ensinando argumentação, não direito", explica a instrutora. E diz para seus alunos: "Observem como é pequena, bem pequena, essa alegação". Pergunto-me se os alunos estão confusos porque ainda procuram, ingenuamente, algo parecido com justiça. Mas agora eles têm um objetivo, enquanto perscrutam mais uma vez os papéis amassados que apresentam o caso hipotético e, passados cinco minutos, alguém dá a resposta certa.

"Muito bem! Excelente!"

A professora está satisfeita, os alunos estão aliviados. Ela estabelecera uma dicotomia — é este tipo de crime ou aquele? — para começar uma análise que conduzirá os futuros advogados de defesa através de uma longa série de etapas do tipo isto ou aquilo dentro do código penal oficial, de forma a fazer com que finalmente eles entendam como arguir um caso com base na lei — na palavra escrita, com todos os seus convenientes detalhes técnicos — em vez de emaranhar-se nos ensinamentos do Profeta ou vaguear sem rumo pelo labirinto de motivação, parentesco, circunstância e fatos não comprováveis. "Será que o nó das leis afegãs poderia realmente ser desatado assim?", pensei — um fiozinho de lógica ocidental por vez? Minha experiência me dizia que a mente afegã não funcionava em termos de dicotomias, pelo menos não muito além da monumental oposição entre homens e mulheres, ou entre mulheres boas e más; e até mesmo essa última distinção parece um tipo de defesa psicológica, o mesmo que geralmente usamos nos EUA para distinguir as pessoas boas (nós) das más (os outros) e que rapidamente se desfaz no complexo coração de uma boa muçulmana afegã, como Zulal. Mas deixa para lá. Eu tinha de prestar atenção.

"Tudo bem, agora já determinamos que é um crime com testemunhas. Qual é a próxima pergunta que precisamos fazer?"

Nova perplexidade. Mas a elétrica professora não desanima. Ela começa a se vestir cada dia com uma roupa afegã diferente, feita à mão, como se para mostrar aos alunos que ela é exatamente como eles, portanto, o que ela tenta ensinar não pode ser muito difícil. Incansavelmente, dia após dia, ela arranca as respostas das mentes assombradas dos advogados por pura força de vontade. Se for possível para alguém transformar os processos de defesa nos tribunais de Cabul, é essa a mulher que vai conseguir fazê-lo. Mas me pergunto em que essa transformação — se vier a ocorrer — vai beneficiar as mulheres. Estou assistindo ao curso porque me disseram que ele traz enormes possibilidades para mulheres acusadas de crimes, mas, tendo sido encorajada a encontrar dicotomias, vejo-me encerrada em uma dicotomia fundamental: quem disse que o advogado que aprendeu a defender o ladrão de tapetes, sem inutilmente perguntar se ele precisa de um, vai defender a mulher do ladrão de tapetes?

Um ano mais tarde, vou a um congresso sobre direitos da mulher realizado por membros do Judiciário trabalhando na Suprema Corte. Na ocasião, a ministra dos Assuntos da Mulher, Massouda Jalal, reclama dos mais eminentes juristas afegãos, que, apesar das mudanças na política e no governo do país, as mulheres permanecem sem direitos. Os próprios eminentes juristas emitem suas opiniões sobre essa situação e sobre as leis que regem o destino das mulheres. Talvez porque poucos deles tenham muita formação jurídica, não dizem nada a respeito de crimes com testemunhas ou sem testemunhas, nem sobre a regra do terceiro excluído, nem, tampouco, sobre prazos de detenção ou outros assuntos abordados no treinamento intensivo para advogados de defesa. Em vez disso, os influentes magistrados recitaram versos do Corão, em árabe. Nenhum deles parece realmente saber árabe, além dos versículos favoritos que decoraram para fundamentar seus votos no tribunal, de modo que o debate que resulta é uma série de monólogos incontestados, e não uma discussão que poderia levar a um consenso através de um processo de concessões recíprocas. Os juristas não estão interessados nas sutilezas do código penal. Isso é preocupação dos consultores internacionais que dão cursos de treinamento sobre textos e detalhes técnicos da lei escrita. Os juristas estão interessados em Deus, em seu Profeta e embora não o digam, em seus próprios lugares confortáveis no bolso de comandantes locais como Abdul Rasul Sayyaf e o ex-presidente Burhanuddin Rabanni, que, dos bastidores, moldam as políticas e as decisões da Suprema Corte.[6] Há rumores de que esses homens sejam os arquitetos do recente confisco ilegal de áreas nobres em Cabul e que tenham colaborado com Mohammed Fahim, ex-ministro da Defesa no governo do presidente Karzai, que orquestrara o confisco, particularmente lucrativo, da área de Sher Pur. O confisco é "legitimado" por decisões do tribunal e de seu próprio presidente, sendo apoiado pela corrupção sistemática no Ministério da Justiça e como amplamente se acredita, nos altos escalões do governo.[7] Quando ocorreu o confisco de Sher Pur — que retirou moradores de terras públicas e transferiu terrenos com valor de até 170 mil dólares para pessoas de dentro do governo e do Exército —, apenas quatro ministros do governo recusaram-se a participar.[8]

O presidente do tribunal era um tipo alto e imponente em mantos pardos, podendo ser confundido com Deus, ostentando sua longa barba branca e seu belo turbante branco. Clérigo muçulmano, havia ensinado a lei da Sharia, durante décadas, em uma madrassa no Paquistão, antes que o governo interino o nomeasse, em 2002, para a presidência da Suprema Corte. Ele sobe à tribuna ladeado por filas de seguranças vestidos de preto com armas automáticas, em uma exibição de poder que revela a natureza política de seu cargo. Ele diz aos participantes do congresso que as mulheres, sob o Islã, têm todos os direitos de que precisam e também privilégios especiais não conferidos aos homens. Os privilégios são três. Primeiro, as mulheres têm o privilégio de rezar, exceto quando impuras pela menstruação. Ele não precisa lembrá-las de exercer esse privilégio em casa; as mesquitas são reservadas aos homens. Segundo, as mulheres têm o privilégio de obedecer a seus maridos. E terceiro, as mulheres têm o privilégio de se abster de cometer ações más. Ele aponta como um privilégio especial "extra" das mulheres o fato bastante conhecido de que os homens afegãos irão à jihad para protegê-las, como se as mulheres devessem ser gratas pelo presente de vinte e três anos de guerra. Há muito mais em seu longo discurso, sobretudo advertências para que as mulheres na plateia não se deixem arrastar pelos costumes corruptos do mundo ocidental, onde as mulheres são exploradas como objetos sexuais. Mas sobre o direito afegão e como ele poderia se relacionar com os direitos da mulher de acordo com o Islã ou com seus três privilégios perfeitos, nenhuma palavra. Os oradores seguintes fazem variações sobre o mesmo tema. Um discute até que ponto a mulher deve exercer seu direito à oração, e as recompensas celestiais que ela provavelmente conquistará. Alguns expõem o entendimento de que o Profeta permite que as mulheres recebam instrução, mas outros objetam. Outro promete que as mulheres terão seus direitos "na outra vida".

Não é que esses juristas obstinadamente misóginos não tenham jamais ouvido a perspectiva mais liberal de acadêmicos islâmicos muito mais qualificados do que eles. As organizações internacionais têm ocasionalmente importado especialistas de lugares como a Malásia, a Índia, o Irã e Bangladesh para atualizar os juízes talibãs no sistema judiciário afegão. Em um congresso nacional sobre Direitos da Mulher, Direito e Justiça no Afeganistão, promovido, em maio de 2003, pelo Grupo Internacional de Direitos Humanos e financiado pela Unifem (Fundo de Desenvolvimento das Nações Unidas para a Mulher) e pelos governos da Alemanha e da Itália, ao qual compareceram os mesmos magistrados afegãos conservadores, um acadêmico islâmico após o outro explicou, com meticulosas referências ao Corão, exatamente quando, onde e como, ao longo da História, o Islã fora distorcido por "vestígios de tradições e costumes árabes"; "fé excessiva em hadith (declarações do Profeta) apócrifos e pouco sólidos, que apresentam a mulher como intelectual e moralmente deficiente"; "práticas tribais"; "valores patriarcais enraizados"; uma tendência obsessiva a "dar ênfase excessiva à sexualidade"; e uma concepção "medieval" de mulher que "se tornou o padrão dominante, em clara oposição à práxis e ao modelo estabelecidos durante a época do Profeta".[9] O Dr. Mohammad Hashim Kamali, professor de Jurisprudência em lei islâmica na Universidade Islâmica Internacional, na Malásia, disse à plateia de islamitas afegãos que também o Islã fora distorcido pela "ascensão do moderno conservadorismo do século XX, e pela atual onda de islamismo que continua a evocar o tema da deficiência física e mental, inata às mulheres, como justificativa para sua perspectiva invejosa". Como consequência, disse o professor, "atitudes patriarcais se interpuseram aos direitos da mulher à igualdade", em clara contradição com "a evidência do Corão; e "mediação cultural e práticas preconceituosas corroem os direitos da mulher mesmo naqueles casos em que a legislação, e até a política oficial, determinam o contrário".[10] Todos os outros especialistas islâmicos importados pareceram concordar com a denúncia que o professor Kamali fazia do islamismo invejoso, e os próprios islamitas invejosos da plateia aplaudiram educadamente. Apesar disso, em todos os congressos jurídicos de que participei, os discursos seguiam o velho estilo invejoso. Cada reunião se abre e se encerra com noções populares do Islã — ou melhor, do pseudo-Islã, sequestrado pelos pontificadores patriarcais — entremeadas com lembretes medievais da diferença biológica que confere às mulheres o direito muito especial de serem protegidas pelos homens. Ninguém jamais chega às especificidades do Direito, porque é preciso esgotar, primeiro, as generalidades do "Islã", e o Islã é, por natureza, inesgotável.

Finalmente uma professora de Direito da Universidade de Cabul ergueu-se na plateia para dizer: "A caneta que registra os direitos da mulher está sempre na mão de um homem". Os homens riem. Ela continua: "A caneta que registrou o sagrado Corão estava nas mãos de um homem". Os homens param de rir e, no silêncio reprovador que se segue, a mulher afunda em sua cadeira. E, assim, os homens continuam falando. Como prova incontestável de que as mulheres são criaturas inferiores, indignas de direitos humanos; um deles cita os "três dias de doença" que acometem a mulher todo mês. Tantos outros repetem o argumento que eu puxo uma colega afegã de lado e pergunto: "Vocês realmente só menstruam três dias?". Ela ri: "Claro que não, mas, se soubessem o número de dias que ficamos 'impuras', eles nos enterrariam vivas". Quando o congresso termina, dois dias depois, já está claro que muitas outras informações são também desconhecidas dos mais eminentes juristas do país. Um grupo, depois de dois dias de discussão, ainda debate se pessoas acusadas de crimes têm o direito de defender-se no tribunal. Os juízes não conseguem concordar a respeito da lei porque parecem não saber do que se trata.

Os "especialistas" internacionais que "treinam" afegãos em prática e teoria legais não conseguem muito mais. Qual é exatamente a natureza do direito afegão? Incontáveis workshops, treinamentos, congressos, manuais e pesquisas dedicam-se a defini-lo. A melhor exegese que ouvi foi apresentada em outro treinamento para advogados de defesa por um eminente acadêmico árabe em direito islâmico que trabalha com direitos humanos para a ONU. Ele tinha uma vantagem sobre os juristas afegãos citadores do Corão, porque o livro está escrito em sua língua. Mas, ao contrário deles, ele não começou pelo Islã. Em vez disso, explicou que a Constituição afegã de 2004 tem precedência sobre qualquer outro tipo de lei no país, incluindo a Sharia, e que ela acolhe os princípios dos principais documentos internacionais de direitos humanos, isto é, a Declaração Universal dos Direitos Humanos; o Tratado Internacional de Direitos Civis e Políticos e a CEDAW: Convenção sobre a Eliminação de Todas as Formas de Discriminação contra a Mulher e, especificamente, atribui vários deveres ao Estado (incluindo ação afirmativa) para garantir que as mulheres obtenham direitos iguais aos dos homens. A Constituição também especifica que "nenhuma lei pode ser contrária às crenças e prescrições da sagrada religião do Islã".[11] Mas é exatamente a inclusão desse artigo, afirma o acadêmico árabe, que demonstra a suposição constitucional de que os princípios dos direitos humanos, os princípios do Islã e a própria Constituição coincidem em consonância justa e harmoniosa. Diferentes escolas de jurisprudência islâmica atribuem diferentes direitos e restrições para as mulheres, disse; mas entendidos coletivamente como "Islã" — a palavra utilizada pela Constituição —, eles indicam que os direitos da mulher são iguais aos do homem. "Brilhante", pensei. "Ninguém pode discordar disso." Mas os homens em "treinamento" conseguiram discordar, em voz alta e por um bom tempo. "Não, as mulheres não podem se divorciar." "Não, as mulheres não podem viajar sem um acompanhante do sexo masculino." "Não, as mulheres não podem ser mulás. Nem imames. Nem presidentes. Não. Não. Não."

Mais tarde, repeti a explicação do acadêmico árabe para um especialista legal alemão que assessora agências alemãs em Cabul e para um acadêmico americano que assessora o governo afegão. O alemão disse: "Não, desculpe. Ele está errado". E começou a dissecar, dolorosamente, a teoria do acadêmico árabe, sendo, porém, logo interrompido pelo americano, que concordava que o acadêmico árabe estava errado, mas que discordava do alemão sobre exatamente onde e por que ele estava errado. Coloquei a cabeça nas mãos e rezei para que nenhum italiano entrasse na discussão. Os italianos — dentre todas as nações doadoras que estavam supostamente ajudando o Afeganistão — foram escolhidos para pôr em ordem e reconstruir o sistema judiciário afegão. Os italianos. Muitos funcionários da ONU e de ONGIs sugerem que os italianos recebam ajuda. Quando estão em particular, brincam que a jurisprudência italiana é perfeita para o emergente estado narcomafioso do Afeganistão.

Esqueça o direito. Mesmo que uma lei aplicável seja identificável, não pode ser adjudicada na maior parte do país, porque a maior parte do país não tem tribunais que pertençam ao sistema judicial do governo central. Em grande parte das províncias, os prédios dos tribunais foram destruídos. Os que restam ou foram reconstruídos ou não têm pessoal, porque os juízes a eles designados preferem permanecer na segurança de Cabul. Tribunais de apelação deveriam ter três juízes; os de Cabul têm seis ou sete, enquanto os das províncias não têm nenhum. O governo central e seu sistema judiciário simplesmente não têm autoridade na maior parte do país, que permanece "insegura". Os juízes do Congresso da Suprema Corte concluíram que "o governo deve estabelecer, em todo o país, o Estado de direito de acordo com o Islã e por intermédio da Constituição afegã, de outras leis e regulamentos nacionais, e de documentos internacionais....".[12] Esse é um plano necessário, e já está mais do que na hora de ser posto em prática, mas mal dá para imaginar como poderá ser implantado.

Então eis o que realmente acontece, mesmo em Cabul, para restaurar o equilíbrio social quando alguém comete um "crime": a família do acusador e a família do acusado se reúnem e chegam a um acordo. O segundo marido de Latifa (ou seu irmão) paga ao primeiro marido. O marido número um retira a queixa contra o marido número dois, que fica livre.

Talvez o marido número dois goste o suficiente de Latifa para negociar também sua liberdade, talvez não.

Quando o suborno falha, pode haver ameaças, entre famílias ou entre uma família e as autoridades. Uma professora de Direito contou-me sobre sua breve carreira como juíza, há mais de vinte anos. Seu primeiro caso (em Cabul) foi o de um jovem que assassinara seu professor, em um crime particularmente cruel e brutal. Ela condenara o jovem a quinze anos. No dia seguinte, alguns homens foram à casa dela e ofereceram a seu marido muito dinheiro para que ela absolvesse o condenado. Ela devolveu o dinheiro. Naquela noite, os homens voltaram e disseram ao marido que, se ela fosse novamente ao tribunal, seria assassinada. "Foi o começo e o fim de minha carreira de juíza", disse. Ela lecionou na escola secundária por quinze anos antes de ousar voltar ao Direito como professora universitária. "Ser juíza ou mesmo advogada não é um trabalho seguro."

Sob leis tribais e do costume, como o código pashtunwali dos pashtuns, as negociações entre famílias são codificadas. Assassine uma esposa favorita e você deverá à família dela (o marido) quatro cópias novas do Corão, quatro mulheres e uma ovelha gorda. Se você não pagar, o marido terá todo o direito de matá-lo. Esse ato pode parecer simples vingança e, de fato, ser motivado por vingança badal, ou o desejo por vingança pode ficar cozinhando por anos em um coração pashtun, mas o assassinato compensatório parece ao afegão uma retribuição apropriada: uma compensação que recoloca em equilíbrio a balança da justiça social. Crimes menores também têm compensações prescritas, ou blood money (pagamento por sangue); e para ferimentos causados durante as incessantes disputas pashtuns também foram elaboradas compensações. O ferimento que faz com que um homem perca um olho ou uma orelha vale meio assassinato. Um corte nos genitais de um homem equivale a dois assassinatos e deve ser compensado por um número ainda maior de ovelhas e mulheres e cópias do sagrado Corão.[13] O problema das mulheres em Welayat — para as mulheres afegãs, em geral — é que poucas têm o valor de uma esposa favorita e nenhuma vale nem a metade dos genitais do mais desprezível dos homens. Imprestáveis como são as mulheres, quem vai fazer um acordo por elas?

Homa era uma das mais queridas entre as guardas e as outras prisioneiras de Welayat; sua alegria parecia uma dádiva raríssima por aqui. O sorriso iluminava seu rosto bonito. Ela também parecia mais saudável: uma figurinha gorducha entre filas de mulheres emaciadas, subnutridas. Parecia ter tido uma vida mais feliz, mais confortável, até ser presa. "Acho que é porque ela não tem marido", disse Zulal.

Ela tivera um marido, uma vez, lá pelos 16 anos, mas ele morrera nas guerras, deixando-a com um bebezinho. Embora outros homens a tivessem procurado, ela escolhera permanecer viúva, morando com os pais, irmãos e irmãs mais jovens solteiras, criando seu filho. Vivera feliz por dez anos, contou, até que, certo dia, um primo, cuja proposta de casamento ela recusara, encontrou-a sozinha em casa e estuprou-a. Ela não denunciou a agressão porque, a despeito da abundância de leis no Afeganistão, não há lei específica contra o estupro. Em vez disso, o estupro é tratado em um subparágrafo da lei contra o adultério; uma mulher que denuncia um estupro é presa, acusada de adultério e permanece encarcerada enquanto os investigadores decidem se ela consentiu ou não o ato.[14] Ela fez sexo, não fez? Mas, após o estupro, Homa vivera com medo de que o primo voltasse e tentasse estuprá-la novamente, que foi exatamente o que ele fez. Mas dessa vez ela estava preparada. Jogou querosene nele e acendeu um fósforo. Ele saiu da casa correndo, aos gritos, e foi rapidamente levado para o hospital.

Homa disse que, quando ela explicou ao pai de seu primo o que acontecera, ele acreditou imediatamente na veracidade da história. Ficou profundamente envergonhado pelas ações do filho e ofereceu-se para compensar o pai de Homa com ovelhas e outros bens, mas, antes que chegassem a um acordo definitivo, chegou do hospital a notícia — cerca de três dias depois do incidente — de que o homem tinha morrido. Depois disso, o pai acusou Homa de assassinato e exigiu que fosse condenada à morte. Ela alegou que agira em legítima defesa e que só pretendera afugentar o primo, não matá-lo. Ela acreditava que ele não tivesse tido queimaduras graves e imaginava que talvez tivesse morrido de outras causas, ou simplesmente por negligência médica, uma ponderação razoável, dado o lastimável estado dos hospitais de Cabul desde o período do Talibã, mas que não foi explorada. Quando conversamos com Homa, ela já estava encarcerada em Welayat havia vários meses enquanto seu caso era investigado, mas, recentemente, o investigador chegara a uma conclusão: ela era culpada de homicídio premeditado. Afinal, ela não matara o primo durante o ato do estupro. Em vez disso, esperara que ele tentasse novamente e "armara um plano". O investigador sugeria que também havia outra possibilidade, embora ele não tivesse provas que a substanciassem, a não ser por aquilo que ele conhecia da verdadeira natureza das mulheres. Talvez não tivesse havido estupro nenhum. Talvez Homa tivesse seduzido o primo e, depois, assassinado-o a sangue frio para esconder o fato.

As coisas pareciam cada vez piores para Homa, e o pai do morto viu uma oportunidade de receber alguma compensação. Ele ofereceu resolver a coisa toda em troca de várias ovelhas gordas (a quantidade era negociável) e duas das irmãs mais novas de Homa. É um costume antigo — chamado bad ou bad-la — oferecer mulheres e meninas como compensação. Geralmente as mulheres ou meninas são dadas em casamento a homens da família da "vítima". Frequentemente tornam-se segundas (ou terceiras, ou quartas) esposas, proporcionando tanto trabalho doméstico como serviços sexuais, enquanto aquele que perpetrou o crime original fica livre. Uma vez que une as duas famílias — a do agressor e a da vítima — por meio desses casamentos múltiplos, acredita-se que seja um modo particularmente eficaz de remediar as coisas. Mas como as mulheres não têm voz na transação, nem meio seguro de iniciar um divórcio, aquelas que são forçadas a se casar como compensação tornam-se, na verdade, escravas. No Ocidente, tal acerto seria, em si, um crime, mas, sob a lei afegã do costume, é um remendo prático que, acredita-se, restaura, mais uma vez, o delicado tecido social. O problema é que parece restaurar uma sociedade feita exclusivamente de homens — uma sociedade em que as mulheres servem, como ovelhas, de ficha de barganha.

Outro problema, revelado por uma pesquisa recente, é que o sistema de bad na verdade não restaura, nem de longe, as relações sociais, mas, ao contrário, frequentemente piora a situação de todos os envolvidos. Além disso, provavelmente provoca aumento na criminalidade por permitir que autores de crimes fiquem impunes. Um estudo sobre a prática de bad em dez províncias, incluindo 50 casos na cidade de Cabul, concluiu que "como consequência, o sistema familiar inteiro se desintegra".[15] Alguns homens sofrem por serem forçados a entregar mulheres e meninas que eles poderiam vender, ao passo que outros podem se ver sobrecarregados com mulheres que não desejam, mas que são obrigados a sustentar. As principais vítimas são as meninas e mulheres. O relatório está cheio de casos como o da senhorita Z., que fora entregue como bad à família de um homem que seu irmão matara e que conseguira escapar depois de três anos apenas para ser caçada e morta pelo sogro. Crimes como esse são encobertos, diz o relatório, porque, embora "estejamos testemunhando a escravidão de mulheres no século XXI, ninguém se importa com a miséria e o sofrimento de alguém que foi utilizado como peça de resolução de conflito".[16]

O Judiciário afegão não parece se importar. Oficialmente, o tribunal censura a prática de bad, como nesta recomendação apresentada em 2005 por magistrados que estavam participando do Congresso da Suprema Corte: "O governo deveria agir para erradicar costumes danosos e discriminatórios incompatíveis com o Islã e as leis do país, tais como entregar mulheres como indenização, prática proibida pelo Artigo 517 do Código Penal".[17] Apesar disso, os juízes continuam acreditando que o sistema de bad funciona muito bem para restaurar a harmonia entre homens — as únicas pessoas, afinal, que realmente importam — e geralmente acatam tais acertos informais, em vez de dar-se ao trabalho de encontrar uma lei aplicável e realizar um julgamento para fazê-la cumprir. O próprio presidente da Corte de Apelação de Cabul, ao mesmo tempo que considerava a pena de morte para Homa, fez saber que o tribunal aceitaria um acerto dessa natureza e permitiria que ela saísse livre. Mas Homa recusou-se a permitir que suas irmãs fossem entregues, mesmo para salvar a própria vida. Essa decisão confirmou a opinião afegã de que ela era uma mulher má, tão má que se recusava a submeter-se à vontade dos homens para o bem da "sociedade". Ainda assim, o juiz foi político o suficiente para perceber que executar uma viúva não ficaria bem para o Talibã. Não seria bem aceito pelos doadores internacionais que sustentavam o país. Ele poupou a vida de Homa e condenou-a a quinze anos de prisão.

Certo dia, enquanto conversávamos com Homa, sobressaltamo-nos ao ouvir um tumulto no corredor e o som de homens gritando ordens. Alguém afastou o cobertor sobre a porta e uma luz ofuscante cegou-nos. No instante seguinte, estávamos cercadas de homens vociferando. Um deles enfiou uma câmera de TV no rosto de Zulal, enquanto outro — um intérprete afegão — perguntou-lhe, em dari, qual crime ela cometera. Era uma equipe de TV italiana que viera, como dezenas de jornalistas ocidentais antes deles, para filmar a mais popular história jornalística de interesse humano do Afeganistão: as mulheres na "prisão de Cabul". A cinegrafista era uma jovem italiana que pediu que eu saísse para que minha presença ocidental não estragasse as imagens que ela captava. Era inútil tentar continuar nosso trabalho ou explicar como esse furioso assalto de homens e máquinas amedrontava e humilhava as prisioneiras. A equipe tinha um trabalho a fazer e pagara um belo suborno aos guardas para fazê-lo. "Não se preocupe", disse a repórter. "Isso vai gerar muita solidariedade para essas mulheres. Esse lugar é tão horrível! É uma super história". Virou-se para a cinegrafista que ainda filmava Zulal, que lutava para levantar-se: "Isso é esplêndido! Ela está tão arrasada. Está tão magra".

Essa história e muitas outras semelhantes, naquele inverno, incluindo uma no New York Times, que conseguiu usar os termos "aconchegante" e "iluminado" para se referir ao presídio feminino —, provavelmente contribuíram mesmo para gerar, em todo o mundo, muita solidariedade para com as mulheres afegãs e comiseração pela prisão de leis medievais que confina suas vidas.[18] Era também uma história importante para contrabalançar os relatos ufanistas do governo Bush sobre as recém-libertadas novas cidadãs do Afeganistão. Mas não ajudava muito as mulheres afegãs. Encorajava estrangeiros como eu a vir e a "estudá-las", a realizar "levantamentos de necessidades" e "estudos de vulnerabilidade" (no jargão do negócio de ajuda), a escrever relatórios e esperar que alguém — alguém com mais poder, mais força, mais influência — fizesse alguma coisa.

Quando Beck publicou seu relatório sobre as meninas e mulheres de Welayat, em Cabul, em março de 2003, inseriu duas páginas de recomendações. A primeira nada a tinha ver com o Direito. Dizia: "Recursos deveriam ser imediatamente disponibilizados e uma agência responsável deveria ser selecionada para reformar a casa de detenção em que ficam atualmente as mulheres e seus filhos".[19] Começar pelo começo. Mas mesmo a recomendação de Beck estava escrita na forma universalmente prescrita para relatórios oficiais em toda a parte: a voz passiva. Ele se presta esplendidamente à indignação moral sem, na verdade, imputar culpa ou atribuir responsabilidade. Destinatários de boa-fé podiam ler o relatório, discuti-lo, até mesmo debatê-lo de forma indignada e, sobretudo, concordar que algo deveria ser feito por alguém. E depois arquivariam-no em F, de Frauen die Helfen ou em W, de Welayat, ou em outro lugar em que nunca mais o encontrariam, mas não sem antes anotar seu título em seus próprios relatórios trimestrais de trabalho como um item ao qual haviam devotado algum tempo. Os esforços são sinceros, escrever, ler, debater indignadamente, arquivar. A circulação de relatórios na voz passiva, assim como a circulação de Land Cruisers brancos pelas ruas de Cabul, é o que alimenta o negócio da ajuda. Beck trabalhara durante meses para reunir todos os fatos, fazer todos os contatos, marcar todos os encontros, realizar todas as entrevistas, participar de todas as reuniões e organizar todas as informações que deveriam constar de seu relatório. Depois, ela o escreveu. Revisou. Publicou. Depois disso, durante muitos meses, não aconteceu nada.

Foi aí que Rosemary Stasek chegou a Cabul. Rosemary não estava no negócio de ajuda. Ela havia galgado posições em Silicon Valley até abrir sua própria empresa de desenvolvimento de redes em Mountain View, Califórnia; mas, no fundo, era uma política. Possuía a energia de uma jovem e a antiquada idéia de que o propósito do governo é promover os interesses das pessoas comuns. Na área ao redor de Mountain View, onde Rosemary integrara a Câmara de Vereadores antes de se mudar para o gabinete de prefeita, muitas das pessoas comuns eram américo-afegãs. Desde a década de 1970, quando afegãos politicamente perseguidos começaram a fugir do país em grandes números, milhares haviam chegado à Califórnia e à região que incluía a cidade de Rosemary. Como uma boa política, preocupada com seus eleitores, Rosemary visitou seus bairros, ouviu suas preocupações, participou de seus eventos para arrecadar fundos, comeu em seus restaurantes e comprou peças de artesanato e tapetes de lojas que enviavam os lucros para as viúvas em Cabul. Em 2002, ela se inscreveu para fazer uma viagem educacional de duas semanas pelo Afeganistão, para aprender mais sobre o país. Em Cabul, deu um jeito de conseguir audiências com ministros de Estado e reuniu-se com o presidente Karzai para discutir a situação, de político para político. Usando seu jeito fascinante, ela perguntou-lhe: "E quanto aos direitos da mulher?", e ele respondeu: "Isso. Exatamente. E quanto aos direitos da mulher?". Ela lhe disse que aquilo que seu governo fizesse pelas mulheres iria determinar, em última análise, a imagem que os americanos fariam dele.

Rosemary voltou para a Califórnia trajando uma camisa afegã bordada, nova, e começou a fazer discursos e apresentações com slides. Falou no rádio e na TV. Escreveu artigos para os jornais. Ela era uma figura bem quista em seu bairro. As pessoas gostavam de seu rosto, bem-disposto e franco, de sua atitude positiva e de seu website, em que contava aos eleitores o que estava fazendo. Ela era um pequeno milagre local da política americana: uma servidora pública empenhada, realizadora, dotada de princípios e totalmente transparente. No filme antigo que é sua vida na política, ela seria representada por Jimmy Stewart, movendo-se rapidamente. Seus eleitores fizeram doações e, em junho de 2003, Rosemary voltou a Cabul com cinco mil dólares e a obrigação de gastá-los para o bem das mulheres afegãs. Ela conversara com ativistas dos direitos da mulher que conhecera em um encontro anterior, e Beck Bradshaw lhe dissera: "Por que você não dá um jeito no presídio?".

A cadernetinha de bolso que Rosemary levou naquela visita está cheia de números: medidas de portas e de batentes e de fios elétricos, e os números de celular de homens e mulheres cujos primos ou tios são carpinteiros ou encanadores ou sabem alguma coisa de eletricidade. Outras anotações registram seu progresso. Não desejando enviar homens para a prisão feminina, ela busca em Cabul boas trabalhadoras com prática. Há rumores de que existem mulheres que trabalham em obras para a Mercy Corps, mas, quando visita o local, ela descobre que "tudo que elas fazem é passar o martelo para os homens". Ela confabula de novo com a diretora da prisão. Vão ter de ser homens. Mas encontrar os homens certos também é um problema. "Sr. Habibi, primo Najib, tem mano pedreiro freelance talvez." "Marido da Soraya: conhece pintor?". E números de telefone. Essa é sua anotação de 12 de junho: "Dia horrível quando os empreiteiros apareceram, foram à prisão, tiraram medidas e coisa e tal e voltaram com um preço de 25 K. Não!". Mas ela não se deixa desanimar. Depois de um "almoço delicioso", dá mais telefonemas. E há, então, mais páginas de diagramas e mais medidas e, finalmente, uma pequena lista que será a base de um contrato:

- 5 aposentos;
    Rebocar
    Pintar
    + teto
    com fiação
    $ 3.500 US
    +   840 US (pintura, 280 m^2)
    $ 4. 340 US

Esse valor ainda deixa um resto de dinheiro. As páginas seguintes estão cheias de coisas que ele poderia comprar: lençóis, remédios, absorventes, roupa de baixo, cigarros, sabonete. O resto do diário registra viagens frenéticas: ao mercado para comprar tecido fosco para cortinas; à costureira, com tecidos e medidas de janelas; e, quase todos os dias, à prisão, para verificar o trabalho de pedreiros, pintores e eletricistas. Ela elogia o trabalho, insiste que se refaça o que foi malfeito, pede mais primos para que o trabalho vá mais rápido.

Ao final, os cinco aposentos principais da prisão receberam fiação para eletricidade, foram rebocados, pintados de amarelo-claro, acarpetados com carpetes industriais finos e guarnecidos de cortinas azuis. Os tetos receberam acabamento em painéis branco. Há lençóis nas camas. Rosemary faz outra lista na parte de trás de sua cadernetinha — a lista de coisas ainda a serem feitas na prisão:

1. reconstruir o corredor;
2. construir um, ou melhor, dois banheiros;
3. séptico;
4. reformar o 6º aposento;
5. cozinha???

Durante o ano seguinte, algumas ONGIs finalmente começaram a trabalhar em alguns dos itens da lista de Rosemary. "Você os humilhou", Beck diria depois. Enquanto inspeciona os cinco aposentos reluzentes no coração do lúgubre Welayat, Rosemary se sente feliz. "Não dá para fazer tudo", diz. Ela ainda tem 20 dólares para gastar. Gasta-os em um pequeno frasco de perfume Christian Dior, um presente para Beck por ter-lhe dado uma idéia tão boa e tanto apoio. E volta para a Califórnia e para seus eleitores. Ela ficara duas semanas em Cabul.

Depois disso podíamos começar a pensar nas outras necessidades das prisioneiras e em seus direitos. A FDH enviava uma psicóloga, grande e maternal, chamada Zorha uma vez por semana ao presídio para conversar com as internas. Trazia médicas voluntárias germano-afegãs — sempre mulheres — ao presídio (e aos hospitais locais) para cuidar das mulheres e de seus filhos. Iniciou um programa de assistência jurídica, liderado por uma criminologista austríaca, para treinar advogadas de defesa a ajudar as mulheres a saírem da prisão. As guardas começaram a resmungar que as prisioneiras viviam melhor do que elas, então o pessoal da assistência jurídica iniciou um programa, chefiado pela jovem Marzia, para levar as guardas e o presídio ao nível das Regras Mínimas para o Tratamento de Prisioneiros prescritas pela ONU. O projeto ofereceu a elas treinamento em administração, comprou cadernos e canetas, criou formulários para que mantivessem um registro dos visitantes, de problemas médicos e de entrevistas com advogados. Ensinou-lhes os direitos básicos das prisioneiras e os deveres profissionais do pessoal da prisão. Ensinou-lhes a informar ao advogado de defesa quando uma prisioneira fosse convocada ao tribunal. Comprou-lhes um armário e uma escrivaninha de verdade.

Certa manhã, em fevereiro de 2005, quando a neve caía pesadamente em Cabul, Zulal e eu fomos com Rosemary visitar novamente o presídio. Vinte meses haviam decorrido desde que Rosemary fora, pela primeira vez, trabalhar lá; dezesseis desde que o programa de assistência jurídica iniciara seu trabalho; dois anos desde que Zulal e eu passamos todas aquelas longas tardes tremendo de frio em nossos casacos de inverno enquanto as mulheres contavam suas histórias. Nesse tempo, tudo parecia haver mudado. A velha porta de madeira fora substituída por uma porta moderna, de aço, pintada de verde. A seu lado erguia-se uma guarita recém-construída, com uma placa: "Bem-vindo ao presídio feminino". Mas a guarda não queria nos deixar entrar. Quem a gente pensava que era, afinal de contas, aparecendo lá sem marcar hora? "Ótimo!" disse Rosemary. "Não dá mais para simplesmente ir entrando, ou para subornar alguém. Esse é um grande progresso." Vimos então Zarmina, a diretora, aproximando-se em meio à neve; uma mulher grande e roliça, embrulhada em xales pretos, materializando-se na brancura do ar. Ela reconheceu Rosemary de longe e correu para abraçá-la. Ela nos envolveu em seu xale volumoso e nos conduziu rapidamente pelo portão verde.

Lá dentro, caminhamos por um corredor bem iluminado. As paredes estavam pintadas de branco. Lâmpadas elétricas brilhavam no teto. Um carpete cinza se estendia sob nossos pés. Entramos em seu escritório, outrora uma cela em ruínas. Duas advogadas de defesa da FDH estavam sentadas ao lado da estufa à lenha, bebericando chá, esperando para falar com as prisioneiras recém-admitidas. Zarmina, radiante, tirou um pacote de biscoitos de uma gaveta repleta de livros de registro. Eu disse: "É bom vê-la em um escritório decente, em uma mesa decente".

Rosemary protestou: "Eu gostava mais quando a gente se sentava junto na sala das guardas e conversávamos sobre qual cor usaríamos para pintar as paredes".

"Nunca mais vou lá", disse Zarmina. "Agora é um aposento para prisioneiras. Tenho esse escritório". Era uma mulher que recebera boa educação, com mestrado em criminologia, mas que passara anos sentada em uma cama de ferro, fazendo chá em um fogareiro de propano. Ela ainda ganhava menos de 70 dólares por mês e ficava feliz se o pagamento não atrasava. Mas, agora, era uma profissional. Lançou o xale sobre os ombros e fez um gesto largo, que englobava a mesa, as cadeiras, o armário e a mesinha onde uma jovem interna enchia xícaras de chá. Ela disse de novo: "Nunca vou lá".

— É um ótimo escritório — disse Zulal.

Mais tarde, caminhamos juntas pelo presídio, entrando em cada aposento, cumprimentando as mulheres, desejando-lhes sorte. Eu perscrutava os rostos, esperando que as mulheres que conhecera já tivessem saído. Rosemary olhava as paredes, as cortinas, o chão. Cada aposento tinha agora lâmpadas elétricas e uma estufa de madeira emanando calor. Os cinco aposentos que o grupo de Rosemary reconstruíra ainda estavam bons, embora as paredes estivessem escurecidas pela fuligem das estufas. "Você pode lavá-las na primavera", disse, alegremente, Rosemary. Os dois aposentos para prisioneiras e o banheiro pequenino, apenas um buraco no chão, reformados depois por grandes ONGIs, já estavam em mau estado. "Eles gastaram dezenas de milhares de dólares", disse Zarmina, "mas não prestaram atenção. Alguém ficou com o dinheiro e nos deixou com isso. O que eles têm a ver com tudo isso? Não é o dinheiro deles. Não é o presídio deles. Mas, veja, deveria ser refeito". Lá fora, no pátio, dois homens com picaretas atacavam o chão de cimento que fora instalado no verão anterior, pago por outra grande ONGI. Os canos de água estavam bem abaixo, congelados. "Minha nossa", disse Rosemary. "Mais gente que não está prestando atenção."

Adentramos a ala mais distante do prédio, a ala que fora reconstruída, no ano anterior, por uma agência da ONU. O teto já apresentava goteiras, e a pintura descascava nas paredes deterioradas. Havia 20 máquinas de costura Butterfly, feitas na China e estavam empilhadas em um canto, amontoadas. "As instrutoras vieram somente durante dois meses, no verão passado", disse Zarmina. "As mulheres queriam fazer roupas para os filhos e outras coisas para vender, mas as instrutoras só trouxeram tecido suficiente para ensiná-las a fazer roupas de boneca. Elas não têm bonecas. As mulheres pararam de vir às aulas. E, assim, as instrutoras também deixaram de vir. Disseram que as mulheres eram ingratas e que não tinham iniciativa." Ela deu de ombros. "De qualquer modo, não dá para elas costurarem no inverno. Como vocês estão vendo, não tem aquecimento." Mais adiante no corredor havia um aposento pequeno e frio em que um médico visitante atendia duas vezes por semana, e outro onde as prisioneiras poderiam ser entrevistadas, em gelada privacidade, por investigadores ou advogados. "Essas são melhorias importantes", disse Rosemary, sorrindo, mas pude notar que ela anotava tudo, metodicamente, fazendo listas mentais.

— E como está o status jurídico das mulheres? — perguntou. — Quais acusações as trazem aqui?

— Está como antes, nada mudou. Fuga de casa. Fuga com um homem. Zina. Roubo, algumas vezes. E drogas. Há mais drogas, agora.

E mais prisioneiras. Havia 40 mulheres em Welayat, agora, e 16 crianças. Havia um sétimo recinto para prisioneiras, além dos seis anteriores, um aposento provido com as tradicionais almofadas afegãs, uma vez que era pequeno demais para ter camas suficientes. Eram 11 mulheres e quatro crianças que dormiam nos tushaks no chão. Havia também um novo presídio feminino, fora da cidade e dentro das muralhas de Pul-i Charkhi, onde, no passado, milhares de presos políticos foram torturados e mortos. Pul-i Charkhi era um lugar, como qualquer gulag, que deveria ter sido preservado apenas como um alerta para a História, ou então reduzido a pó, não reaberto para negócios. Mas o Welayat estava superlotado. Em nove meses, as advogadas da FDH haviam reduzido o tempo que as prisioneiras ficavam detidas esperando julgamento; haviam acompanhado as prisioneiras durante os julgamentos e conseguiram soltar 42 delas. Conseguiram que muitas acusações de cunho moral simplesmente não fossem aceitas. Ainda assim, mais e mais mulheres estavam sendo presas por delitos morais, em claro desacordo com os Direitos Internacionais da Mulher e a Constituição afegã. Era como se o Talibã ainda patrulhasse as ruas, fazendo hora-extra para encher o Welayat mais rápido do que o programa de assistência jurídica conseguia esvaziá-lo. Mas inaugurar outro presídio provavelmente não iria resolver o problema de superpopulação; é um truísmo da ciência penal que a população de prisioneiros se expande até preencher o espaço destinado a sua acomodação. Se você construir, eles vêm. E se a polícia parasse de prender mulheres por delitos morais? E se os juízes banissem dos tribunais esses não-crimes morais? Daí um novo presídio não seria necessário.

"Pul-i Charkhi é tão longe da cidade", disse Zarmina. "É difícil para as famílias das prisioneiras ir visitá-las. E para as advogadas também. Demora muito."

— Como decidem quem vai para lá? — perguntei.

— Mandamos as mulheres que vão ficar presas por muito tempo.

Zulal olhou para mim. Será que ela também estava pensando nas veteranas que conhecíamos? As "prostitutas" e "assassinas"? Os rostos de que tão bem nos lembrávamos e que não havíamos visto hoje? Talvez Najela, ou Ejar? Ou Homa?

Mesmo quando as prisioneiras deixam a prisão, elas não estão livres. A vergonha do suposto delito de uma mulher paira sobre ela e sobre sua família. Algumas vezes ela é absolvida nos tribunais e deixa o presídio apenas para ser encontrada morta, alguns dias depois, assassinada por seu pai e irmãos, para limpar o nome da família. O programa de assistência jurídica assumiu uma nova obrigação: garantir a segurança das mulheres que deixavam a prisão graças aos esforços de suas advogadas de defesa. Norinne Fafoe, a criminologista que chefiava o programa, criou uma equipe de mediação — ela própria, a intérprete, a advogada de defesa afegã — para se reunir com a família da mulher antes dela ser solta e para visitá-la novamente depois que houvesse voltado para casa. Elas tentavam manter o grupo de mediação pequeno para não atrair atenção indesejada à família, já arrasada pela humilhação pública, mas houve um caso em que consentiram que eu as acompanhasse.

Amina vivera bastante feliz com seu marido e filhos em um lar que incluía os cinco irmãos de seu marido, suas esposas e uma multidão de filhos. Até que, certo dia, o pai de Amina flagrou seu marido tendo relações com a irmã dela e matou ambos. O pai foi preso por matar o marido de Amina — embora não por ter matado a própria filha, ato justificável que qualquer pai zeloso poderia cometer nessas circunstâncias. Amina também foi presa pelo assassinato de seu marido, com base na peculiar justificativa de que ela deveria ter denunciado o adultério à polícia. Com a ajuda de uma advogada de defesa, ela alegou em juízo, com sucesso, que nada sabia do relacionamento de seu marido com a irmã e foi liberada para voltar para casa e para os filhos. Mas ela estava apavorada. Ainda que a vida de uma mulher não seja tão valiosa quanto a de um homem, ela temia que os cunhados a matassem como compensação parcial pelo assassinato do irmão. Os mediadores e o mulá vieram até a casa para negociar. Os cunhados foram persuadidos a não matar Amina, a mãe dos filhos de seu irmão. Eles decidiram, em vez disso, trancá-la em casa. Ela nunca poderia sair, nem para visitar a mãe. Negociações complementares produziram um acordo, por escrito, um pouco diferente: Amina teria autorização para visitar a casa dos pais, mas somente se informasse, com antecedência, todos os cinco irmãos. Após duas semanas o contrato continuava valendo e a casa continuava em um equilíbrio precário. Ocorreu então que o pai de Amina conseguiu comprar, por meio de suborno, sua fuga da prisão e voltou para casa. Amina quis visitá-lo, e à mãe. Os cunhados não permitiriam. Era nesse pé que as coisas estavam quando visitamos a casa dos cunhados três semanas após a soltura de Amina.

    A casa era uma caixa de barro, em meio à fileira de casas iguais no sopé de uma montanha em Cabul. Subimos pelo caminho escorregadio e entramos primeiro em um pátio desolado e, depois, na própria casa. Não havia porta, apenas um cobertor cobrindo a entrada de um aposento pequeno e escuro cheio de mulheres: as cunhadas de Amina. Sovavam os tushaks da família, preparando-se para colocá-los em fronhas novas. Cumprimentaram-nos secamente e continuaram o trabalho. O assunto ligado a sua cunhada parecia enchê-las de uma energia tão agressiva que pensei que as almofadas seriam destruídas pelas pancadas. Apenas Amina estava em um canto, sozinha, uma figura encolhida, sentada com as pernas cruzadas à indiana, afundada em melancolia. Sentamo-nos no chão, e, Laila, a advogada, perguntou a Amina como ela estava passando.

"Khub astum." Estou bem. Não parecia.

A advogada pediu para falar a sós com Amina, mas as cunhadas nem quiseram saber disso. "Nossos maridos não estão em casa", disse uma delas, pequenina e irascível, que falava alto pelo grupo. Seu rosto estava rajado de pó, e seus pés nus estavam rachados e escurecidos. "Se você falar com ela, as crianças vão contar a nossos maridos, e eles vão nos espancar." Todas as mulheres estavam furiosas com Amina. "Ela só traz problema", disse outra.

"Por que ela deveria visitar o pai?", perguntou uma terceira. "Quem é ela?"

"Será que ela pensa em quem vai ter de cuidar dos filhos dela?"

"As crianças vão chorar e nossos maridos vão nos espancar porque ela não está aqui para tomar conta delas."

"Será que ela pensa nisso?"

"Ela só traz problema."

Todas falavam ao mesmo tempo, um coro estridente de vozes ásperas e com expressões duras.

"Vocês não podem ficar aqui. Vocês têm de voltar quando nossos maridos estiverem em casa."

Laila, a advogada, acertou uma hora e voltamos, uma semana mais tarde, para encontrar os cinco irmãos sentados, em fila, sobre os tushaks revestidos em fronhas novas. Vestidos da mesma forma, com largas calças de algodão, túnicas longas, coletes de lã e ostentando turbantes e barbas idênticos, pareciam ter sido produzidos em massa como, suponho, de certa maneira de fato o foram. O aposento tinha sido limpo. As mulheres haviam lavado o rosto e colocado saias limpas. Estavam todas sentadas no chão, em uma fila em frente à dos maridos, braços envolvendo criancinhas de nariz sujo que nos olhavam com um olhar perdido. Ainda desta vez, Amina estava sentada à parte, em um canto, mas sentada ereta como para mostrar que ainda não tinha sido derrotada. Dirigindo-se ao irmão mais velho, a advogada expressou nosso interesse de que Amina recebesse autorização para visitar a família, de acordo com o contrato original que os irmãos haviam aceitado ao colocar-lhe suas marcas. Ela lembrou-lhes de que Amina estava obrigada apenas a informá-los de onde pretendia ir. "Não", disse o irmão mais velho. Ela estava obrigada não apenas a notificar os cinco irmãos, mas a obter sua permissão, e eles, por sua vez, estavam livres para não concedê-la, caso em que Amina não iria a lugar nenhum.

O ambiente estava carregado de tensão. As mulheres sorriam maliciosamente e nada diziam. A advogada refletiu por um momento. A intérprete de Norinne apertava freneticamente as teclas de seu celular, procurando, imaginei, o telefone do mulá. Parecíamos estar à beira de uma renegociação longa e amarga quando o irmão mais velho falou novamente: "De qualquer modo, não nos opomos a que nossa cunhada visite a família. É apenas nosso irmão mais novo que se opõe. É a ele, apenas, que vocês têm de convencer. Mas, como vocês podem ver, ele não está aqui".

O momento passara. Não haveria briga. Mas a decisão continuaria a mesma. Amina não teria permissão para visitar a família.

"Quando poderíamos retornar para conversar com seu irmão mais novo?", indagou a advogada.

"Isso eu não sei", respondeu o irmão mais velho. Os outros irmãos não moveram uma palha para informá-lo. O ambiente ficou carregado novamente. O irmão mais velho falava para o ar, olhando por cima da cabeça da advogada. "Na verdade", prosseguiu, após um longo silêncio, "estamos planejando nos mudar para uma casa maior. Estamos procurando uma casa com um aluguel mais baixo. Logo que encontrarmos uma casa assim, daremos uma festa. Convidaremos o pai de nossa cunhada. Convidaremos vocês". Os irmãos aquiesceram. As esposas sorriram maliciosamente.

— Essa é uma idéia boa e generosa — disse a advogada. Ela fez uma pausa. — Já é tempo de todos vocês se sentarem e acertarem as coisas juntos.

— Sim — disse o irmão mais velho. — Algumas coisas precisam ser acertadas ou outra pessoa pode sair ferida.

Quando as mediadoras voltaram uma semana mais tarde, a família e Amina haviam desaparecido. A advogada não estava surpresa. "Você reparou", perguntou "que não nos serviram chá?"

Mas era isso que acontecia em quase todos os casos que as advogadas tentavam mediar. Elas enchiam-se de esperança, a princípio, só para verem-se ludibriadas. Norinne achava que a equipe de mediação era visível demais; ela acreditava que, ao atrair, não intencionalmente, mais atenção para as famílias que visitava, a equipe acelerava sua mudança para outro bairro. A própria Norinne era alta e esbelta, uma beldade de cabelos eriçados e um estilo de se vestir extravagante e idiossincrático que fazia as cabeças se voltarem; uma vez, devido à pressão política, ela permitira a presença de uma equipe de TV da Deutsche Welle. Tinha esperanças de que uma equipe de mediação mais enxuta pudesse ter mais sucesso; mas as famílias continuavam se mudando, continuavam indo para longe de seu alcance. Era da vergonha que fugiam, ou da intromissão inoportuna de estrangeiros? Das ideias de justiça dos estrangeiros? Da peculiar noção dos estrangeiros de que uma mulher merece atenção?

Algum tempo depois, soube que Homa, a mulher que ateara fogo ao primo estuprador, fora libertada e recebida alegremente na casa dos pais. Fiquei feliz com a notícia. Mas ela não tinha sido condenada a quinze anos? Como saíra? Para descobrir, fui ver Marzia, que ainda coordenava o programa de treinamento em Welayat.

— Quando o caso dela chegou à segunda instância para investigações complementares, a sentença foi reduzida para seis anos. Depois, a Suprema Corte reduziu-a para três anos.

— Parece que as advogadas de defesa fizeram um trabalho esplêndido.

— Ah, não — disse Marzia. — Isso foi antes de começarmos o programa com as advogadas. Ela não tinha advogada de defesa. Ninguém tinha, naquela época.

— Então por que reduziram a pena?

— Ah, os tribunais sempre fazem isso. Eles sempre dão penas altas em primeira instância porque sabem que as instâncias superiores irão reduzi-las. Eles não têm de explicar a razão. Fiquei surpresa com o jeito casual com que Marzia descrevia o processo legal.

— Parece mais pôquer que justiça — eu disse.
— Parece o quê?
— Um tipo de jogo.
— É, sim. Você está certa. Mas foi outro jogo que a libertou. Foi Eid.

Todos os anos, no primeiro dia do mês seguinte ao Ramazan, os muçulmanos celebram o Eid al-Fitr. Depois de um mês de jejum e penitência, o Eid al-Fitr é uma celebração de ação de graça e de recomeço. O presidente Karzai o celebra distribuindo indultos aos presos, e uma parcela desproporcional daqueles que recebem indulto é de mulheres. Em teoria, apenas algumas pessoas são elegíveis para o indulto presidencial: pequenos criminosos; os idosos ou doentes; pais que deixam filhos desamparados e prisioneiros que já cumpriram uma boa parte da pena; um terço, para os homens, ou (em outro exemplo de disparidade legal) metade da pena, para as mulheres. Mas, na prática, o Eid representa mais uma oportunidade para se oferecerem propinas e fazer um acordo com o sistema. Entre as mulheres que receberam indulto no Eid de 2003 havia uma que foi solta depois de cumprir cinco meses de uma pena de três anos por matrimônio ilegal. Outra cumprira dez meses de uma pena de quatro anos pelo mesmo crime. Outra, condenada a doze meses por fugir com um homem, fora solta após cumprir apenas oito. E ainda outra, Homa, que correra o risco de execução, foi libertada depois de um ano e três meses. Uma vez que todas as mulheres que entrevistei, assim como Homa, haviam sido empurradas para o "crime" pela pobreza, coação ou violência, sendo condenadas sem provas ou apenas com provas circunstanciais, eu ficava feliz de vê-las libertadas. Mas quais eram as implicações para a justiça? Até que ponto torna-se mais fácil para a polícia e os procuradores trancafiar uma mulher quando acreditam que ela, no fim das contas, receberá um indulto? Até que ponto é mais tentador conseguir um acordo lucrativo a partir de um crime moral forjado se ninguém o leva a sério? Até que ponto é mais cômodo ignorar os matrimônios forçados, estupros, espancamento de esposas e prostituição forçada, se as meninas e mulheres presas por fugir de tal violência não ficarão, na verdade, presas por muito tempo? E qual é o sentido, então, de um sistema jurídico e de todos aqueles níveis legais se o destino de uma mulher ainda depende do capricho de um homem que, nesse momento, por acaso, é o presidente?

    Norinne levou suas objeções ao vice-presidente da Suprema Corte. Argumentou que a aplicação "errática" da justiça gerava problemas entre as prisioneiras, já que algumas eram tratadas com severidade excessiva, enquanto outras eram objeto de leniência inexplicável. Observou que isso ensina desrespeito à lei e encoraja as prisioneiras a recorrer ao sistema de suborno. Muitas prisioneiras e suas famílias haviam pensado, todo o tempo, na advogada de defesa como uma negociadora de aluguel. Ficaram aborrecidas e agressivas quando as advogadas de defesa recusaram-se a aceitar ou oferecer propina. Que incentivo teriam eles agora para lidar com advogados e respeitar o Estado de direito? O vice-presidente da Suprema Corte concordou com a análise de Norinne, mas disse que a pressão para libertar mulheres em massa vinha da "comunidade internacional". Talvez tenha sido obra de todas aquelas histórias nos jornais e na TV sobre o presídio miserável. Ou talvez todas aquelas histórias sobre o Talibã. Agora o mundo quer ver o "novo Afeganistão" tratar bem as mulheres. Assim, o vice-presidente se "sentia pressionado", disse, a preferir o espetáculo à substância, a realizar o gesto teatral às expensas da justiça e da mudança genuína. Tratar bem as mulheres faz Karzai parecer presidencial, e George W. Bush positivamente imperial. Mas faz também com que Norinne escreva em seu relatório semestral, que outros trabalhadores de direitos humanos, em outras organizações, irão arquivar no F de Frauen die Helfen ou no L, de legal — "A pergunta a ser feita é por que seguir os procedimentos legais e por que ter advogados de defesa se, em última análise, a prisioneira será solta no Eid".[20] Qual é o sentido disso?

Quando Rosemary, Zulal e eu saímos da prisão, caminhando sob a neve, Rosemary estava animada e eu, deprimida. Ela conseguira muita coisa. O presídio melhorara "200%", como também escreveu Norinne no relatório, e o padrão de vida da prisioneira média superara o do cidadão afegão médio. Algumas prisioneiras começavam a ganhar as causas nos tribunais. Era um começo. Entretanto, havia muito mais prisioneiras do que antes, e mais prisões. E o que aconteceria daqui a alguns anos, eu me perguntava, quando a ONU e as ONGIs fossem embora e o Afeganistão estivesse novamente por conta própria? Quem é que pagará advogados de defesa então, quando todo mundo sabe que é muito mais eficiente gastar o dinheiro em uma propina ou em um acordo? Pense em quantas cópias do Corão se pode comprar pelo preço de um advogado. Quantas ovelhas gordas. Mas, apesar de tudo, é um começo. Uma ideia. Uma centelha. É isso o que os trabalhadores de ajuda se dizem quase todos os dias, tentando ver todos os ângulos da questão, exasperando-se. Às vezes todo o trabalho parece sem sentido e, algumas vezes, parece só conseguir cegar os americanos e dar crédito àqueles mesmos políticos que criaram essa confusão, mas, algumas vezes, parece ser um começo. Os afegãos têm um ditado: Qatra qatra darya mesha. Gota a gota se faz um rio. Há dias em que você acredita nisso. Há dias em que não.

Estava pensando também em Amina, uma mulher que era livre e não era livre. Amina, que deixara a prisão de Welayat para adentrar os confins da vida cotidiana como uma mulher no Afeganistão. Como se garante o futuro de mulheres que não têm história? Por onde começar?

 O rei Amanullah começou, há quase cem anos, quando retirou, em público, o véu que cobria o rosto de sua mulher, como se dissesse: "Olhem aqui! Que surpresa! Sob todo esse tecido. É uma pessoa!". Até então, como contam os livros, a história da vida humana no Afeganistão era a história dos homens. Naquela época, como agora, as mulheres viviam em algum lugar fora de cena, atrás de paredes, carregando água e lenha, servindo comida e sexo. Alguns homens as colecionavam em haréns, como o avô de Amanullah, Abdur Rahman, que se dizia ter 199 esposas. Em algum momento da História, os homens começaram a esconder as mulheres. Exigiam que as mulheres escondessem seus corpos e, frequentemente, também seus rostos, com algo que lembrava papel de embrulho. A prática, eufemisticamente chamada de uso do véu, é comum, de uma forma ou outra, em todo o mundo muçulmano, e diz-se que é "islâmica", embora, conforme incansavelmente observam acadêmicos islâmicos liberais, o Corão recomende o uso do véu, se é que o faz, sobretudo para as esposas e filhas do Profeta; e mesmo essa sugestão parece ter sido feita de forma abrupta em um momento em que o Profeta estava particularmente aborrecido com o comportamento de convidados que se deixam ficar, após o jantar, para admirar suas mulheres. E ele é acompanhado de outra sugestão: os homens devem jantar e ir para casa.[21]

Os historiadores que cuidadosamente registraram os feitos dos homens através dos tempos mostraram interesse incrivelmente reduzido pela vida e pelo guarda-roupa das mulheres; assim, é difícil afirmar com certeza exatamente quando e por que as mulheres afegãs começaram a se vestir com mortalhas de poliéster pregueadas. Alguns dizem que o uso do véu chegou ao Afeganistão com árabes nômades, que copiavam os costumes dos ricos citadinos cristão bizantinos e sasanianos (persas) zoroastrianos. Outros dizem que ele chegou ao Afeganistão vindo da Índia, onde muçulmanos adaptavam o estilo dos hindus ricos.[22] Se tais teorias estão corretas — e quem é que vai saber? —, o uso do véu parece, originalmente, ter sido uma afetação de uma classe urbana ociosa por meio da qual homens ricos anunciavam publicamente que suas mulheres não tinham de trabalhar. Quem conseguiria trabalhar com aquela indumentária? Milionários americanos do século XIX faziam a mesma coisa, empacotando suas mulheres em anáguas, corpetes e anquinhas, cobrindo-as de jóias e peles, desfilando com elas como se fossem mostruários ambulantes, exibindo o status financeiro do proprietário.

Uma explicação mais comum para o uso do véu é a de que ele é necessário para "proteção". Mas proteção contra quem? Contra o quê? É aí que as opiniões divergem. Muitos comentaristas relatam que Alá deu aos homens muçulmanos pujança sexual e desejo extraordinários. Qualquer homem é capaz de se excitar ao ver, ainda que de relance, um tornozelo, ou um cacho de cabelos fugindo sob uma echarpe. Será que ele pode ser responsabilizado por aquilo que, nessas situações, se sente compelido a fazer? Claro que não. Então, para proteger as mulheres de tão incontrolável apetite sexual — essa dádiva de Deus aos homens —, as mulheres devem ficar escondidas sob mantos. Esse argumento tem uma história longa também em sociedades não-islâmicas, como a dos EUA, em que, na maioria das vezes, é utilizado para reverter para a vítima a responsabilidade por estupro, incesto e abuso infantil; mas, em países islâmicos, assume uma lógica que se realiza a si mesma. Como era de se prever, o efeito de esconder o rosto e o corpo das mulheres é o de fazê-las ainda mais misteriosas e atraentes (e ainda menos parecidas com seres humanos reais), de tal modo que uma mulher que não esteja completamente "envelopada" — aquela que, inadvertidamente, mostra um pouco de cabelo ou de pele — pode correr risco real de ser atacada por algum macho excitado e predatório que acredita que Alá, em lapso notável, esqueceu-se de dar-lhe a capacidade de se controlar. As jovens afegãs que trabalham para a Madar, e que realizam suas tarefas pelas ruas de Cabul usando simples lenços de cabeça ou xales, fizeram uma peregrinação, em março passado, ao santuário de Ali em Mazar-i Sharif, onde milhares se reúnem para celebrar o Ano-novo. Quando voltaram, estavam estranhamente deprimidas e quietas. Passaram-se muitos dias antes que elas confessassem o que havia ocorrido: "Tivemos de usar burcas", disse Lema, enquanto as outras olhavam para o chão. "Os homens ficavam nas portas do santuário. Muitos homens. Temos que passar pelos homens para entrar. Eles todos nos olham. Nos empurram. Nos tocam. Eles dizem coisas muito ruins. É terrível. Nádia chora. O que podemos fazer? Vamos ao mercado e compramos burcas e vestimos. Mesmo quando o Talibã foi embora eu disse nunca vou usar burca de novo. Mas o que podemos fazer?"

A mesma crença no apetite sexual do supermacho é utilizada em sociedades muçulmanas hoje — em outra distorção interesseira da aparente intenção do Profeta — para justificar a poligamia. Tendo muitos de seus seguidores morrido na guerra, Maomé sugeriu que os muçulmanos com recursos suficientes tomassem viúvas pobres como esposas adicionais, de modo a cuidar de seu bem-estar; assim, alguns afegãos irão argumentar que condições similares no Afeganistão de hoje fazem a poligamia ser quase obrigatória. Mas o muçulmano médio que vai à caça de esposas adicionais — como sua contraparte, o ocidental não-islâmico procurando uma nova namorada — não está buscando viúvas indigentes, nem pensando caritativamente no bem-estar das mulheres. Em vez disso, ele provavelmente mencionará sua superpotência sexual, dádiva divina, para justificar a aquisição de mais uma esposa (mais jovem).[23] Afinal de contas, como irá satisfazer sua lascívia santa quando sua primeira esposa estiver "impura" com sua "doença" mensal ou quando estiver grávida? É melhor outra esposa — ainda que temporária — do que o pecado da fornicação. No Afeganistão, os homens dizem que suas primeiras mulheres sempre consentem "livremente" a vinda de uma segunda, terceira ou quarta esposa. Considerando-se que as primeiras esposas não têm lugar nenhum para ir, que escolha elas têm?[24]

Alguns comentaristas da sociedade islâmica, por outro lado, sustentam que o uso do véu é prescrito para proteger os homens das mulheres. Sob esse ponto de vista, é a mulher, não o homem, que se acredita ser dotada de uma sexualidade insaciável que a torna imensamente poderosa e potencialmente irresistível. Essa foi a visão abraçada por viajantes ocidentais pioneiros e "orientalistas", que popularizaram as histórias de harém e as luxuriantes pinturas a óleo de odaliscas lânguidas. As mulheres devem ser escondidas sob mantos, para proteger a comunidade como um todo do poder destruidor de sua imensa capacidade erótica. Visões assustadoras da vagina dentata saltam à mente e sabemos que estamos chapinhando por um pântano de material psicanalítico não assimilado, nas profundezas da selva do medo primal. Mas a teoria nos ajuda a explicar o esforço extraordinário de islamitas conservadores em controlar não apenas o "empacotamento" das mulheres, mas também cada aspecto de sua vida. Como uma avalanche que despenca da montanha, a mulher que escapa ao controle pode trazer destruição aos homens, a suas casas e a todo o maldito vilarejo. O medo do colapso social se infiltra nas observações casuais da cultura afegã, como esse comentário feito por um grupo de estudos acadêmicos americano em 1962: "A água se equipara à propriedade e às mulheres como fonte de disputa no Afeganistão".[25] Os próprios afegãos têm um ditado que diz serem três as fontes de desordem social: "zan, zar, o zamin" — mulheres, dinheiro (ouro) e terras. Quando os afegãos nomeiam as ameaças à ordem social, citam as mulheres primeiro.

Há um século, Amir Habibullah, filho de Abdur Rhaman (que casara diversas vezes), perdeu o beneplácito de seus súditos mexeriqueiros quando suas esposas foram vistas em público cavalgando e utilizando "véus curtos". Segundo amigas afegãs que se lembravam das histórias que lhes contavam as avós, o véu costumeiro da mulher afegã de classe alta urbana era, naquela época, uma coisa volumosa, até o tornozelo, bem parecido com a burca. Um historiador descreve o véu longo padrão como algo "parecido com uma tenda".[26] O véu curto adotado pela nata da sociedade era um tipo de burca até a cintura, usado sobre calças grandes, largas, com pregas como as de um acordeão, para que pudessem ser postas sobre um vestido, um arranjo que cobria completamente a mulher, permitindo-lhe, contudo, desenvolver atividades, como cavalgar, que eram impossíveis quando se usava a tenda até o pé. Esse traje, e o comportamento extraordinário que possibilitava às mulheres que o usavam, fez com que os afegãos questionassem a capacidade do emir de governar não apenas sua família, mas o país. Se um homem não consegue controlar suas mulheres, perguntavam-se, como poderá controlar seus súditos? Mas Amir Habibullah tinha uma atração por coisas modernas. A ele se credita o início de "vários processos de modernização afegã que permanecem até hoje" no Afeganistão, embora a modernização no Afeganistão não seja exatamente o que se possa chamar de uma tendência.[27] Ele adorava carros e construiu uma ou duas estradas. Contratou um engenheiro americano para construir a primeira estação de força do país e instalou lâmpadas elétricas no palácio. Aprendeu fotografia e posou, ele mesmo, coberto de badulaques ocidentais em meio as suas quatro esposas e 35 consortes, todas sem véus e em trajes ocidentais. Devido a esse tipo de comportamento, os afegãos parecem não ter ficado surpresos, nem especialmente tristes, quando, uma noite, enquanto Amir Habibullah dormia, alguém meteu uma bala na sua cabeça.

Os homens cobriram também a história das mulheres. Talvez a ausência das mulheres dos livros de História fosse deliberada, mais uma questão de controle, privando-as de um contexto para realizações e possibilidades. Talvez fosse simplesmente um desleixo pouco acadêmico, uma deficiência de empenho e imaginação. Talvez fosse um reflexo de quão pouco importavam as mulheres, não apenas para as crônicas minuciosas das aventuras de governantes e guerreiros, mas de maneira geral. Talvez uma literatura androcêntrica e misógina seja simplesmente o fruto inevitável de uma sociedade androcêntrica e misógina. Até mesmo o Corão é dirigido, em grande medida, aos homens e às preocupações masculinas. As esposas do Profeta reclamaram disso e chamaram sua atenção para o contingente de mulheres que o seguiam. Depois disso ele ditou alguns suras para as mulheres também, mas eles parecem, na melhor das hipóteses, uma tentativa tímida. Será que podemos esperar dos historiadores algo melhor que do próprio Profeta?

A inclusão conscienciosa da vida e das atividades das mulheres na História começou nos EUA a partir da década de 1970, como consequência (e parte) do movimento feminista. No mundo islâmico, as mulheres entram nos livros de História muito mais cedo, no século XIX, como tópico de discussão dos intelectuais muçulmanos, particularmente no Egito e na

Turquia, sobre seu tratamento, segundo a lei e os costumes islâmicos. O tema veio à baila devido à invasão de territórios islâmicos pelas potências coloniais europeias, que traziam produtos, políticas e ideias europeias que questionavam práticas corriqueiras como o purdah (o confinamento de mulheres), a segregação dos sexos, a poligamia e o divórcio fácil (para os homens). À medida que os debates se estendiam, a questão do tratamento das mulheres imbricou-se com outros temas sociais críticos, incluindo nacionalismo, progresso nacional (posteriormente "modernização"), reformas políticas e sociais e mudança cultural. Alguns argumentavam que o status da mulher no mundo islâmico só poderia ser melhorado pelo abandono total das culturas dos países muçulmanos e pela adoção das tradições culturais de nações europeias mais "avançadas". Era um argumento particularmente colonialista. Feministas ocidentais, em sociedades judaico-cristãs igualmente misóginas, não estavam descartando a própria herança cultural em favor de um modelo estrangeiro, mas lutavam por seus direitos dentro de seu meio cultural. Por que não poderiam as mulheres muçulmanas, elas também, questionar sua própria cultura? De acordo com a estudiosa do Islã Leila Ahmed, foi nesse contexto de dominação colonial "que se forjou permanentemente o elo que liga a questão das mulheres e os problemas de nacionalismo e cultura".[28] Nos debates culturais, política, cultura, classe, religião, o caráter de nação, direito, costume, governança, privilégios masculinos muçulmanos e o status das mulheres veem-se embrulhados em uma bandeira única, que, para o mundo, parece um véu.

Desde que a Europa e o Oriente Médio entraram em conflito pela primeira vez, as nações muçulmanas alternadamente combateram o imperialismo ocidental e acolheram, seletivamente, a modernização ocidental. Condenaram a corrupção moral do Ocidente, ao mesmo tempo que negaram seus atrativos prazerosos, sobretudo às mulheres. Denunciaram o materialismo ocidental, com razão, a meu ver, ao mesmo tempo que compraram produtos do Ocidente. No Afeganistão, o rei Amanullah instalou água encanada e telefones no palácio assim que pôde e não se sabe de um homem afegão que tenha recusado armas ocidentais. Mas vá uma mulher muçulmana remover seu véu ou tentar usá-lo em uma escola pública na França e o resultado pode ser apedrejamento público ou uma proibição pelo legislativo. Aquilo que uma muçulmana veste não é apenas uma questão de gênero. Ela carrega todo o peso do mundo islâmico.

Ao longo do século passado, as nações islâmicas sucumbiram, uma a uma, à universal fascinação masculina pelos aparelhos da tecnologia moderna: celulares, carros, computadores e um amplo leque de armas de guerra. Eles se renderam à corrupção moral do Ocidente: álcool, prostituição, rock-and-roll, charutos de Havana. Minorias influentes advogavam modernas ideias ocidentais: democracia, direitos iguais, liberdade de expressão e de imprensa, secularismo. Mas quanto mais os homens se modernizam, mais contam com a vestimenta e o comportamento tradicional de suas mulheres para manter a "cultura" e o "Islã". Assim como capitalistas vitorianos desprovidos de escrúpulos contavam com a pureza e a generosidade enfadonha de suas mulheres para manter um certo tom moral entre as classes gananciosas. Impor "conservadorismo" e "honra" às mulheres, libera os homens para viver como quiserem. Mas injeta-lhes o medo de perder o controle. E o medo os faz cruéis.

Quando Amir Amanullah herdou o trono em 1919, era um jovem com algumas ideias modernas. Fora influenciado pelo sogro, o intelectual liberal e nacionalista Mahmud Tarzi, que, por muito tempo, publicara um jornal bimestral em Cabul — Seraj-ul Akbar (A Luz da Notícia) —, crítico tanto do imperialismo europeu como do faccionalismo e da resistência à mudança dos afegãos. Amir Amanullah conquistou imensa popularidade ao vencer uma rápida guerra anglo-afegã (a terceira) e finalmente arrancar o país da tutela britânica. Anunciou, então, uma nova Constituição e uma longa lista de políticas para modernizar a política externa e as instituições domésticas. A Assembleia Nacional que ele estabelecera aprovou sem questionamentos algumas reformas, mas recusou-se a aprovar medidas que afetavam a vida familiar. O novo código matrimonial de Amanullah propunha a taxação de casamentos poligâmicos. Seu programa educacional estabelecia uma escola para meninas. O que estava em jogo não era a "tradição"; sua proibição da escravidão foi facilmente aceita. O nó da questão era o status das mulheres. Membros de tribos se insurgiram contra muitas das suas inovações, mas os historiadores contam que o que mais os enfurecera foram aquelas mudanças destinadas "a emancipar as mulheres do poder absoluto que os parentes masculinos tinham sobre elas".[29]

Em 1926, Amanullah assumiu o posto de rei e, no ano seguinte, anunciou planos de uma visita real à Europa. Não era apenas uma viagem de lazer — ele tinha objetivos sérios de política externa —, mas a jornada real pelas capitais do mundo ocidental iria mudar o futuro do rei e do país. O rei Amanullah e a rainha Suraya partiram em dezembro de 1927 com uma enorme comitiva. Quando regressaram, seis meses mais tarde, o rei estava ao volante de um imponente carro novo que viera dirigindo desde Teerã. Havia feito visitas oficiais à França, Bélgica, Suíça, Polônia e à União Soviética; encontrara o rei Fuad no Egito, Mussolini na Itália, o presidente Paul von Hindenburg na Alemanha, o rei George V e o primeiro-ministro Stanley Baldwin na Inglaterra, Kemal Ataturk na Turquia e o xá Reza na Pérsia. Durante a viagem, a rainha Suraya descartara o véu. Ela fora fotografada em público usando vestidos europeus sem mangas e com decotes generosos. Os vestidos parecem um pouco pequenos, como se ela não soubesse exatamente como é que deveriam ser usados. Suraya chegara até a visitar o santuário de Masshad, um dos lugares mais sagrados do Islã na Pérsia, sem o véu. Qualquer um poderia prever que haveria confusão quando o casal real voltasse para casa.

Mas, aparentemente, não o rei Amanullah. Ele mal cruzara a fronteira quando anunciou que o Afeganistão precisava de reformas amplas que só poderiam ocorrer com a emancipação das mulheres. Dois meses mais tarde, convocou 1.001 chefes tribais, mulás e cãs para um loya jirga de cinco dias em Paghman, presenteou-os com roupas novas — fraques, camisas brancas e gravatas pretas — e ordenou-lhes que se vestissem como um parlamento europeu. Depois, apresentou--lhes uma série de mudanças. A mais popular era o plano de comprar muitas armas para o Exército. A mais polêmica (e, possivelmente, a mais presciente) era a exigência de que os mulás que desejassem ensinar ou pregar fossem examinados e licenciados, e que os mulás do seminário ultraconservador de Deoband, na Índia, fossem completamente banidos do Afeganistão, porque poderiam ser "pessoas más e nocivas", espalhando propaganda estrangeira perigosa.[30] A reforma mais impopular foi uma tentativa de elevar a idade mínima de casamento para 24 anos, para os homens, e 18, para as mulheres. Essa proposta, que interferiria no casamento de crianças e na prática de oferecer meninas como indenização por crimes, não chegou a lugar nenhum. Delegados furiosos disseram que ela se opunha ao Islã.

Mas o rei Amanullah era incansável. Convocou outra reunião de ministros de governo, servidores públicos, cidadãos notáveis e diplomatas estrangeiros e deu início a uma série de quatro dias de discursos, ainda divulgando suas novas e empolgantes ideias europeias. No primeiro dia, ele descreveu a viagem como um triunfo de relações exteriores. No segundo, revelou que todas aquelas lindas armas para o Exército seriam pagas com uma redução nos soldos, um gesto de espantosa estupidez para um homem na iminência de precisar de um exército. No terceiro dia, ele adentrou, com sua oratória, por terreno desconhecido, aparentemente sem saber das minas que jaziam encobertas. Ele anunciou novas regras para o véu. O "véu afegão", a burca até os pés, que cobria o rosto e parecia uma tenda, seria banido (era um risco à segurança das mulheres caminhando pelas ruas de Cabul, disse — e ainda é). Em seu lugar, as mulheres teriam a opção de usar um pequeno "véu turco" cobrindo a metade inferior do rosto — ou não usar véu nenhum. E, virando-se para sua rainha, o rei pediu-lhe, então, que removesse o véu que estava usando. Os historiadores contam que as mulheres presentes aplaudiram, mas nada dizem sobre como reagiram os homens. Prevendo a reação dos mulás, o rei Amanullah passou a atacá-los como um bando de fanáticos ignorantes. No quarto dia de discursos, o rei foi obrigado a confessar que o primeiro-ministro por ele indicado não conseguira convencer ninguém a participar do novo governo. Intrepidamente, o rei disse que ele mesmo levaria adiante as reformas propostas. "Sou um rei revolucionário e desejo causar uma revolução em cada aspecto da vida do país", disse ele.[31] E foi exatamente uma revolução o que ele conseguiu.

Os líderes dos pashtuns shinwaris, que encabeçaram a rebelião, lançaram um manifesto condenando as políticas propostas pelo rei. Das dez acusações que elencavam contra ele, seis tinham relação direta com o status das mulheres. Em primeiro lugar, diziam os rebeldes, o rei era culpado de "forjar seus próprios códigos e desconsiderar a Sharia". Embora os rebeldes não citem qualquer código específico, a acusação claramente abrange interferências "não-islâmicas" nas práticas familiares tradicionais, como a proposta de Amanullah de elevar a idade legal para o casamento. Em segundo lugar, o rei limitava os homens a apenas uma esposa, ao passo que o Corão autorizava quatro. Terceiro, ele mandou que todos os funcionários do governo se divorciassem de suas esposas adicionais. Quarto, ele bania o chador (véu) e permitia que as mulheres não apenas cortassem os cabelos, mas que deixassem "desnudos os braços e os seios". E, finalmente, ele planejava enviar "meninas crescidas para a Europa". (O rei pretendia enviá-las para universidades.) Outra queixa dos rebeldes — de que o rei exigiria provas documentais nos tribunais, e não provas orais — também se relacionava ao status das mulheres; essa regra tornaria mais difícil tanto para o homem descartar-se de uma esposa indesejada acusando-a de um crime, como para juízes corruptos participarem de conluios para condenar mulheres, como bodes expiatórios, por crimes cometidos por homens. Outra queixa — a de que o rei abriria "teatros, cinemas e outros locais de entretenimento" — também tem a ver com as mulheres, uma vez que a nova política possibilitaria a vinda de espetáculos ocidentais na época das flappers, das sufragetes e da Nova Mulher. Os rebeldes também condenavam o rei Amanullah por incentivar a "corrupção", como se isso fosse algo novo, e por mudar o dia de oração da sexta para o sábado; mas essas acusações — números oito e nove na lista — parecem simples acréscimos tardios.[32] Está claro que o que colocou os shinwari em pé de guerra foi a interferência do rei em relação às mulheres "deles".

O primeiro ato do novo pretendente ao trono — um novo Amir Habibullah, um ex-bandoleiro conhecido como Bacha-i Saqqua, foi abolir todos os impostos e, mais importante, todas as escolas. Quando ele foi deposto, apenas nove meses mais tarde, o novo rei Nadir Shah reabriu as escolas e criou novas, mas apenas para meninos e homens. Ele também lançou uma lista de dez pontos: o ponto um declarava que "todos os afegãos ... são iguais na fraternidade islâmica".[33] Também exigia que todas as mulheres que, claramente, não deveriam estar incluídas entre "todos os afegãos" na "fraternidade", usassem véu. Nadir Shah revogou imediatamente a proibição do purdah e, dessa forma, automaticamente fez voltar as mulheres à custódia dos homens. Em 1931, seu governo adotou uma nova Constituição que simplesmente não mencionava as mulheres.

Quase trinta anos se passaram até que as mulheres pudessem, de novo, retirar seus véus. Em 1959, durante o reinado do filho de Nadir Shah, o rei Zahir Shah, o primeiro-ministro Daoud e outros membros do governo e da família real apareceram no palanque de honra durante as celebrações da semana da independência acompanhados de suas esposas e filhas, que tinham o rosto descoberto, sem véus. Daoud sondara discretamente a opinião pública, antes, ao mandar que mulheres sem véus trabalhassem como locutoras da Rádio Afeganistão e como recepcionistas e aeromoças da Ariana Airlines e o público as aceitara discretamente. Quando os mulás protestaram contra o não-uso do véu durante a semana da independência, Daoud estava pronto para eles. Desafiou-os a encontrar uma única passagem no Corão, ou o hadith, que especificamente exigisse o uso do véu. O grupo de especialistas do primeiro-ministro lhe assegurara que tal passagem não existia. E mandou prender os mulás, de modo que eles pensassem melhor antes de enfrentá-lo.[34]

Nos anos 1960 e 1970, as mulheres de Cabul deixaram o chador e ingressaram no mercado de trabalho. "Vestidos ocidentais, meias de náilon e batom" tornaram-se "símbolos de distinção social" para as mulheres, de acordo com observações de antropólogos americanos publicadas em 1962. Os homens conquistavam prestígio social comparável usando ternos e gravatas ocidentais.[35] Muitas mulheres usavam minissaias no trabalho e no campus da Universidade de Cabul, onde alguns mulás ultraconservadores e o jovem Gulbuddin Hekmatyar atacavam-nas com ácido. Muitos habitantes de Cabul — homens e mulheres — dizem que os anos dourados foram os da década de 1980, durante a ocupação soviética, quando o governo comunista garantia igual acesso à educação e ao trabalho, enquanto a maciça ajuda soviética trazia à capital um período de relativa fartura. Os bons tempos significavam que as mulheres poderiam desfrutar mais liberdade e que os homens se dariam ao luxo de não ligar. Mas depois os mujahidin islamitas tomaram Cabul e o presidente Burhanuddin Rabbani ordenou que as mulheres se cobrissem. Elas baixaram a barra dos vestidos até os tornozelos, as mangas até o punho, cobriram a cabeça com xales e se arrastaram pela cidade enquanto os mujahidin a destruíam. Então veio o Talibã, a segurança e a burca.

Estou contando esta longa história para que você saiba que a burca não veio do nada. Que ela tem uma história tão oculta e tão real quanto a história das mulheres que, de tempos em tempos, são obrigadas a usá-la. Uma história que não tem nada a ver, e tem tudo a ver, com o Islã e as ambíguas relações existentes entre o imperialismo ocidental e o mundo muçulmano. No Ocidente, a secular história de lutas pelos direitos da mulher mostra os mesmos avanços e recuos, o mesmo padrão de progresso e retrocesso que levou as feministas a descreverem os períodos recorrentes de nossas maiores conquistas como ondas. Mas no Ocidente as lutas têm sido travadas quase exclusivamente por mulheres, milhares das quais dedicam a elas uma vida inteira. Citar apenas algumas das líderes mais destacadas na América do Norte e na Europa tomaria muitas páginas; e uma lista dos direitos que as mulheres ocidentais exercem hoje seria tão longa quanto, e quase idêntica, à lista dos direitos dos homens, embora a misoginia nos EUA nunca tenha, de fato, desaparecido. No Afeganistão, por outro lado, os direitos que as mulheres podem reivindicar são poucos e, de diversas maneiras, diferentes dos direitos dos homens, pois mesmo aqueles direitos que existem de acordo com a lei, ou com o Islã, são vinculados à aprovação de um pai ou de um marido. O direito de sair de casa sem estar vestindo uma mortalha. O direito de ir à escola. O direito de trabalhar fora. E a lista das líderes na luta pelos direitos das mulheres é curta. Ideias feministas têm sido expressas no Afeganistão por um século, mas, sobretudo, por membros da intelligentsia que deixam o país, de modo que a batalha ainda é feita uma mulher por vez, dia após dia, e por trás dos muros das casas dos homens.

O que se passa nessas casas é complicado pela devastação psíquica da guerra. Enquanto os homens lutavam, a casa era o lugar das mulheres. Mas então os homens voltaram, eles próprios, traumatizados pelo que haviam visto e feito, e o espaço doméstico os sufocava, reprovando-os com lampejos do que poderia ter sido uma vida pacífica. Todo o peso acusador do ressentimento das mulheres caiu também sobre eles, pois agora estavam desempregados, sem trabalho, nem como soldados, nem como comerciantes (não havia nada para comerciar) ou fazendeiros (as minas não o permitiam). Para que serviam eles, afinal de contas, esses guerreiros da liberdade que haviam devastado seu próprio país? Então eles espancavam as esposas, as estupravam, as usavam como animais e ardiam de desejo pelos belos meninos dançarinos, como faziam quando eram soldados. As mulheres espancadas espancavam as crianças, e as crianças amarravam os cachorros e davam-lhes bordoadas com um bastão até que eles se despedaçassem.

Qualquer mulher espancada, forçada à submissão, pode cair na depressão e na apatia. Pode desenvolver uma doença psicossomática. Pode sofrer de dores nas costas, ou de dores de cabeça paralisantes, ou de insuportáveis dores pélvicas. Partes de seu corpo podem ficar dormentes ou perder completamente a sensibilidade. Ela pode se cindir de seus sentimentos e viver em algum lugar fora de seu próprio corpo, espiando a si mesma. Pode jogar seu corpo em um poço para livrar-se dele, ou bater com a cabeça na parede para voltar a ter algum contato com sua própria mente. Na cidade, ela faz intermináveis visitas ao médico em busca de simpatias e remédios. A receita-padrão para as pacientes é uma mistura de cinco ou seis antibióticos, analgésicos e tranquilizantes. Suspeita-se, agora, que a contaminação por hipermedicação esteja por trás do número crescente de bebês afegãos que nascem com defeitos cardíacos congênitos.[36] É rara a habitante de Cabul que não tem um "problema" e uma bolsa cheia de comprimidos. Queixando-se apenas de pressão baixa ou de dores de cabeça fortíssimas, ela "descansa" quando pode e espera que alguém lhe conceda os direitos dos quais algumas mulheres se lembram, os direitos a respeito dos quais elas têm ouvido falar tanto ultimamente. A ONU, talvez. Ou alguma ONG internacional. As mulheres ganham alguns direitos, ou os perdem, ou os ganham e perdem, ao capricho de algum homem que, por acaso, é marido, ou pai, ou irmão, ou presidente — uns farelos jogados no quintal para acalmar as galinhas, como o perdão para uma prisioneira em honra do Eid.

Mas muitas mulheres entendem que os direitos têm de ser conquistados. Uma colega afegã chega ao escritório cheia de hematomas porque seu irmão talibã espancou-a com a chaleira na noite anterior e proibiu-a de trabalhar. Ela veio assim mesmo e, hoje à noite, o irmão baterá em sua cabeça com o rádio portátil com tanta força que a estrutura de plástico se despedaçará e voará para todo lado. E amanhã ela virá trabalhar, mais uma vez, porque acredita que tem o direito de estar aqui e que o irmão não tem o direito de tirar isso dela. Nós, que a amamos, tememos por sua vida, porque percebemos que ela está disposta a vencer essa briga. ("Onde é que estão os pistoleiros mujahidin quando de fato você precisa deles?", pergunta uma chefe europeia. É uma piada amarga, nascida de nossa impotência.) Mas é nessa hora que a mulher afegã decide marcar sua posição. Ela arrisca a vida para afirmar seu direito ao trabalho. Deve haver milhares como ela espalhadas pelo país, resistindo sozinhas e em silêncio. Algumas vencerão.

É possível lermos a história afegã antes da guerra, que acabo de contar, como uma história de progresso para as mulheres no Afeganistão. Assim como no Ocidente, cada onda de reformas chega um pouco mais adiante na praia, até que a maré recue e os seixos no solo surjam novamente, apenas para serem submersos pelo próximo avanço da corrente. É assim que as mulheres reivindicam seus direitos no mundo ocidental, um pouco de cada vez, no curso de um longo período marcado por muitos reveses. Mas no Afeganistão essa história é virada de ponta-cabeça e contada de trás para frente, como uma narrativa admonitória para aqueles que chegarem ao poder. Os destinos históricos de Amanullah e de Daoud, e de uma sucessão de presidentes comunistas que promoveram os direitos das mulheres (juntamente com muitas outras inovações modernas polêmicas), se fundem em uma única grande advertência ao governo atual — e a todas as "partes interessadas" internacionais — para que se evite, de maneira absoluta, o tema dos direitos das mulheres. O presidente Karzai e seus camaradas parecem ter como regra nunca defender os direitos da mulher, embora Karzai tenha ocasionalmente ordenado que os mulás o fizessem. Um dos conselheiros mais próximos de Karzai observa: "Ele aprendeu muito bem a lição da História".[37] Outro camarada de Karzai oferece outra justificativa, frágil e que é, na verdade, uma ameaça: "Se as mulheres conseguirem direitos iguais, perderão sua aura de santidade", diz, "e serão estupradas". Mas de qualquer modo Karzai e sua turma provavelmente não defenderiam os direitos da mulher mesmo sem a distorcida lição da História. Ele mantém sua mulher mais ferrenhamente isolada que qualquer outro governante do Afeganistão desde o século XIX.

Por outro lado, algumas agências internacionais destinam-se a defender os direitos da mulher. Desde minha chegada ao Afeganistão, tenho ido as suas reuniões. Há pequenas sessões de estratégia com outros ativistas, só dois ou três de nós tentando descobrir o que fazer com uma jovem condenada a oito anos porque fora estuprada por quatro policiais, ou como salvar uma mulher trancada em um "abrigo" porque fugira de um marido brutal, ou como impedir o casamento forçado de uma talentosa colega afegã que quer terminar a faculdade de Medicina e se tornar pediatra. Em todos esses casos, e em muitos, muitos outros, não há nada que possamos fazer. Há também grandes reuniões públicas financiadas por vários ministérios do governo, ou agências da ONU, ou ONGIs. A partir de 2004, quase todas as agências e ministérios têm um assessor para questões de gênero; assessoria para questões de gênero soa menos ameaçador que assessoria para os direitos da mulher, e os assessores para gênero parecem ser uma tribo bem gregária. O trabalho deles é fazer com que diversos setores e instituições do governo "incorporem" assuntos de gênero — em outras palavras, que demonstrem em seus planos e políticas um pouco de atenção com relação às mulheres; e, uma vez que levar em consideração as mulheres é um conceito revolucionário em uma cultura tão intensamente patriarcal como a afegã, os assessores para questões de gênero frequentemente parecem cometer erros.

Veja, por exemplo, um congresso realizado no início de 2005 pelo Ministério da Justiça e planejado pelo assessor para questões de gênero do ministério em cooperação com a embaixada do Irã. Em uma das sessões, três iranianas com véus muito fechados, discutiram as implicações da CEDAW, a Convenção das Nações Unidas para o Fim de Todas as Formas de Discriminação contra as Mulheres, um documento internacional sobre direitos humanos do qual elas pouco entendiam, porque seu país se recusara a assiná-lo.[38] Foram seguidas de três especialistas no Corão escolhidos, para o bem da diversidade, em três diferentes países islâmicos. Eles discutiram longamente o problema de se saber se as religiões predominantes no mundo consideram que as mulheres são plenamente humanas e, consequentemente, qualificadas para ter direitos humanos. Infelizmente, não conseguiram chegar a uma conclusão definitiva.

Uma vez por mês, a Unifem, agência da ONU cuja tarefa é apoiar a causa das mulheres, convoca uma reunião para discutir a violência contra as mulheres. É chamada de "reunião de múltiplas partes interessadas", porque é aberta a todos, de todos os setores: ONU, vários setores do governo afegão, Banco Mundial, ONGs internacionais locais e afegãos de associações e organizações da sociedade civil. Todo mundo vem e todo mundo concorda que muitas formas de violência contra a mulher são corriqueiras, generalizadas e terríveis, e que deveríamos fazer alguma coisa a respeito. Mas, durante as campanhas presidenciais, uma líder americana da Unifem nos advertiu, com extraordinário tato, que tivéssemos uma postura discreta, de forma a não arriscarmos que Hamid Karzai e, mais importante, George W. Bush perdessem a eleição. Talvez devêssemos formar alguns subcomitês ou até mesmo (depois de dois anos de reuniões) pensar em elaborar um plano de ação preliminar. As eleições presidenciais já ocorreram, mas gradual ainda é a palavra de ordem. Não se trata dos defensores dos direitos da mulher estarem tentando impor algum programa ocidental radical aos inocentes afegãos. Nosso "corpo consultivo" é composto, em sua maior parte, de afegãos; e as horríveis práticas costumeiras a que nos opomos, como vender meninas de 9 anos a velhos depravados ou entregar mulheres para compensar um assassinato, já foram proscritas pela Constituição afegã. Mas os órgãos internacionais e as mulheres afegãs se assemelham em seus temores. Sua sobrevivência depende de prestarem serviços sem ofender.

Ao mesmo tempo, Bush, o Pequeno, fez grande alarde da mítica "liberação" das mulheres afegãs e, assim, há de haver ocasiões para celebrá-la, ainda que da boca para fora. É preciso encontrar ocasiões para elogiar publicamente as mulheres. Como 8 de março — o Dia Internacional da Mulher. Durante dois ou três anos seguidos o Ministério dos Assuntos da Mulher e a Unifem, a agência da ONU que assessora o ministro, abrem a grande tenda do loya jirga no terreno da Universidade de Educação para hordas de mulheres. As mulheres, enroladas em casacos compridos e xales grandes e escuros, sentam-se silenciosamente em cadeiras de armar e ouvem os oradores. Primeiro, o mulá lendo o Corão. Depois, um homem representando o presidente Karzai. Depois um homem representando o Ministério das Relações Exteriores. Depois um homem representando o Ministério da Justiça. Cada um deles diz que deveríamos estar felizes por celebrar o Dia Internacional da Mulher, porque é um dia especial reservado para nós. A fim de que não subestimemos esse privilégio, eles lembram, em tom ressentido, que não há um dia equivalente reservado aos homens. Depois, quando todos os homens terminam, levantam-se de suas cadeiras na primeira fila, onde bebericavam chá enquanto seus camaradas falavam, e saem em bando, a caminho de coisas mais importantes. Daí é a vez das mulheres indicadas falarem. Sem familiaridade com o microfone, elas gritam para ler discursos longos, lamuriosos; a ministra dos Assuntos da Mulher, a chefe disso e daquilo e, finalmente, a americana tímida da Unifem que começa a dizer, em inglês, "Prezadas Senhoras". Cada uma delas diz que deveríamos estar felizes por celebrar o Dia Internacional da Mulher, porque é um dia especial reservado para nós. E, depois, a cerimônia acaba, e todas as mulheres, discretamente, saem em fila e voltam para suas tarefas domésticas. No segundo ano é a mesma coisa. No terceiro, eu deixo de ir, mas uma amiga que compareceu ao evento relata uma quebra na tradição. O presidente Karzai faz uma breve aparição, em pessoa, dizendo às mulheres para ficarem felizes por celebrar o Dia Internacional da Mulher, porque é um dia especial reservado para lembrá-las de votar nele na eleição presidencial que se aproxima. Uma mulher na plateia se levanta e, de fato, se pronuncia: "Meu marido não deixará que eu me registre para votar", diz. "O que devo fazer?" Karzai trata a pergunta como o faria seu mentor, George W. Bush, como uma piada. "Não se preocupe", responde. "Vou ligar para ele e dizer-lhe para deixá-la votar." A observação parece confirmar a noção do marido de que a permissão é um favor, não um direito constitucional. Mas, é claro, Karzai não tem o número do telefone dele, ou do telefone de qualquer outro marido que tiver cerceado, de igual forma, as mulheres na plateia. Minha informante diz: "Você sabe, as afegãs são respeitosas, mas não são burras. Depois disso, elas simplesmente deixaram de prestar atenção aos oradores. Começaram a conversar com as vizinhas e, quando a mulher da Unifem se levantou para dispensá-las, o barulho da conversa simplesmente abafou sua voz".

Talvez essa tenha sido a razão do Ministério dos Assuntos da Mulher ter transformado a celebração de 2005 em um evento exclusivo. As reuniões de massa sob a tenda da loya jirga foram abandonadas em favor de um almoço de luxo, apenas para convidados, no Hotel Intercontinental, o melhor de Cabul. Obedecendo ao costume afegão, os convites vão para parentes e amigos de servidores graduados do ministério, que não deixarão de manifestar sua gratidão pelo almoço ouvindo educadamente os oradores.

Doadores internacionais pagam a conta — dinheiro suficiente para financiar meu pequeno projeto de educação para professores pelos próximos trinta anos —, mas apenas um punhado de pessoas é convidado à mesa. O embaixador alemão, cujo governo liberou 10.000 euros para a ocasião e quer um pouco de reconhecimento público, tem seu nome colocado no fim da lista de oradores. Enquanto isso, de volta ao nosso escritório, fazemos o que as afegãs e suas colegas internacionais estão fazendo em todo canto da cidade: comemos bolo e dançamos. As donas de casa batucam no fundo de bacias plásticas enquanto o resto de nós gira, rodopia e ri como mulheres que realmente têm algo a celebrar.

As mulheres afegãs que conheço e amo merecem ser celebradas. São mulheres fortes, tão alegres como qualquer mulher no planeta. Cada uma de minhas colegas já experimentou sofrimento e dores angustiantes ao longo do último quarto de século, e a maioria delas sente a depressão como se fosse uma segunda pele; mas todo dia elas se arrumam para ir ao escritório. Muitas não têm eletricidade em casa, e algumas não têm água, mas elas conseguem estar perfeitamente elegantes. Usam longas saias retas ou túnicas até o joelho sobre as calças compridas, e uma camisa, ou suéter de lã ou um casaco bonito. Couro preto é bastante usado. Elas caminham pelas traiçoeiras ruas esburacadas em saltos plataforma, uma moda que uma amiga afegã chama de "mostrando o dedo para o Talibã". Elas cobrem a cabeça com xales ou cachecóis macios que frequentemente deslizam para os ombros enquanto trabalham. Cumprimentam-se com sorrisos e uma recitação completa das perguntas rituais sobre a saúde, o ânimo, a família e o sono da noite anterior, todas disparadas rapidamente e em coro, acompanhadas por três beijos no rosto; face esquerda, direita, esquerda. As estrangeiras podem preferir um aceno ou um rápido olá, mas essas afegãs não. Da chefe à faxineira de meio período, cada mulher é cumprimentada antes que se possa iniciar qualquer trabalho. Quando mudo de uma casa cheia de afegãs para uma casa cheia de estrangeiras, sinto-me, subitamente, sozinha. Ninguém me beija. Ninguém pergunta como passei a noite. Sou invisível. Vou para o escritório — para as afegãs — para me sentir novamente reconhecida. Acho que é isso que essas mulheres têm feito umas pelas outras durante todos esses longos anos de guerra. É assim que elas sobrevivem.

Apesar disso, em nome da sobrevivência, elas podem se virar impiedosamente contra as mulheres cujo comportamento não-convencional questiona a definição de feminilidade da qual sua própria segurança parece depender. As boas mulheres tentam se preservar atacando as "más". Estou pensando na reação de minhas colegas afegãs ao assassinato, em Cabul, de uma famosa apresentadora de TV, uma jovem que apresentava um programa de música popular e entrevistas que parecia ousadamente moderno para os padrões afegãos. Seu assassinato — que a maioria atribuía a seu pai e seu irmão — era o assunto do momento na cidade e também em nosso escritório, onde a europeia que chefiava a missão convocara uma reunião para discutir o assunto. Nova no Afeganistão, ela achou que as funcionárias quisessem organizar uma passeata ou publicar um protesto. Mas, para as afegãs, a morte de Shaima era exatamente o que ela merecia. Elas disseram que já era bastante ruim o fato dela aparecer na TV. E havia mais coisas. Ela fumava. Conversava com homens. Bebia álcool. Provavelmente estava grávida. Sim, com certeza haviam ouvido isso, que ela estava grávida. Assim, provavelmente ela simplesmente cometera suicídio, que seria a coisa mais sensata a se fazer, mas, de qualquer modo, era bom que ela estivesse morta. Para as estrangeiras da FDH, a execução de Shaima era uma terrível violação dos direitos humanos básicos, mas nossas colegas afegãs não podiam, nem queriam, ser persuadidas a ver as coisas dessa forma.

Nas ruas, as mulheres tocam a vida, caminhando para o trabalho, fazendo compras no mercado, levando as crianças para a escola. Muitas mulheres ainda estão embrulhadas em burcas, embora muitas outras não. A maioria usa a burca por segurança, algumas pelo anonimato, algumas pelo hábito e algumas talvez pelo status que pensam adquirir ao usar uma vestimenta outrora associada a uma classe mais alta. A mulher usar ou não a burca tem a ver com o momento em que se tornou adulta, e onde. Minha amiga Moska tem 40 anos; ela cresceu em Cabul durante o governo de Daoud e dos comunistas. Como estudante na Universidade de Cabul, ela usava minissaias e vestidos sem manga, e nunca sentiu a necessidade de cobrir a cabeça. Quando os mujahidin assumiram o poder, ela baixou o comprimento das saias e, sob coação, passou a usar uma echarpe; mas isso era só o aquecimento para o reino dos verdadeiros fundamentalistas. Quando o Talibã assumiu, ela comprou uma burca e usou-a, em três ocasiões, para percorrer a pé a pequena distância até a casa de parentes. "Teoricamente, é para protegê-la", ela diz, "mas transforma você em um objeto. Você se perde — seu caráter de pessoa, sua humanidade — e perde todo o prestígio que pudesse ter com os homens. Até menininhos se sentem à vontade para dizer-lhe o que fazer. 'Não ande aí.' 'Espere ali.' 'Vá para casa'. Como se você fosse um cachorro". Depois dessas três breves caminhadas, ela guardou a burca e ficou dentro de casa durante cinco anos. Outra amiga, Selmin, tem cerca de 22 anos, mas ainda usa a burca aonde quer que vá. Ela não consegue enxergar através da pequena rede que cobre os olhos, o que faz com que tenha dores de cabeça terríveis e caia frequentemente. No calor do verão, empacotada em poliéster, ela desmaia. Sente-se indignada e envergonhada por usá-la, mas sua sogra diz que ela tem de fazê-lo, e o marido apóia a mãe. A mãe é uma senhora analfabeta que cresceu usando o purdah, em um pequeno vilarejo, e que adotou a burca durante o tempo do Talibã, quando veio para Cabul como refugiada, e ainda espera a autorização para tirá-la.

Com ou sem burca, as mulheres que conheço em Cabul levam o que parece ser uma vida normal, embora a maioria delas seja pobre. Elas se preocupam com a roupa para lavar, a casa para varrer e o jantar para fazer, embora o jantar provavelmente seja pão e arroz com um pouquinho de molho, talvez, feito de batata ou cenoura. Grande parte do mal-estar afegão é causado por desnutrição e anemia. Elas se preocupam com a segurança de seus filhos e a felicidade de seus maridos, e talvez nunca pensem em seus direitos. Por que deveriam? Ou já têm "direitos" suficientes para estar contentes ou não, muitas jovens não lembram ou não compreendem o que são "direitos" e não há muito que possam fazer a respeito. Muitas mulheres são felizes no casamento, orgulhosas dos filhos, apaixonadas pelos maridos, felizes por terem empregos interessantes. Outras vivem uma vida de discreta miséria. Uma médica suíça, ao ensinar às parteiras afegãs algumas técnicas para relaxar as pacientes durante o parto, faz com que elas treinem massagear delicadamente o pescoço umas das outras; algumas das parteiras, que desconhecem o toque carinhoso de uma mão delicada, começam a chorar. No ano-novo, uma amiga me dá de presente um grande xale preto, adequadamente islâmico, que só pode ser para envelopar minha cabeça e ombros. Outra traz um batom vermelho-brilhante. Os presentes não dizem nada de mim, eu nunca usaria nenhum deles —, mas dizem muito da variedade das mulheres afegãs e da incipiente esquizofrenia de seu momento na História.

Em uma tarde fria de inverno, algumas das mulheres que trabalham na Madar sobem até minha salinha com um bule de chá e um prato de bolachas. Elas se juntam ao redor do aquecedor, conversando alegremente. A Madar mudou para outro bairro, em que os aluguéis não são tão caros, e minha nova janela dá para uma encosta desolada em Karte

Char, quarto bairro. Aqui e ali, entre as casas destruídas, um homem tira a neve do telhado, uma mulher recolhe do varal a roupa endurecida pelo gelo, um garoto com uma pá bate em um vira-lata. A neve cai sobre a cena que se desenrola a nossa frente como um quadro de Breughel, um panorama da vida doméstica de Cabul no inverno. A nossa frente, bem do outro lado da rua, há uma lojinha pequena, não maior que um armário, de um senhor que apareceu no filme Osama. Ele fez o papel do velho mulá lascivo que toma por noiva uma menininha chamada Osama. No final do filme, ele entra na banheira para um banho purificador, depois de ter estuprado a criança. Lá está ele sentado em seu pequeno quiosque, sua longa barba branca e seu turbante quase imperceptíveis em meio ao amontoado de balas e miudezas que vende. Lema diz: "Talvez você pudesse se casar com ele, Nadia. Ele é um astro de cinema". É assim que eu fico sabendo, chorando de rir, que Nadia acha que tem de encontrar um marido.

Durante dois anos Nadia e Lema disseram-me que nunca casariam. Ambas têm 30 e poucos anos, mas estão despreocupadas com o avanço de seus relógios biológicos. Devido à inocência da mulher afegã em relação à sexualidade, às altas taxas de natalidade, 7,7 filhos é a média nacional e à expectativa de vida de 46 anos, elas podem não saber nem do relógio biológico, nem que, também para elas, ele avança. Elas gostam do emprego. Gostam do ato de sair de casa todos os dias, da importância de terem compromissos e deveres e registros para manter. Suas colegas mais velhas são viúvas cujos maridos morreram há muito tempo; um torturado e morto pelos comunistas, outro estraçalhado por um míssil americano lançado por um mujahidin. As viúvas pensam nostalgicamente sobre seus casamentos, que foram breves, mas muito felizes. Uma delas havia casado, por amor, com um colega da universidade. Mas a vida atual dessas mulheres, como viúvas que trabalham, é agradável o suficiente para provar que uma mulher pode viver muito bem sem marido ou pai, desde que um irmão ou um tio a acolha em sua casa. Agora, Lema também confessa que um marido não está fora de questão. Mas por quê? Parece que tanto Nadia como Lema, cujos pais morreram em combates, ouviram de seus irmãos que elas não seriam "sustentadas" indefinidamente. "Sustentadas" é a palavra que os irmãos usam, embora seja o salário das mulheres que sustente a casa. As mulheres têm de achar outros lares, outros homens. Ambas têm medo da força e da violência dos homens, da perda de amigas, da dissolução de vidas felizes. Falam da letalidade dos partos. No Afeganistão, que tem uma das piores taxas de morte materna em todo o mundo, uma mulher morre no parto a cada trinta minutos. Mas elas não veem saída.

— Eu não quero casar com um mujahidin ou um talibã — diz Lema.

— Todos homens talibãs — responde Nadia.

Lema pergunta:

— O que posso fazer?

Digo-lhes que, em meu país, não precisariam casar, se não quisessem. — Vocês gostam de trabalhar e se sustentar — digo. — Poderiam alugar uma casa e morar juntas, como irmãs. — Lema arregala os olhos, de espanto.

— Mas não temos dinheiro — diz. As mulheres solteiras que trabalham, como Lema, não têm independência econômica porque se sentem obrigadas a entregar o salário para a família. Como as operárias em moinhos americanos no século XIX, cujo salário custeou o estudo dos irmãos homens em Harvard, Nadia e Lema trabalham para pagar aquilo que os homens da família decidem comprar, e não para elas próprias. Essa pode ser uma das razões de terem tanto prazer no trabalho em si; não estão trabalhando por dinheiro. Mas essa servidão econômica, da mesma forma que as práticas costumeiras equivocadamente chamadas de "Islã", mantém as mulheres afegãs em seus lugares. E esse lugar é sempre a casa de algum homem, sempre sob o controle de algum homem.[39]

Nadia diz:

— Não pode viver mulheres afegãs, sem homens.

— As pessoas pensariam que somos prostitutas — explica Moska, a viúva. — Mesmo como viúva tenho de viver com meu irmão — é a regra. Se uma mulher gosta da família ou do marido e é bem tratada, pode achar a vida boa e gratificante. Mas seu real status econômico e social é o de escrava. E, se não gostarem dela, ou se não a tratarem com consideração; bom, daí é outra história.

Para muitas mulheres, os problemas começam na infância, como filhas de mães que ainda são, elas mesmas, crianças, meninas-noivas vendidas em matrimônio e traumatizadas pelo estupro da noite de núpcias. O que podem saber sobre "ser mãe"? "Esta é uma nação de mães que são sobreviventes de estupros", diz uma psicóloga alemã. "Na Alemanha, as pessoas fazem análise por vinte anos se têm uma história familiar como essa." Uma especialista da ONU em combate ao tráfico reclama: "Como é que eu posso trabalhar em um lugar assim? A sociedade inteira foi traficada".

Veja o caso das meninas do abrigo em Herat. Uma delas me disse certa vez, quando conversamos na prisão em que ela cumpria pena por prostituição: "Todas as nossas dificuldades começam com pais que não dão amor nem respeito aos filhos". Ela nunca lera o trabalho de psicólogos eminentes que sustentam essa mesma teoria. Aos 19 anos, ela aprendera com a vida. As vinte e oito meninas do abrigo em Herat chamaram, pela primeira vez, a atenção daqueles que trabalham com direitos humanos em janeiro de 2003, quando um homem relatou ao Alto Comissariado das Nações Unidas para os Refugiados (ACNUR) que algumas meninas estavam sendo mantidas em "custódia protetiva" por Ismail Khan, o então governador (ou déspota) autocrático de Herat. Descobriu-se que essas mulheres eram duplamente refugiadas. Muitas haviam fugido do Afeganistão com as famílias durante as guerras civis e viajado para o Irã; estavam habituadas a andar livremente pelas ruas, a irem sozinhas ao mercado ou à casa de amigos. Mas, então, uma a uma, tornaram-se vítimas de violência, não nas ruas, mas em casa, na família. L. foi vendida em matrimônio, aos 13 anos, a um velho que a estuprou e a espancou até que ela fugisse. M. fugiu de casa depois que seu padrasto iraniano atacou-a sexualmente quando ela tinha cerca de 14 anos. Outras foram espancadas e expulsas de casa por padrastos que se recusavam, como fazem os afegãos, a sustentar os filhos de outro homem.

Uma a uma, as fugitivas haviam chegado a Mashhad, ao santuário do Imam Reza, onde encontraram refúgio temporário nos albergues para peregrinos. Lá, algumas delas caíram nas garras de cafetões, traficantes e contrabandistas de drogas que frequentam o lugar e foram postas para trabalhar. Algumas, identificadas repetidamente por câmeras de segurança, foram pegas pela polícia. Oficialmente ou semi-oficialmente, pois os relatórios a respeito permanecem "internos" e incompletos, as meninas foram classificadas como "mulheres desacompanhadas". Algumas delas contam que foram levadas aos tribunais no Irã para sumárias audiências de deportação, mas, na ausência de documentação que o comprove, é possível que muitas tenham sido simplesmente entregues a um funcionário de fronteira afegã, a um sobrinho de Ismail Khan e, posteriormente, ao próprio governador de Herat. Várias das meninas disseram a investigadores do ACNUR que, certo dia, "alguns homens que trabalhavam para Ismail Khan" apanharam-nas e as levaram, através da fronteira, para um "abrigo" na vizinha Herat.

O que aconteceu lá é obscuro, e as mulheres se recusam a falar a respeito. Ao contrário das mulheres ocidentais, que podem denunciar vitimização, as mulheres afegãs sabem que serão culpadas por qualquer coisa "ruim". Na casa de hóspedes em que foram confinadas, algumas mulheres viviam sob estrita vigilância, guardadas por homens. Algumas das meninas mais novas relataram que um grupo de cinco ou seis meninas mais velhas tinha "relacionamentos" com os guardas e que esse grupo frequentemente saía para "piqueniques" com homens. O investigador do ACNUR encontrou provas de espancamento pelos guardas, brigas entre as mulheres, automutilação, repetidas tentativas de suicídio e profundo transtorno psicológico. S. temia que sua família a matasse porque ela tivera relações sexuais. N. tentou se matar com uma injeção. K. tentou pular em um poço. F. tentou enforcar-se. M. se encharcou de querosene e foi salva da autoimolação apenas pela intervenção de outras mulheres. A lista prosseguia, registrando doenças físicas e "falta de clareza" mental, que, provavelmente, indicavam estresse pós-trauma. Algumas mulheres sequer conseguiam falar.

Após a investigação, o ACNUR classificou oficialmente essas mulheres como "refugiadas" e convenceu Ismail Khan a entregá-las para a Shuhada, uma ONG afegã fundada pela Dra. Sima Samar, antiga ministra dos assuntos da mulher e chefe da Comissão Afegã Independente para Direitos Humanos. A Shuhada rapidamente estabeleceu um "abrigo" para as mulheres em Cabul, prometendo-lhes alfabetização e treinamento vocacional. Embora nenhuma delas fosse acusada de qualquer ação imprópria, as mulheres foram novamente confinadas, "para sua própria proteção", desta vez com vigilância ainda mais rígida e, de novo, guardadas por homens. O prometido treinamento vocacional era, no fim, tecer tapetes, uma atividade extenuante para gerar lucro, com o objetivo de abater os gastos com as mulheres. Elas começaram a atuar. Maquiavam-se. Vestiam-se de forma provocante. Ouviam música alta. Flertavam com os guardas. Fumavam. Dançavam.

O ACNUR convocou psicólogos e médicos internacionais que diagnosticaram as mulheres como profundamente traumatizadas pela violência física e sexual, e por grandes perdas; a perda do lar, da família e, em alguns casos, de filhos que tiveram de deixar para trás. Um psicólogo alemão que trabalhou com as meninas por muitos meses durante seu cativeiro em Cabul disse: "Elas desafiavam, como uma gangue de crianças de rua, mas não eram agressivas, não eram maliciosas. Eram um bando de meninas que criavam suas fantasias a partir de filmes do Bollywood indiano. Queriam ser estrelas de cinema. Elas tinham força. Eram sobreviventes".[40] O psicólogo relatou que a maioria delas não estava deprimida. Elas estavam furiosas por estarem presas.

Algumas conseguiram escapar, mas a polícia de Cabul pegou duas delas caminhando "desacompanhadas" e mandou-as para a prisão. Pelo menos uma delas, com a filhinha, foi enviada para um hospício, onde passa os dias tresloucada, esfregando obsessivamente os genitais da filha. A Dra. Samar enviou meia dúzia das meninas mais brilhantes para uma clínica financiada pela Shuhada, nas montanhas centrais, para treiná-las como enfermeiras. Mas o que fazer com o resto? A Dra. Samar se viu enredada no problema que afeta qualquer organização que tenta dar abrigo a mulheres vítimas de violência. Você consegue trazê-las para o abrigo, mas como fazer para que consigam sair? No Ocidente, mulheres vítimas de violência que se refugiam em abrigos nunca ficam presas; e, quando desejam, podem seguir com a vida, encontrar um emprego, uma moradia de transição, alugar um apartamento ou ir morar com amigos ou parentes. Mas isso é o Afeganistão, onde o único refúgio para uma mulher é a família. Que ela precise se refugiar da família é fato conhecido e universalmente negado. No Afeganistão, uma mulher que se perde da família nunca mais consegue voltar, e uma mulher sozinha é como se estivesse morta.

A Dra. Samar usou uma estratégia de fuga afegã. Colocou as meninas à venda. Isto é, ela anunciou que jovens núbeis estavam disponíveis, e os homens pararam para perguntar. Quando se encontrava um par, a Dra. Samar pedia o consentimento da noiva potencial. Ou ela concordaria com o casamento ou continuaria presa. Só duas mulheres se recusaram a casar. Para noivas, essas mulheres saíram barato: um colar, algumas pulseiras, uma pequena pilha de dinheiro. Isso as colocava ao alcance de homens que não poderiam pagar muito ou que tinham pouco a esperar; homens que nada tinham, de fato, a não ser seu gênero, para recomendá-los. Os casamentos ocorriam, um a um; e, algum tempo depois, a Shuhada forneceu-me o endereço das recém-casadas para que eu pudesse ver pessoalmente quão felizes elas estavam. Encontrei uma jovem, com hematomas feios, que contou que seu marido e o irmão dele frequentemente a espancavam. Disse que a haviam comprado como uma empregada, embora a usassem para sexo também, e ela esperava fugir. Soube de outra noiva que já havia fugido. Mas os outros endereços na lista não deram em nada. Eram endereços decentes, casas boas, mas as mulheres não viviam lá.

Para ocidentais trabalhando com direitos humanos, essas transações parecem muito com tráfico. Mas um representante afegão do ACNUR elogiou a Dra. Samar e a Shuhada por apresentarem uma resposta tão criativa, uma liquidação de noivas, ao problema de mulheres independentes, de outro modo insolúvel. A própria Dra. Samar sustenta que fez um grande favor às mulheres ao atestar seu caráter, vendê-las e recolocá-las em um lugar legítimo na sociedade afegã. "Elas só conseguiram maridos devido a minha recomendação", afirma. "E o que mais poderíamos fazer? Não poderíamos mantê-las para sempre."[41] Você pode se perguntar com base em qual título legal ela as mantinha lá, mas essa irresistível pergunta é superada por outra, a pergunta da mulher afegã: o que mais posso fazer?

Na Madar, sempre começamos o dia com uma aula de inglês para as funcionárias. Mesmo no dia 8 de março.

"Hoje temos uma festa", digo. "Por que temos essa festa?"

"Porque hoje Dia Internacional da Mulher!", responde uma das mulheres, tropeçando na pronúncia de "internacional".

"O que fazemos na festa?"

Elas gritam respostas em uma revisão rápida, imperfeita, de verbos simples: "Nós dançar. Nós cantar. Nós feliz. Nós comer. Nós tomar chá. Nós bonita. Nós conversar".

"Sobre o que conversamos?"

"Conversamos sobre os direitos das mulheres", responde Moska.

"O que são direitos da mulher?", pergunto. Silêncio. Todas, exceto Moska, parecem perdidas até que Nilofar, a costureira, arrisca:

"O que nós queremos? Ir para o trabalho?"

"Sim", diz Hosai. "Ir ao escritório."

Escrevo no quadro-negro: O direito ao trabalho.

"Maktab", diz a viúva Meryam. "Estuda inglês."

"Escola", fala Taiba. Ela ajuda Meryam a escrever o vocábulo inglês para maktab em seu caderno. Escrevo no quadro: O direito de ir à escola. O direito à educação.

Brincalhona, Hosai sugere: "Direito do marido cozinha".

"Direito do marido limpa", exulta Taiba, que fugiu de um casamento violento com um poderoso comandante mujahidin. "Direito do marido varre."

Não é preciso contar-lhes da renegociação das tarefas domésticas pelas feministas ocidentais há quase meio século; elas mesmas tiveram a ideia. Além disso, percebo que, na casa de Hosai, chefiada por um homem bondoso, já surgem ideias de equidade.

Nadia diz "Direito a nenhum marido", e todo mundo ri. Ela aponta para o quadro e eu escrevo: O direito de escolher o marido. Começa uma discussão em dari sobre o sentido da palavra desconhecida "escolher", e elas começam a aquiescer com a cabeça, gravemente. Eis o cerne da questão para elas: quem escolhe? De todas as mulheres na sala, apenas a viúva Meryam escolheu o próprio marido. Os pais de Hosai acertaram seu noivado quando ela tinha 5 anos e, quando chegou aos 13, casaram-na com um noivo de 22 anos. Tempos depois, quando ela já havia dado à luz três filhos, atravessou um período de ódio pelo marido por ele ter roubado sua juventude. À semelhança de muitas mulheres afegãs, ela vivera "shir ba shir" (de leite a leite) da gravidez para a lactação e daí para a gravidez novamente, sem nem ao menos ter fluxos menstruais entre um momento e outro. Porém, mais tarde ainda, depois de outros três filhos e da morte de dois, ela começou, de alguma forma, a amar o marido e a considerar-se uma mulher de sorte. Eles haviam se tornado companheiros.

Escrevo no quadro: O direito de votar. É 2004. Todos os rostos se viram para mim ansiosamente, antecipando algo novo, e Homaira pergunta: "O que significa votar?". Eu faço a mímica de escrever em um pedaço de papel, dobrá-lo e entregá-lo, dizendo: "Karzai. Não Karzai. Votar. Escolher o presidente". Seus rostos se iluminam. "Ah, votar. Baly. Sim. Votar." Elas entenderam a palavra, e o conceito, mas vejo que não estão impressionadas. O que a possibilidade de escolher o presidente pode significar para mulheres que não podem escolher o marido? Outras coisas são mais importantes. O direito a sobreviver e aquilo que ninguém menciona: o direito a seus próprios corpos, o direito a segurança, proteção, refúgio contra a violência, paz.

"Escolher", diz Meryam. Taiba ajuda-a a escrever a palavra em seu caderno. "Direito a escolher."

Em 2003, repórteres observaram que as mulheres em Herat estavam ateando fogo aos próprios corpos. Surgiram histórias no mundo todo sobre muitos casos de autoimolação em Herat. A Unifem fez uma estimativa de 190 autoimolações em um único ano, mas ninguém jamais apresentou estatísticas definitivas. Os registros hospitalares são incompletos e inconsistentes, e a polícia reconhece que suicídios bem-sucedidos sequer são informados. É melhor enterrar a menina queimada no quintal e poupar a família da vergonha. Mas os repórteres usavam palavras como epidêmico. A maioria das meninas queimadas que apareciam nos hospitais era de adolescentes que atearam fogo ao corpo para fugir de um casamento forçado. Havia um quê de protesto romântico nas histórias, embora elas nada tivessem a ver com amor. Casamentos forçados são transações comerciais; um homem compra uma menina de seu pai. São comuns nesse país empobrecido, onde, frequentemente, uma filha é o único bem que um homem tem para vender. Outras meninas se incendeiam porque foram seduzidas e abandonadas no clássico estilo afegão: o menino convence a menina de que, se tiverem relações, os pais delas terão de deixar que eles se casem; mas, depois, ele se recusa a se casar com uma "prostituta". Agora ela é mercadoria com defeito e não pode ser vendida para mais ninguém, uma vergonha para a família; é como se estivesse morta. Mas os relatos jornalísticos concentram-se menos nas razões das meninas atearem fogo ao corpo e mais na curiosa pergunta: por que Herat? Minha colega afegã, Salma, acreditava que a pergunta era de uma obtusidade cômica. "Não é Herat", disse. "Acharam suicídios em Herat porque foi em Herat que eles procuraram. Herat é uma cidade famosa. Os jornalistas queriam ir lá. Então foram a Herat e procuraram, e isso é o que encontraram. Mas você pode procurar em qualquer lugar. Vai encontrar a mesma coisa." Para provar o que dizia, levou-me a procurar em Cabul.

Fomos de hospital em hospital e ficamos ao lado de meninas e mulheres que haviam comido veneno de rato, ingerido produtos de limpeza cáusticos, ou drogas não identificadas, na esperança de morrer. Essa fora vendida a um velho. Aquela tinha um marido que a espancava e mandava que ela fizesse o que as mulheres fazem nos filmes pornográficos da TV via satélite. Outra estava desesperada porque o marido a descartara depois de tomar uma nova esposa e ela temia que seus irmãos a matassem se ela voltasse à casa paterna. Outra queria casar com o colega de escola, mas seu pai planejava vendê-la a outra pessoa. Uma a uma, cada mulher contou uma versão do que pareciam ser histórias contraditórias: algumas eram forçadas a ficar com homens que não desejavam, enquanto outras desejavam homens com os quais não poderiam ficar. Mas todas as histórias eram iguais no final, e nada havia de romântico a respeito delas. Elas eram atravessadas pela violência como por uma veia escura. Eram todas sobre escolhas negadas. Eram todas sobre a mesma pergunta: o que mais posso fazer?

A resposta era mais violência. Autoinfligida. Posteriormente, investigadores de direitos humanos pesquisaram homens e mulheres em Herat, aleatoriamente, sobre atos de violência contra a mulher, mulheres que haviam sido espancadas, trancafiadas, estupradas, forçadas ao casamento ou descartadas dele. Em todos os casos, os investigadores perguntavam: "Que conselho você daria a uma mulher nessa situação?". A resposta mais comum, de homens e mulheres de todas as idades, foi: "Ela deveria se suicidar".[42]

O Hospital Karte Se é o hospital central do país para queimaduras. Pode ser que já tenha sido um lugar acolhedor, construído sob árvores de folhas largas ao lado do rio Paghman, mas as árvores foram cortadas e o rio minguou e se tornou um esgoto fedorento. Os prédios sombrios do hospital precisam de tinta e de desinfetante. Uma das três alas, com 70 leitos, é reservada exclusivamente para vítimas de queimaduras. Muitas pessoas sofrem queimaduras em Cabul, especialmente no inverno, quando tanques de propano, tão frequentemente usados dentro de casa para a iluminação e para a cozinha, explodem. O hospital recebe essas vítimas de Cabul, e os casos mais sérios, com queimaduras em mais de 50% do corpo, de outras cidades ligadas por avião à capital. No campo, pessoas com queimaduras sérias não têm chance de sobreviver. Os casos mais críticos de autoimolação em Herat são mandados para esse hospital. É aqui que muitas delas morrem.

"Quantas", pergunto ao diretor do hospital, um pashtun de barba negra e olhar feroz. Mas ele não sabe dizer. O hospital não conta os pacientes, nem suas doenças específicas. Ele me diz, em vez disso, que entre 3% e 6% das pacientes com queimaduras, são casos de autoimolação. Como ele calcula porcentagens sem ter os dados é um mistério e, mais tarde, uma médica na ala das mulheres eleva essa porcentagem para 10. Pergunto quantos casos de autoimolação são de meninas e ele me olha desconsolado. "Todas meninas", diz. "Homens não ateiam fogo ao corpo."

"E as meninas? Por que o fazem?"

Ele dá de ombros. Os motivos estão além de sua compreensão. E diz: "Por que você não pergunta a elas?"

Na sala de emergência suja, no canto mais distante, fora do caminho, está uma jovem. Talvez tenha 16 anos. Está deitada de costas, enrolada até o pescoço em um cobertor imundo. Sobre sua cabeça, fios de fuligem descem do teto escurecido. Seus braços estão sobre o cobertor, envolvidos em grossas camadas de gaze umedecida. Um tubo endovenoso serpenteia entre as bandagens até seu pulso. A menina geme e engasga com as próprias lágrimas. Ela recupera o fôlego e grita, um lamento longo e grave, e, depois, volta a gemer. Ao lado da cama, sua irmã mais nova chora, tentando secar as lágrimas com a ponta do cachecol. A enfermeira-chefe, ao pé da cama, relata o caso sem emoção, como se a paciente não estivesse ali. Essa menina foi forçada a casar-se com um homem mais velho, explica. Posteriormente, ele a acusou de adultério porque um amigo dele a viu conversando com um menino na rua; ele ordenou que ela voltasse para a casa de seu pai. Ela não desejara casar-se com esse marido, mas voltar para casa seria trazer a vergonha sobre a família, como uma mancha. Ela temia que seu pai a matasse para que essa mancha fosse lavada. Em crise, ela buscou conselho junto a uma vizinha, que lhe disse: por que você não se queima? E foi o que ela fez. Encharcou-se de óleo diesel e ateou fogo ao próprio corpo. As chamas queimaram 90% de sua pele, poupando apenas a cabeça, que agora repousa em um travesseiro ensopado de lágrimas em algum tipo de agonia de consciência e dor, separada do corpo enfaixado e arruinado, como se já estivesse morto. Aproximo-me e toco-lhe o rosto sujo. Ela se acalma imediatamente e volta seus olhos castanhos para os meus. O que vejo neles é demais para mim. Desvio o olhar para seus cabelos escuros. Estão secos e sujos, de cor cinza por causa da poeira das ruas. Na raiz, uma camada de pele da nuca parece se desprender da cabeça, ou talvez seja a própria pele soltando-se do crânio. Não consigo falar. Ela urra de novo e grita, claramente: "Eu quero morrer". "Você vai morrer", responde a enfermeira. No dia seguinte, ela está morta.

Ela é apenas uma. Duas ou três meninas e mulheres que tentaram se matar dão entrada, toda semana, em dois hospitais de Cabul: o Khair Khana e o Wazir Akbar Khan. Dez mulheres e meninas classificadas como vítimas de khoshoonat hlai zanan — violência contra a mulher — dão entrada, toda semana, no hospital Rabia Balkhi e, entre essas, há ao menos uma que tentou o suicídio. Uma médica na outra maternidade de Cabul, a Malalai, conta-me: "Nós não recebemos muitas suicidas, mas recebemos muitas recém-nascidas, deixadas em nossa porta todos os dias. As mulheres têm muitos filhos. Não conseguem alimentá-los. Quando já têm duas ou três meninas e vêm aqui para ganhar mais uma, elas as deixam conosco. Nas escadas. Ninguém quer meninas".

Os meninos são o futuro dos pais. São eles que ficam em casa e cuidam de suas mães, ao passo que as meninas logo são negociadas para servir a outros. Assim, ninguém as deseja muito e ninguém as trata muito bem. Meninas são transitórias, portanto não compensa dar-lhes muita atenção, nem se apegar a elas. A empatia com elas é algo desconhecido. Mesmo em famílias afetuosas e amorosas, as meninas ocupam um lugar psicológico peculiar e precário e mesmo esse espaço depende de se comportarem bem. Conquanto possam ser amadas, elas vivem por condescendência, como hóspedes. Em uma matéria assinada no New York Times, o escritor francês Berbard-Henri Levy contou a história de Homa Safi, de 21 anos, talentosa repórter do Nouvelles de Kaboul, a revista franco-afegã que Levy fundou em Cabul. Ela se apaixonou por um jovem muito respeitável, mas seu pai não permitiu que eles se casassem porque "o jovem era xiita, não um sunita, e ... de qualquer modo, ela estava prometida ao filho de um amigo, um homem que ela jamais conhecera". Homa Safi comprou uma enorme quantidade de "remédios" e suicidou-se. Profundamente aflito, o pai, "enlouquecido de desespero", jurou que "se Deus lhe devolvesse sua filha amada, ele a daria em casamento ao jovem que ela amava". Levy conclui que Homa morreu "não devido à crueldade, mas devido à insensatez infinita que o fundamentalismo provoca".[43] Mas atribuir essa tragédia doméstica ao Islã conservador é não entender a questão e, pior, é sufocar, com a estática da política, a voz clara da jovem falecida. Homi Safi está morta porque seu pai conhecia seu desejo, sua escolha, e os negou. Isso é crueldade. E é também comum. O que ela era, afinal, essa "filha amada", senão uma menina? Uma amiga conta, alegremente, que sua prima veio de um vilarejo para dar à luz seu primeiro filho em uma maternidade de Cabul. No dia seguinte, chega a notícia de que é uma menina. Minha amiga informa que a mãe e a criança estão passando bem, embora a mãe esteja, claro, muito triste. "Por quê?", pergunto. "Seu marido não fala com ela. Diz que é vergonha para ele." Uma semana mais tarde, minha amiga conta que a mãe está aprendendo a aceitar a filha indesejada. O pai da criança falou com a esposa apenas tempo suficiente para dizer: "Se fizer isso comigo de novo, mato você".

O modo como as meninas são recebidas na vida ajuda a explicar o porquê de tantas delas desejarem deixá-la. Isso é a khoshoonat hlai zanan, a violência contra a mulher. A médica responsável pelo Rabia Balkhi é uma mulherzinha robusta que parece muito profissional com seu avental e gorro imaculadamente brancos. Está furiosa. Diz: "Vocês vêm aqui e me perguntam sobre violência e suicídio, mas vocês não fazem nada a respeito. E vocês não são os primeiros a vir. Eu lhes digo em farsi. Eu lhes digo em pashtu. Eu lhes digo em inglês. Elas estão morrendo todos os dias, essas meninas. Essas mulheres. Elas são espancadas. Estupradas. Mutiladas. O que precisávamos era de um hospital para mulheres vítimas de violência de todos os tipos. Porque isso não tem fim. Daí nós diremos a todos os hospitais: por favor, não admitam essas mulheres, mas mandem-nas para o hospital central. Daí nós cuidaremos delas. Daremos a elas assistência psicológica, jurídica. Nós as ajudaremos a encontrar uma forma de viver. Se não for assim, o que podemos fazer? Eu as conserto e as mando de volta para os mesmos maridos, ou pais, ou sogras, que as espancam e estupram e queimam novamente. Talvez, da próxima vez, elas vão a outro hospital. Ninguém tem registro. Há muitos, muitos casos, mas se perdem. Vocês têm de fazer alguma coisa".

Salma explica que só podemos oferecer sugestões ao governo; mas, ao ouvir falar de governo, ela começa de novo.

"Isso não é política", diz. "Isso não é um regime, Karzai, Talibã, Rabbani. Isso é o patriarcado."

Era a primeira vez que ouvia uma mulher afegã dizer em voz alta a palavra proibida, "patriarcado", que tantas vezes me viera à mente. O que ela descrevera era o patriarcado conforme existia no Ocidente há menos de um século e como ainda deve existir em alguns lugares. Pesquisadores de direitos humanos estimam que 95% das mulheres afegãs estão sujeitas à violência — a cifra comparável para as mulheres americanas caiu para menos de 30% — e que as mulheres afegãs experimentam a violência com mais frequência. Algumas delas muitas vezes diariamente. Mas a maior diferença entre as mulheres afegãs e as americanas está naquilo que acreditamos em relação a nós mesmas, e em relação a nossos direitos e às injustiças que sofremos. No Afeganistão, a maioria das mulheres acredita que seus maridos, por direito, irão determinar sua vida sexual. Acreditam que os maridos e as sogras, por direito, irão ditar o que elas podem vestir, aonde podem ir e o que elas farão de suas próprias vidas. Acreditam que os maridos e as sogras podem, por direito, espancá-las a qualquer momento, e que seus pais, por direito, podem matá-las, se elas envergonharem o nome da família. Mesmo mulheres jovens, com acesso à educação, das quais se poderia esperar que contestassem essa distribuição de direitos, perguntam, em vez disso: "O que mais posso fazer?" Marzia, jovem e instruída, que é uma amiga tão delicada para as mulheres de Welayat, se opõe ao meu entendimento de que as mulheres não deveriam ser presas por delitos sexuais. Assim como os cristãos fundamentalistas nos EUA, e o papa recém-falecido, os afegãos confundem sexualidade e vida moral. "Precisamos ter leis contra a zina", diz Marzia. "Caso contrário, os homens não se sentiriam seguros para permitir que suas esposas e filhas saíssem para trabalhar." Ela não consegue nem imaginar um mundo em que as decisões estejam nas mãos das mulheres.

Outra diferença entre as mulheres afegãs e americanas surge daquilo em que suas respectivas sociedades acreditam e daquilo que ensinam através do direito. Quase todos os americanos acreditam que espancar a esposa é crime. Ainda que décadas de agitação política feminista tenham sido necessárias para persuadir o público a respeito, essa opinião agora reflete nas leis que criminalizam a violência doméstica, o estupro, o estupro marital, a perseguição velada, o tráfico, a prostituição forçada e a escravidão, como também em outras leis que determinam apoio social para mulheres vítimas de violência. Quase todos os afegãos parecem acreditar que os homens são criaturas superiores que têm todo o direito de fazer exatamente o que quiserem.

    Nessa cultura, o próprio casamento se torna uma forma de violência. Pode começar com o casamento forçado de uma menina-noiva, como o da menina Osama, no filme e com a consumação forçada que deixa a menina dilacerada e permanentemente incapacitada. Muitas jovens noivas de Cabul são levadas ao hospital para fazer curativos na manhã seguinte ao dia de seus casamentos, e algumas delas morrem. E há também o trauma emocional: a menininha de 9 ou 10 anos, que não sabe nada da vida a não ser ajudar a mãe, é entregue a completos estranhos, um dos quais, seu "marido", a derruba e estupra, fazendo com que ela se dilacere e sangre. Uma vez que ninguém tem registro de datas de nascimento ou de casamento, não é possível traçar estatísticas referentes a casamentos de crianças, mas no campo parece ser a regra. Famílias pobres que contam com o preço de uma noiva fazem bem em vender a menina cedo, antes que ela seja muito velha e a mercadoria estrague. A lei afegã agora exige que, para casar, os meninos tenham 18 anos e as meninas, 16, e a Sharia ordena que a idade mínima para as meninas seja 15 anos. Mas os fundamentalistas que acreditam em emular o Profeta observam que uma de suas esposas tinha 9 anos quando se casou com ele. Ela estava brincando em um balanço quando foi chamada para o casamento. No campo, eles tomam esposas de 7 ou 8 anos. Nas cidades também. Em Herat, pesquisadores encontraram meninas-noivas entre as mulheres que entrevistaram; quase um terço delas se casara com menos de 16 anos, algumas com não mais de 7 anos. Em Cabul, algumas vezes as parteiras que servem aos bairros mais pobres encontram meninas-noivas trancafiadas ou amarradas para que não fujam. "Não devemos encorajar as mulheres a fugir de casa", disse a juíza, "porque temos de manter uma sociedade moral". Nós as encontramos em Welayat, onde a maioria das mulheres casara jovem. Nós as encontramos nas maternidades, onde estavam dando à luz.

No hospital Malalai, cerca de 70 mulheres dão à luz toda noite e, pela manhã, os médicos fazem um breve discurso sobre "planejamento familiar" e as mandam para casa com seus novos bebês. Apenas cerca de 5% dos maridos permite o uso de contraceptivos, diz a médica-chefe; assim, a maioria das mulheres pede injeções ou DIUs imperceptíveis. Em uma ala de recuperação do hospital Malalai, encontramos 11 noivas inconscientes ou dormindo. Estão deitadas de costas. Suas camisolas hospitalares estão grudadas nas costelas, de forma que se veem seus ventres nus. Atravessando cada ventre pálido e encovado há um rastro de grosseiros pontos pretos. "Cesarianas", diz a médica. Essas meninas, com 11 ou 12 anos, ainda são crianças. Seus corpos ainda não estão desenvolvidos o suficiente para dar à luz. No campo, sem intervenção cirúrgica, morreriam. Nesse quadro, diz a médica, meninas tão jovens provavelmente gerarão bebês desnutridos, defeituosos ou retardados. Bebês que não conseguirão sobreviver. A médica conta que observou outra coisa curiosa a respeito das meninas-noivas, iguais às que jazem a nossa frente, cobertas de pontos como abajures remendados. "Elas não criam laços com os bebês", diz. "É como se elas não sentissem nada."

E, no entanto, ela acredita que essas meninas tenham sorte. "Podemos ajudá-las", diz. "Elas não morrem." A médica é uma mulher pequenina, ela mesma pouco maior que uma criança, mas é ativa e eficiente. Ela mantém o hospital muito limpo. Grupos de mulheres em aventais azuis estão lavando as paredes e o chão com desinfetantes e, enquanto nos leva de uma ala à outra, ela para aqui e ali para encorajá-las com delicadeza. "As garotas que se imolam são as piores", diz. "Poderíamos evitar isso com uma educação adequada. Só acontece porque elas não sangram."

— Como assim?

— Sim, é por isso que elas se matam. Você não sabia? Elas se casam, entende? E na noite de núpcias elas têm de sangrar, ou dirão que são meninas más, irão espancá-las e expulsá-las de casa. Elas têm de voltar à casa do pai, entende? Então, se imolam. — Entramos em sua sala, e ela se senta atrás de uma grande mesa sob um diploma emoldurado da Faculdade de Medicina da Universidade de Cabul. "Há outras razões, claro, mas essa é a mais comum. A virgindade é muito importante em nossa cultura, entende, por isso precisamos ensinar a todos sobre os sete diferentes tipos de virgens."

— Sete?

— Sim, sete.

— Por favor, me desculpe — digo —, mas acho que no meu país só temos um.

— Está vendo? A educação é muito importante.

Ela arranca um pedaço de papel verde-claro de um bloco em sua mesa e faz com uma esferográfica azul, sete esboços meticulosos do colo do útero. Cada um deles se mostra, examinado de perto, ligeiramente diferente dos outros, quer pela forma, quer por algum pequeno detalhe sugerido pelas hachuras delicadas. "Veja que há sete tipos diferentes de colo de útero", diz. "Sete tipos diferentes de virgens. O ponto importante é que só cinco deles sangram. Esses dois aqui...", diz, circulando com a caneta dois de seus pequenos desenhos. "Esses dois tipos de virgens não sangram."

— É mesmo?

— Sim. Você entende a dimensão do problema que elas têm? Elas não sangram. As pessoas pensam que são meninas más. São espancadas e expulsas de casa. Por isso elas se imolam. Em Cabul, muitos pais instruídos nos trazem suas filhas para exames antes do casamento. Muitas vezes, entende, conseguimos prepará-las, se for necessário. Dar alguns pontos. Mas, infelizmente, a maior parte do nosso povo não é instruída — ela me dá o papel verde com os pequenos desenhos azuis. — Você deve ajudá-los a se informar a respeito da ciência.

Salma e eu voltamos para conversar mais uma vez com as pacientes no hospital de queimados e soubemos que passar no teste da "virgem que sangra" não é nenhum talismã contra a violência, longa e brutal, do casamento. Dessa vez nos encaminhamos para a ala geral das mulheres, uma galeria ampla cujo teto baixo, enegrecido pela sujeira, era sustentado por arcos, como em uma cripta. Nos intervalos entre os arcos há camas de ferro em que vítimas de queimaduras jazem sob cobertores suspensos semelhantes a tendas, para que não toquem as feridas que vão cicatrizando. Uma enfermeira nos conduz pela galeria e para ao lado da cama de uma mulher mirrada, sem idade definida, que ignora nossas saudações. A enfermeira afasta o cobertor para que possamos ver a perna direita da mulher, queimada, na parte da frente, desde o joelho até o tornozelo. A queimadura devorou a pele do joelho, expondo a patela e os ligamentos das articulações. A ferida é profunda, de um marrom sujo que tende ao verde-arroxeado, e seca como uma velha fatia de toucinho. As bordas da ferida são roxo-claras. A enfermeira diz que essa mulher brigou com o marido e, aborrecida, deixou cair na perna, acidentalmente, óleo de cozinha fervente. Enquanto a enfermeira fala, a mulher volta-se para a parede. "Todas as mulheres nessa ala sofreram queimaduras acidentais", diz a enfermeira. Depois, vendo meu ceticismo, acrescenta que frequentemente é impossível saber o que se passou com uma mulher que se queima. As mulheres têm medo de nos contar, diz, porque mais cedo ou mais tarde terão de voltar para a família em que o "acidente" aconteceu, e em que pode acontecer de novo. Algumas vezes funcionários do hospital denunciam casos suspeitos à polícia, diz ela, como têm obrigação de fazer, mas a polícia não se interessa muito por essas "vítimas de cozinha". Esta aqui está nesta cama, com a perna suspensa sob a tenda, há oito meses. Ninguém sabe se ela voltará a andar, e ajudá-la a fazê-lo não é função do hospital. Seu marido jamais a visitou, mas, em dois ou três meses, ela voltará para suas tarefas em casa, menos útil e talvez um pouco mais taciturna, mas terá aprendido alguma lição secreta compartilhada pelas mulheres que jazem em seus leitos nesse quarto, sob as tendas sujas, olhando fixamente o teto azul.

É este o segredo: subjugar as mulheres pela violência. É uma subjugação suavizada pela tradição familiar e pela consolação do Islã, e algumas vezes transformada pelo amor; mas é, de qualquer forma, subjugação. É tão bem camuflada, ou tão universalmente ignorada, que chega a passar por um defeito passageiro do Talibã; mas é tão completa que até mesmo as mulheres que jamais estiveram sujeitas à violência física conhecem o código. Sua resignação é o mantra que passa pela pergunta: o que mais posso fazer? As mulheres da diáspora afegã — afegãs americanas e canadenses, afegãs alemãs e suíças, e afegãs francesas — que regressaram para ajudar a "terra natal" e as refugiadas que voltam depois de anos no Paquistão ou no Irã expressam sua frustração quanto às mulheres afegãs que jamais deixaram o país. "Lavagem cerebral" é uma expressão muito usada. "O patriarcalismo começa em casa", diz uma afegã canadense, bastante franca, chamada Rajiba. "As mulheres de hoje aprendem desde criança a fazer o que os homens mandam. Aprendem a pensar que os homens são melhores que as mulheres. Elas realmente acreditam nisso. Lá no fundo, elas acham que é verdade mesmo."

"Não é que as mulheres não tenham seus truques", diz a afegã alemã Tamina. "Elas são muito espertas. Elas têm de manipular para conseguir sobreviver a cada dia. Têm suas pequenas mazelas, suas pequenas rivalidades, suas pequenas fofocas. Elas sabem dar nó em pingo d'água." Mas essas são táticas subversivas de pessoas que sabem que não têm nenhum poder real. "Basicamente", diz Tamina, "elas aceitam tudo o que os homens dizem e obedecem."

"As mulheres afegãs sofrem lavagem cerebral desde a infância", diz a professora Nahid Rahimi, que leciona na universidade. "Quando há homens na sala, as alunas não se manifestam. Não respondem a perguntas. Você pensaria que elas são completamente idiotas. Eu as encorajo, mas não posso culpá-las. Eu faço a mesma coisa. Se estou em uma reunião ou em uma discussão com colegas homens, sempre tomo todo cuidado para não falar demais; e, mesmo quando sei a resposta a uma pergunta, sou cautelosa o suficiente para não dizer nada."

Essa é uma autoanulação voluntária, uma subserviência voluntária, uma voluntária idiotização de metade da população que ocorre mesmo entre mulheres instruídas, profissionais que pareceriam ser a exceção à regra. Talvez tamanha autoabnegação seja sintomática do trauma da guerra. Talvez derive da intensa pressão, feita pelos pares, da cultura tribal. Os afegãos vestem as mesmas roupas, comem a mesma comida, vendem os mesmos produtos nas lojas vizinhas, rezam as mesmas orações cinco vezes por dia e preocupam-se da mesma forma com que alguém se desvie da norma. Ou talvez essa rotineira demolição das mulheres seja, como parecem pensar tantas mulheres afegãs, consequência de um condicionamento de infância, uma lavagem cerebral corriqueira inscrita indelevelmente pelo uso ocasional da força. Os pesquisadores relatam que um dos principais "limites à participação das mulheres" na vida fora de casa e na mítica nova democracia afegã é que a "violência contra as mulheres é utilizada como forma de reforçar a adesão das mulheres às normas do purdah local".[44] Mas, dada toda a violência pessoal e política que as mulheres afegãs sofreram, geralmente não é preciso muita truculência. Um breve lembrete põe a mulher em seu lugar. Quando a professora Rahimi leciona para uma classe de alunos conservadores na universidade, eles viram o corpo quase imperceptivelmente e nunca olham para ela. Seu pai, seu marido e seus chefes homens na universidade deram-lhe, todos eles, permissão para lecionar, mas agora ela se vê diante de mais um exército de homens: seus alunos e seus colegas.

Vivendo assim, sempre ao bel-prazer dos homens, as mulheres têm de aprender a antecipar os desejos dos homens e, para fazê-lo, têm de aprender a ver as coisas como os homens as veem. Muitas adotam a perspectiva masculina de forma tão absoluta que parecem incapazes de sentir o sofrimento de outras mulheres. Em vez disso, inevitavelmente, competem umas com as outras. Cativas do patriarcado, procuram cuidar de si mesmas com uma intensidade que eclipsa a empatia, a lealdade e a cooperação. "Essa é outra coisa que aprendem em casa, desde crianças", diz Tamina. Em uma família grande com poucos recursos, sempre destinados primeiro aos homens e meninos, as meninas aprendem a lutar pelas sobras. Mais tarde, depois do casamento, elas competem com as cunhadas e disputam com a sogra a lealdade do marido." Como podem se apoiar mutuamente? A professora Rahimi conta que não recebe apoio de suas colegas de universidade. Pelo contrário. Elas a desestimulam a "criar problemas" e aconselham-na vivamente a não falar tanto de seu principal interesse: os direitos humanos das mulheres. Alunas de excelente desempenho na universidade reclamam de serem tratadas com distância por outras alunas; ela diz que as professoras que deveriam encorajá-las, ao invés disso, advertem-nas de que elas "não se encaixam". A competição para serem aceitas fecha-as em si mesmas. Se uma mulher se manifestar em uma discussão, nenhuma outra irá apoiá-la, ainda que ela tenha expressado uma queixa comum. Elas não confiam umas nas outras. Não apóiam umas às outras. Mesmo quando dançam, dançam uma de cada vez.

Muito disso não é típico da cultura afegã. Meninas da minha geração que cresceram nos EUA aprendiam as regras também, menos draconianas, certamente, mas bastante perversas. Algumas portas eram fechadas para nós, assim como algumas formas de ser. "Não seja esperta". "Não seja louca". O cristianismo ensinou-nos a subserviência, a autoanulação, a preciosa castidade. Em meu caso também, a repressão era inculcada pela violência em casa e pela ameaça de violência por qualquer homem na rua. Portanto, a subjugação das mulheres no Afeganistão é extrema, mas não nova, e aquelas entre nós que deploram o fato de o governo Bush estar se aproveitando da situação para ganhos políticos devem ser perdoadas por nosso cansado desgosto feminista. A subjugação das mulheres no Afeganistão, não é consequência de serem afegãs. Não é consequência de serem muçulmanas. É consequência de serem mulheres. Simplesmente. Torna-se pior devido à pobreza, à guerra, ao analfabetismo, ao isolamento, ao fundamentalismo, ao imperialismo e às condições práticas do atual século XIV.

Nas longas noites de inverno, quando está frio demais para ficar muito longe da estufa, as mulheres da FDH costumavam sentar-se juntas nos tushaks da sala e conversar. Éramos estrangeiras de seis países diferentes, mas o trabalho era mais pesado para Nooria, a única dentre nós, naquela época, que tinha também a nacionalidade afegã. Afegã e alemã, Nooria é uma ginecologista que se voluntariou para passar um mês em um hospital de Cabul. Seu pai fora líder de um partido democrático de centro durante a luta entre os comunistas e os islamitas radicais. Como o antigo presidente Rabbani, ele recebera uma educação islâmica na Universidade Al-Azhar no Cairo, mas fora para a Alemanha fazer seu doutorado em História, onde lecionara estudos islâmicos durante muitos anos antes de voltar ao Afeganistão. Nooria disse: "Ele era um homem com uma mente capaz de abraçar os dois mundos, o Islã e um tipo de democracia de base ocidental que se coaduna com princípios islâmicos de justiça social. Era nisso que ele estava trabalhando aqui quando foi assassinado". A mãe de Nooria levou os filhos de volta para a Alemanha, onde Nooria se formou. Agora, vinte anos mais tarde, ela voltara ao Afeganistão com a mãe para visitar o túmulo de seu pai e os parentes que haviam deixado para trás, e para fazer tudo o que ela pudesse para ajudar. Nooria compartilhava da esperança de seu pai de conciliar duas culturas díspares, mas, como muitas outras afegãs de dupla nacionalidade que voltam ao país, ela encontrou pouca coisa em comum com suas antigas conterrâneas. Nooria fala sobre elas com uma espécie de desespero.

Ela diz que sua mãe lembra que os afegãos eram bastante indiferentes uns aos outros antes da guerra, mas que, agora, depois de tanto conflito, depois de testemunhar tantas coisas indescritíveis, eles se tornaram duros. Diz que as mulheres com quem trabalha no hospital parecem estar sempre falando de suas próprias mágoas, de seus problemas femininos, de seu salário insuficiente e de suas dores nas costas. Estão sempre fazendo contas, diz, sempre pensando em dinheiro. Se o salário é de dois mil afeganis, elas só trabalham o que imaginam ser o valor de dois mil afeganis. Elas acreditam que, se recebessem cinco mil afeganis, iriam se empenhar muito mais; contudo, como não recebem o salário mítico que exigiria um empenho equivalente a sua imaginada capacidade plena, nenhuma delas se empenha nem um pouquinho.

A médica sênior chega caminhando, bem-vestida, maquiagem pesada, de nariz empinado e anuncia que hoje não está de plantão na sala de partos. A médica abaixo dela diz que esqueceu o avental e que, portanto, não pode realizar partos. Uma outra, chamada para atender um caso iminente, faz a episiotomia, tira o bebê, entrega-o à enfermeira e sai. Não fica por ali para ver se mãe e criança estão bem, ou para cuidar do corte que acabou de fazer nos tecidos da parturiente; ela deixa essas tarefas para a médica júnior, não tão importante quanto ela. A maioria dos partos acaba sendo feita pelas médicas menos experientes, as parteiras. Há um parto que está demorando, e três parteiras tentam acelerar as coisas espancando a mulher. Elas batem em seu rosto, esmurram a barriga e insultam-na: "Faz força, sua cadela com cara de merda". Da cama ao lado, uma mulher está pedindo ajuda, mas nenhuma das médicas ou parteiras dá a mínima atenção. "Ajudem-me, por favor", grita. Finalmente, uma enfermeira levanta o lençol, revelando uma poça de fezes aquosas entre as pernas da mulher. A enfermeira vai embora. Minutos mais tarde, a mulher pede ajuda de novo e o bebê desliza, sozinho, do canal uterino para dentro da poça e lá permanece, enquanto a mulher pede ajuda desesperadamente e as enfermeiras e médicas ficam olhando de longe.

"Que tipo de mulheres são elas?", pergunta uma advogada espanhola, "sem empatia por outras mulheres?"

"Que tipo de mulheres?", responde Nooria. "São mulheres afegãs. Como poderiam ter empatia por outras mulheres? Elas acreditam naquilo que os homens lhes dizem e naquilo que toda a experiência delas confirma: que as mulheres não valem nada. Menos que um carro ou uma vaca ou um aparelho de TV. Nada. E dar à luz é só mais uma tarefa, talvez mais dolorosa e perigosa do que outras, mas ainda assim é apenas rotina."

Transmito a Nooria uma história que minha colega afegã Salma me contou, de um tempo em que ela era uma menina fugindo, pela estrada, de seu vilarejo, atacado pelos mujahidin. Uma mulher bem a sua frente tombou de joelhos, de repente. Gemendo, agarrou com força a burca. O pai e a mãe de Salma pararam para oferecer ajuda. Passados alguns minutos, a mulher puxou de debaixo da burca um recém-nascido ensanguentado, limpou-o com a bainha do manto, levantou-se e continuou a correr. Só mais uma tarefa.

"Sim", diz Nooria. "Estou vendo como elas aprenderam."

Ela repete uma história que sua mãe ouviu de uma parente: a história de um homem que foi morto por um mujahidin, esquartejado e jogado, pedaço a pedaço, em uma panela com água fervente enquanto sua mulher e seus filhos eram obrigados a olhar. Depois disso, os mujahidin fizeram o mesmo com as crianças, uma a uma. Nooria diz: "Claro que essa história é, na verdade, sobre a mulher forçada a olhar". Isso foi durante a guerra. Eu me lembro (embora não comente no momento) o que uma de nossas advogadas contou-me a respeito de uma cliente. Ela é a viúva de um comandante mujahidin, um dos tenentes de Gulbuddin, que costumava derramar água fervente em seu abdome, suas coxas e seus genitais para "limpá-la" antes de estuprá-la. Ele celebrava seu clímax arrancando com os dentes nacos de carne de seus seios, braços, pernas e rosto. Seus membros e seu corpo estão agora lanhados e cobertos de cicatrizes, segundo a advogada que a acompanhou a um exame médico; e a pele de sua barriga está tão contraída pelas cicatrizes que ela não consegue mais ficar de pé normalmente. A advogada contou: "Ela costumava ser linda e alta, mas agora está baixa. Ele morreu, mas ela ainda tem medo. Ela está realmente muito baixa". Isso aconteceu depois das guerras, no tempo de paz. São essas coisas, experimentar essas coisas, ouvir sobre essas coisas, mesmo quando, como no caso da advogada, você é pago para ouvir, que deixam você embrutecido, duro. No Afeganistão, há uma quantidade suficiente de histórias como essa para deixar o país inteiro duro como pedra.

Não muito depois de minha chegada a Cabul em 2002, fui a um grande congresso sobre a questão da mulher, financiado pela ONU, que reuniu mulheres de todas as províncias vizinhas. Foi no Hotel Intercontinental, que, à época, era o melhor naquela Cabul destruída. Enquanto escutávamos os discursos na sala de conferências, o pessoal do hotel arrumou um grande buffet no saguão. Quando os discursos terminaram, encaminhei-me para o almoço com minha intérprete, uma estudante de Medicina de uma importante família da Cabul. Na cabeceira da mesa do buffet, peguei um prato, mas uma mulher veio por trás de mim e arrancou-o de minha mão. Peguei outro, mas outra mulher deu-me um safanão no ombro que me arremessou, do lado da mesa, contra a parede. Minha intérprete me apanhou enquanto eu me ajeitava e levou-me para um canto. "Creio que devemos esperar", disse, como quem pede desculpas. As mulheres que haviam agarrado os pratos enchiam-nos rapidamente, arrancando nacos de carne e amontoando punhados de batatas e de repolho. Algumas nem se incomodavam em pegar pratos e ficavam ao lado da mesa do buffet, comendo rápido com as duas mãos. Uma mulher pegou uma travessa de coxas de galinha e despejou-a dentro da bolsa. Outras levaram embora travessas de carne cozida ou de pilau de arroz. Duas mulheres lutaram por uma bandeja com fatias de bolo quando uma terceira a apanhou inteira. Era como um daqueles desenhos antigos de mulheres se degladiando em uma liquidação no porão da Macy's, mas a cena se desenrolava em silêncio. Sem dizer uma só palavra, as mulheres atacaram a comida com a voracidade sistemática dos gafanhotos e, quando terminaram, não havia mais uma migalha. O furor com que comiam, desesperadamente, solitariamente, trouxera-me lágrimas aos olhos.

— Eu consigo alguma coisa para você no restaurante — disse minha intérprete.

— Não, obrigada — respondi. — Não é importante — mas ela se desculpava, profundamente constrangida.

— Essas pessoas não sabem se comportar — ela disse.

— Acho que elas só estão com fome.

— Não — respondeu. — Esse é o jeito como elas vivem.

Paradoxalmente, a mesma obstinação que gerou essa refeição furiosa pode servir de mecanismo de autocontrole em situações em que as ações ou o discurso de uma mulher podem ser problemáticos o bastante para "deixar as coisas piores". A mulher afegã é de uma fortaleza discreta, indistinguível da "passividade", que lhe permite sobreviver a tempos e pessoas difíceis. Veja as mulheres que trabalham para a Madar. Essa pequena ONG está sempre à beira da falência, e Caroline vive na esperança de que uma das "especialistas" estrangeiras que vêm de vez em quando ajudá-la possua um cérebro para finanças comparável ao grande coração que ela tem. A esperança faz com que ela lhes dê o benefício da dúvida, de modo que, embora sendo ela mesma praticamente uma afegã, confia a Madar a uma especialista estrangeira atrás da outra, que não sabem nada do Afeganistão. As mulheres afegãs de sua equipe, que estão com ela desde o princípio, não têm escolha, a não ser acomodarem-se aos ditames que surgem de opiniões técnicas duvidosas. Uma visitante quer ensinar aos lavradores afegãos como cultivar a terra. Outra quer treinar as mães para cuidar de seus bebês. Várias, eu inclusive, tentaram ensinar aos professores como ensinar. Uma está determinada a resolver os problemas fiscais da Madar transformando sua popular loja de artesanato em uma loja sofisticada. Ela faz com que a equipe de costureiras, cujo tradicional bordado afegão vende bem há muitos anos, passe a fabricar os vestidos deselegantes que desenha. As afegãs da equipe, obedientemente, dão entrada nos projetos necessários, conseguem as permissões necessárias, indo, sem qualquer reclamação ou protesto, do Ministério da Agricultura para o Ministério da Saúde, para o Ministério da Educação, para o Ministério do Comércio. Durante todo esse trâmite, conversam discretamente entre si e trocam ideias. Mesmo quando sei que estão desanimadas, seus rostos permanecem tão impassíveis quanto o relógio quebrado no escritório improvisado e em eterna reorganização. Já ao final, sob o barulhento reinado autocrático de Mary Lou, a perita em moda e algumas das costureiras vão para casa depois do trabalho e choram escondido.

— Ela nos manda cortar a seda tão linda — sussurra pra mim a costureira principal.

— Você reclamou com a Caroline?

— Não, não. Vamos conversar quando Mary Lou tiver voltado para os EUA.

— Mas isso pode ser daqui a meses. Por que você não fala com a Caroline?

— Não, não. Não se incomode. Haverá tempo para isso.

As mulheres percebem a feiúra das peças que são forçadas a produzir, mas supõem que alguém, em algum lugar, deve gostar dessas coisas, já que Mary Lou não para de falar sobre o "mercado". O que as incomoda é ter de cortar a seda que sempre guardaram para pedidos muito especiais. Elas conhecem as mulheres que a tecem. Sabem quão difícil e quão demorado foi tecê-la. E o tecido é tão lindo. Apesar disso, elas cortam, dão pontos e passam como exigido até que toda a seda se vá, assim como a perita americana, que deixa atrás de si pilhas e pilhas de caríssimos modelos Mary Lou que ninguém quer comprar. No fim, a perita ganhou dinheiro com seus serviços, e a Madar perdeu. Mas as mulheres ainda têm seus empregos, e nem uma única palavra de aborrecimento ou de reclamação foi dita pelas afegãs, a não ser discretamente, ocasionalmente, em um sussurro, para mim. Não é que eu seja uma amiga especial, embora seja útil para elas encorajar-me a pensar que sou. Elas devem ter sussurrado reclamações a meu respeito também, a outras que elas desejavam conquistar, até mesmo à pavorosa Mary Lou. É assim que elas lidam com suas famílias. Foi assim que elas enfrentaram o Talibã. É assim que elas sobrevivem ao massacre da "ajuda" estrangeira.

Será esse comportamento, resignação heroica, inação covarde, egoísmo sagaz ou estresse pós-trauma? Ou será alguma complexa estratégia de sobrevivência desenvolvida para manter a vida em zonas desconhecidas para nossos comportados dicionários de diagnósticos pseudopsicanalíticos? Nos últimos anos, muitos livros motivacionais foram escritos sobre o heroísmo das mulheres afegãs, sobre sua coragem, força e poder de recuperação. Muitos livros descrevem a força da mulher afegã como "escondida" ou "velada", como de fato tinha de ser sob o Talibã, quando tantas mulheres arriscaram a vida por terem lecionado para crianças. O heroísmo algumas vezes consiste em ser discreto, de modo que o Afeganistão, como todas as sociedades patriarcais, não tem muitas heroínas com discurso franco, visíveis na linha de frente. Só consigo pensar em duas, e uma delas está morta.

Seu nome era Meena. Como uma garota de classe média crescendo na Cabul dos anos 1970, ela estudou História e Literatura com professores progressistas na escola secundária para meninas em Malalai e na Universidade de Cabul, que na ocasião fervia de opiniões radicais. Em 1977, na condição de estudante de 22 anos, fundou a Associação Revolucionária das Mulheres do Afeganistão (RAWA). Começou com um grupo pequeno de mulheres jovens que trocavam ideias sobre direitos da mulher e igualdade; depois passou a espalhar tais ideias por meio de cursos de alfabetização para mulheres pobres. Ao contrário dos grupos políticos dos homens existentes no campus universitário naquele tempo, grupos como o dos maoístas e o incipiente Jamiat-i Islami do professor Rabbani, a RAWA rejeitava tanto o sectarismo étnico quanto o islamismo como base para o Estado. Único, até hoje, entre os partidos afegãos, a RAWA propugna a separação da mesquita do Estado em uma república secular e denuncia os mujahidin islamitas — todos aqueles heróicos "guerreiros da liberdade" — como "terroristas", "bandidos" e "gangues de criminosos fundamentalistas". Isso explica o porquê de Meena ter tido de fugir do Afeganistão e o porquê da RAWA jamais ter sido convidada para a mesa de "reconstrução nacional" depois da guerra. No início dos anos 1980, ela transferiu as operações da RAWA para Quetta, no Paquistão, para servir aos refugiados afegãos; e foi lá que ela foi assassinada em 1987, provavelmente por agentes do onipresente Gulbuddin Hekmatyar. Àquela altura, Meena e a RAWA já eram bem conhecidas na Europa. Meena era uma oradora carismática, e a RAWA sempre fora astuta quanto às relações públicas. No período do Talibã, quando o mundo começou a notar o Afeganistão, a RAWA era a única organização de mulheres afegãs que se podia achar na Internet. As feministas americanas descobriram-na lá e adotaram-na. Juntando forças para apoiar "as mulheres do Afeganistão", elas enviaram dinheiro e apoio moral à RAWA, que ainda operava nos campos de refugiados do Paquistão, enquanto milhares de mulheres anônimas arriscavam o pescoço ao operar escolas e serviços de saúde domésticos no Afeganistão, desafiando o Talibã. Com o desaparecimento de Meena, parecia não haver ninguém para liderar a RAWA no Paquistão e poucas mulheres, ou homens para manter viva a causa secular nesses novos tempos de conservadorismo islâmico opressivo. Destacadas feministas ocidentais ainda importam membros da RAWA para falar sobre as mulheres afegãs, mas a organização idolatrada nos EUA é quase invisível em casa.[45] Lá, a verdadeira heroína

Meena foi eclipsada por outro líder carismático radical, que é seu contemporâneo exato: Osama bin Laden.

Outra heroína da vida real, tão corajosa e tão franca quanto Meena, apareceu no loya jirga constitucional de 2003. Uma delegada, Malalai Joya, 25 anos, levantou-se e perguntou por que razão os déspotas locais e os comandantes mujahidin sentados nas primeiras fileiras não deveriam ser julgados por crimes de guerra contra "afegãos indefesos". Afegãos comuns, incomodados pela mesma questão, aplaudiram sua coragem, mas os déspotas e os comandantes que participavam do governo Karzai ofenderam-se com a liberdade desse discurso. O presidente tentou expulsá-la da convenção constitucional, e ela teve de ser colocada sob proteção da ONU por causa do risco que corria.[46] O fato de Malalai Joya ter sido eleita para o novo Parlamento, em 2005, pode ser um sinal de mudança.

Mas Meena e Malalai Joya não se parecem em nada com as heroínas tradicionais apresentadas como modelos de comportamento, embora, ironicamente, Malalai Joya deva ter recebido seu nome em homenagem a uma delas: uma menina pashtun que serviu, em um momento decisivo da História, de líder de torcida para os homens que lutavam. Em 1880, durante a segunda guerra anglo-afegã, a lendária Malalai deu novo ânimo aos combalidos soldados pashtuns ao cantar estes versos inspiradores, ou palavras em pashtu, com este sentido aproximado:

"Meu jovem amor, se não caíres na batalha de Maiwand,

Oh, Deus, é que alguém te preserva para seres símbolo de vergonha.[47]"

Os homens, envergonhados, voltaram à luta e venceram, mas Malalai foi morta no campo de batalha para culminar uma história que é, ao mesmo tempo, uma inspiração para os homens que lutam e uma narrativa de advertência para as mulheres que pudessem querer seguir, de fato, seu exemplo. A outra "heroína trágica" tradicional do Afeganistão é a talentosa poeta farsi e árabe Rabi'a Balkhi, que teve os pulsos cortados por ordem do irmão, o governador de Balkh, quando soube que ela se apaixonara por um escravo turco. Também sua história destina-se a alertar mulheres voluntariosas, mas ela é muito admirada por ter escrito a seu amado um último poema — com seu próprio sangue — enquanto morria, uma façanha comumente atribuída tanto ao poder transcendente da poesia como ao poder terrível e perturbador da sexualidade feminina. Para honrar as trágicas heroínas, os afegãos dão seus nomes as suas filhas e também a edifícios públicos: as duas grandes maternidades de Cabul e a escola secundária para meninas em que Meena se formou. Até agora, não há nada que tenha sido nomeado em homenagem a Meena.

Hoje, entretanto, há uma nova heroína de ficção, também chamada Rabia. Ela é a personagem principal de um filme de ação sonhado por uma policial de Cabul, Saba Sahar. Uma vez que a polícia afegã não só é treinada como também recebe auxílio da Alemanha, Saba Sahar foi ao escritório alemão para assistência técnica em Cabul e pediu 8 mil euros para fazer um filme sobre uma policial; como esse escritório é chefiado por uma alemã criativa que gosta de cinema e como 8 mil euros são migalhas, Saba Sahar conseguiu o dinheiro. O filme se chama Qanoon — A Lei. E a lei é representada pela dedicada policial Rabia. Ela não é nenhuma Cagney ou Lacy, mas fica muito elegante com seu uniforme e os óculos escuros. O filme começa com Rabia em sua mesa rememorando a recente cerimônia de formatura na Academia de Polícia de Cabul, em que ela, Rabia, filha de Abdullah, orgulhosamente jurou servir o povo do Afeganistão. Ela é chamada para enfrentar alguns traficantes que lhe oferecem dois milhões de afeganis (cerca de 40 mil dólares) para deixá-los em paz, mas Rabia é incorruptível. Os traficantes a advertem de que, mesmo que ela os prenda, eles estarão livres em algumas horas, um comentário realista ao atual funcionamento da justiça em Cabul, mas, apesar disso, ela cumpre seu dever.

A seguir, Rabia é chamada para uma ocorrência de conflito familiar. Um homem perdeu a filha de 10 anos em um jogo de cartas, e o vencedor está tentando arrancar a criança da mãe. Rabia põe ordem nas coisas prendendo os dois homens. Na cena seguinte, ela salva uma criança de um traficante que se disfarçara usando uma burca. Ela percebe alguma coisa no jeito como ele anda. Depois, algema um jovem arrogante que está assediando uma menina na rua. Só se passaram alguns minutos, e a policial recém-formada já está limpando Cabul e incutindo medo, bem, talvez não medo, mas preocupação, nos narcomafiosos da cidade. Os bandidos são sujeitos em roupas ocidentais, embriagando-se com bebidas ocidentais e idolatrando os bens ocidentais. O bandidão, que parece americano, se explica, estou contando a versão em inglês, feita pela própria diretora, do roteiro em dari: "Eu sou um matador, sou um homem mau, sou um assassino humano, e sem vinho eu não como nem bebo outras coisas. Sem matar e destruir eu não tenho outros trabalhos. [...] Agora eu quero ser rico e o dinheiro capturou o mundo inteiro". Mas o que esses bandidos podem fazer com uma policial que não é suscetível às tradicionais propinas? "Cada vez que ela respira", diz um perplexo criminoso, "Rabia está dizendo 'Qanoon é meu pai, Qanoon é minha mãe, Qanoon é meu tudo'." Ela diz que prefere passar fome a aceitar propina. Se ela fosse homem, o chefe criminoso Sultan mandaria matá-la; mas, como ela é mulher, basta que consigam fazer com que ela se case. Ele manda um dos membros da gangue, um sujeito sujo, desleixado, com um bigodinho, oferecer ao pai de Rabia um preço pela noiva que ele não pode recusar; e, antes que você perceba, lá está Rabia, bajulando o marido e pedindo permissão para voltar a trabalhar.

Rabia é ludibriada por algum tempo, chegando a inadvertidamente transportar drogas para Zahir, seu marido, no carro que ele lhe deu. Mas não demora muito para que a lua de mel termine em confronto: "Sim, eu pensava que meu marido era um homem de negócios", diz Rabia, "mas agora descobri que ele é um homem do negócio de drogas, de partes de corpos de crianças, raptando criancinhas inocentes e depois matando-as e vendendo seus rins. [...] Sou uma policial. [...] Jurei servir meu povo e meu país. O governo investiu em mim e me fez uma policial, e agora eu vou aplicar a lei a você". Mas antes ela tenta fazê-lo ver o erro de seu mau caminho: "Essas crianças que você rapta e leva, você arranca os rins, arranca os olhos. Elas não têm uma mãe? Elas não têm um pai? Você trafica narcóticos, essas mães desesperadas, com quanta dificuldade elas criaram os filhos e você os ensina a usar narcóticos; ao invés de servirem suas velhas mães, eles acabam servindo vocês, seus desgraçados". Depois, passa a usar todas as artimanhas persuasivas de uma boa mulher: "Veja, Zahir, veja Zahir, sou sua esposa. [...] Derramo lágrimas para você, não por isso que você me derrotou, derramo lágrimas para você por nosso povo, por nosso país destruído". E, então, a súplica: "Vamos, Zahir, ajude-me. Vamos, Zahir, livre as vidas dessas pessoas sem esperança, desses desgraçados e assassinos. Vamos, vamos. Vamos nos dar as mãos. Vamos nos dar as mãos. Vamos nos dar as mãos. Vamos nos dar as mãos. Você ajudará a polícia. Você cooperará com o povo; nós vamos juntos nos dar as mãos; juntos, vamos submeter esses desgraçados à lei. A lei irá ajudá-lo".

Ela o conquista, é claro, mas a gangue o apaga, momento em que Rabia, em uma demonstração peculiar de amor pelo marido criminoso que se gabava de tê-la usado o tempo todo, jura beber o sangue dos assassinos. Há muito mais. Rabia resgata crianças sequestradas. Ela cruza um cenário desértico espetacular sobre uma grande motocicleta Jin Hao, dirigindo devagar, para que o chador não voe muito. E ela é ferida algumas vezes. Mas, no fim, Rabia e o filme são salvos pelos mocinhos, que chegam com força total, vindos do oeste: legiões de policiais afegãos treinados pela Alemanha dirigindo jipes da polícia afegã doados pela Alemanha. Após acabarem com a gangue, eles se juntam às hordas de cidadãos agradecidos no quarto de hospital em que Rabia se recupera dos tiros que recebeu. Um oficial lhe diz: "Estou orgulhoso de sua presença aqui. A polícia está orgulhosa de você, o povo do Afeganistão está orgulhoso desse tipo de polícia". Enquanto a cena se esvai, Rabia responde: "Obrigada, policial. Seja esta a vida, este é o dever da polícia: servir o povo e servir seu país. Obrigada".[48]

Os cartazes são melhores do que o filme. Rabia de uniforme com uma fita vermelha amarrada no chapéu. Rabia com sua arma. Rabia na motocicleta. Rabia usando muita maquiagem nos olhos. Mas Rabia, como heroína de ação, é uma decepção, porque no fundo ela é uma "boa" mulher afegã submissa. Ela casa com um homem que nunca viu porque seu pai lhe diz que essa é sua obrigação. Ela pede permissão a esse homem para viver sua própria vida. Ela o "ama" mesmo quando descobre que ele está no negócio de matar crianças e vender seus órgãos no mercado negro, e que ele a desposou apenas para tirá-la do caminho. Ela vai atrás da gangue inteira sozinha, como se não tivesse aprendido nada no programa de treinamento alemão, e tem de ser salva pela maior mobilização de policiais (homens) na história do Afeganistão. Talvez seja por isso que o filme se chama A Lei, em vez de Rabia. Por trás da fantasia há a realidade sobre os prósperos narcomafiosos (dentro e fora da lei) e sobre a vida das mulheres afegãs e o fato espantoso de que qualquer mulher, não importa quão madura, dedicada e perfeitamente treinada, não importa se ocupando um cargo alto e uma posição de valor para si mesma e para o país, pode ser comprada e vendida.

Durante o Eid, os afegãos se arrumam e visitam os amigos. Nunca fui capaz de decifrar os sinais que diziam às pessoas em Cabul quais famílias deveriam circular e quais deveriam ficar em casa e recepcionar, mas Caroline era sempre do grupo que circulava. Em 2005, circulei pela cidade com ela para visitar as famílias do pessoal da Madar. Primeiro fomos a um apartamento no quarto andar de um dos velhos edifícios da época dos soviéticos, sem escadas e em ruínas, que fazem com que este bairro, chamado de Terceiro Macrorayon, lembre algumas partes desoladas de Vladivostock ou de Murmansk. Demorou um bom tempo para que o motorista de Caroline, Hassan, conseguisse achar o prédio certo em meio a filas de clones idênticos e sem numeração; ele teve de parar em vários prédios para perguntar. Finalmente encontramos o endereço certo e, cruzando a entrada coberta de lixo, subimos as imundas escadas de concreto e passamos rapidamente, como em um túnel de vento, pela corrente de ar gelado que entrava pelos vidros quebrados das janelas na escadaria. Esses são os apartamentos mais cobiçados de Cabul, porque foram originalmente equipados, na década de 1970, com vasos sanitários com descarga, aquecimento e lâmpadas elétricas que — quem sabe? — um dia podem funcionar de novo. O boato local é que um desses apartamentos foi recém-vendido a um estrangeiro por 70 mil dólares. O fato da família pobre de Nadia, de professores, ter se mudado para cá recentemente era mais um dos aspectos da logística das pessoas em Cabul que eu não conseguia decifrar; mas lá estava Nadia no alto da escada, sorrindo feliz e cantando uma canção de boas-vindas a sua nova casa, como se nenhuma de nós soubesse que era dessa casa que seu irmão pedia que ela saísse. Lá dentro, um linóleo estava estendido no chão do quarto estreito de Nadia, um quarto que seu irmão cobiçava e ali nos sentamos de pernas cruzadas no tushak que lhe servia de cama e comemos o pilau que ela colocara a nossa frente. Caroline era o tipo de pessoa que não gosta de ser distraída enquanto come, mas, naquele dia, não parava de olhar para o buraco na parede ao fundo do quarto, onde, certa vez, uma bomba atingira o prédio. O buraco deixado pela parte da janela que fora destruída estava preenchido com trapos e coberto com um plástico, mas, ainda assim, o vento frio entrava. "Você vai consertar isso aí?", perguntou Caroline. Nadia deu de ombros: "Vou", disse. "Talvez. Talvez meu irmão. Ele conserta isso."

Nadia nos acompanhou para irmos de carro até o outro lado da cidade, até a casa que Lema e sua família haviam alugado em Taimoni. Era uma típica casa de Cabul, apenas uma janela e toscos tijolos de barro, com um pequeno jardim, agora desolado, mas contendo a promessa do verde da primavera. Em abril, os mirrados bastões junto à parede do jardim se tornariam árvores floridas. Lema e suas duas irmãs solteiras nos receberam no portão e nos conduziram ao gulkhana, uma espécie de solário interno, onde sua mãe, linda e sempre doente, descansava sobre almofadas, aquecida pelo sol que atravessava as janelas. Essa era uma casa de mulheres, e logo as esposas de dois dos irmãos de Lema se juntaram a nós. Três menininhos, filhos de uma das cunhadas, estavam sentados, um ao lado do outro, junto à parede perto da porta, como se tivessem acabado de entrar e não pretendessem ficar. Sentaram ali, quietos, sem dizer nada, ouvindo a conversa das mulheres. Três lindas menininhas, filhas de uma das cunhadas, sentaram-se no chão a sua volta, enquanto ela dava de mamar a seu bebê. Seu primeiro menino. O irmão estivera com elas apenas uma semana, e as meninas já podiam perceber sua força. O sorriso de sua mãe era radiante.

"Mubarak, mubarak", disse Caroline. "Parabéns pelo nascimento de seu filho."

"Estou muito feliz", respondeu a jovem mãe. "E meu marido e minha sogra também. Estamos todos felizes." A sogra, deitada nas almofadas, esboçou um sorriso cansado. "Antes eu só tive meninas. Estava tão triste que disse: 'Não quero mais ter filhos'. Mas agora que tenho esse menino, eu quero muitos, muitos filhos mais. Talvez agora, ensh'allah, muitos, muitos meninos."

A irmã mais nova da jovem mãe também a estava visitando e, embora ainda não fosse casada, disse que ela também esperava ter muitos, muitos meninos. Nesse meio tempo, contou, iria deixar a escola e vir para cá ajudar a irmã. Teria sido o acréscimo de mais essa menina ao grupo familiar que fizera o irmão de Lema começar a insistir para que ela se casasse?

"Adoro limpar a casa", disse. "E lavar. Esse é um trabalho muito bom, e eu posso treinar. Eu também posso ajudar a cuidar do menino."

"Mas você deve completar seus estudos", disse Lema, que tinha sua carreira. "Você não precisa de treino para limpar a casa. Sempre há uma casa para limpar, e qualquer um pode fazê-lo. Mas, se terminar os estudos, você pode fazer outras coisas." A menina manteve um silêncio respeitoso, mas pude ver seu ceticismo. "Veja o meu caso", prosseguiu Lema, oferecendo-se como um exemplo que poucas meninas têm em suas famílias. "Terminei os estudos secundários. Faço aulas de inglês. Faço aulas de computação. Agora tenho um bom emprego. Trabalho em um bom escritório. Todos os dias posso sair de casa, andar pela cidade e fazer o meu trabalho. Posso ganhar dinheiro para a família. E, além disso, meu trabalho é bom. Ajuda muitas mulheres. Isso também me faz sentir bem."

"Mas você não tem marido", respondeu a menina.

"Se eu quiser um marido, eu arranjo um marido, mas nesse momento eu não quero. Não quero dedicar minha vida a limpar a casa. Acredite em mim, é melhor terminar seus estudos."

A filha mais velha da jovem mãe serviu novamente chá para as convidadas e para a fileira dos atentos meninos, enquanto a segunda passava o prato de bolo. E foi a própria jovem mãe que veio em defesa da irmã, a potencial limpadora de casas. "Lema, querida", disse, "quando chega do trabalho, você está cansada. Você não nos ajuda a fazer o jantar, nem a lavar os pratos, nem a fazer as camas. Você não faz as coisas que são boas para uma mulher fazer".

"Sou eu que pago a comida", disse Lema. "Isso é para você também. Seu marido está desempregado."

"Isso é bem verdade, Lema, querida, mas esse não é um trabalho apropriado para mulheres. A primeira coisa é conseguir um marido, e a coisa mais importante é ter um menino."

Lema riu. "Talvez", disse, "mas eu não seria uma mulher feliz sem um emprego".

"Mas, Lema, querida", disse a jovem mãe, "sem um menino, você nem é uma mulher".

Caroline convidou Lema para vir conosco visitar a viúva Meryam, que morava bastante longe, no térreo de outro anônimo bloco de apartamentos soviéticos. As paredes de concreto pareciam irradiar frio como uma geladeira, e a sala de estar, quase sem nada, estava absolutamente gelada. Meryam trouxe dois aquecedores de propano e uma braçada de cobertores. Enrolamo-nos como se fôssemos torcedoras em algum jogo de futebol no inverno e nos amontoamos nos tushaks bebendo chá-verde, que ficou gelado no momento em que Meryam o despejou em nossas xícaras. Meryam, que tinha tendência à depressão, parecia tão radiante quanto a jovem mãe que deixáramos cuidando de seu bebê na casa de Lema; e a razão, mais uma vez, era um menino. Seu filho Hamid, de 14 anos, viera passar o dia em casa, vindo da escola militar que frequentava, fora da cidade. Hamid era filho único póstumo, nascido três meses depois que seu jovem pai fora morto, em uma rua de Cabul, por um míssil mujahidin. O governo pagava a educação que treinaria o menino para ser um oficial do Exército Nacional Afegão. Os EUA haviam escolhido despejar dinheiro no Exército, que poderia apanhar Osama bin Laden, e não na polícia, que poderia ter estabelecido um mínimo de segurança para os habitantes de Cabul. Hamid estava exultante por fazer parte do programa da Força Aérea, disse Meryam. Ele planejava ser piloto.

    Meryam deixou a sala e voltou com o garoto. Ele era bonito, daquela forma suave dos meninos no auge da adolescência, e já era mais alto do que a mãe. Vestia uma camisa escura e um elegante terno ocidental. Entrou na sala e afundou-se em uma almofada próxima à porta, na postura provisória dos menininhos que ouviam nossa conversa na casa de Lema. Assim como eles, ele ouvia em silêncio a nossa conversa até que cometi o erro de fazer-lhe, diretamente, uma pergunta sobre a Força Aérea. Sem responder, ele se levantou e saiu apressadamente da sala. Ele já era velho demais para sentar-se na sala das mulheres, e jovem demais para ter aprendido a sair com autoridade e indiferença. Meryam logo o seguiu para servir-lhe chá e bolo em sua própria sala; e, mais tarde, quando a convidamos para se juntar a nós em nosso circuito de visitas, ela recusou. "Man bacha", disse. Meu menino. Ela não podia deixá-lo. Ele era o objeto de todo seu amor e a fonte de toda sua alegria. Em anos futuros, ele viria para casa nos feriados escolares, como Eid, para permitir que ela o servisse. Quando for muito velha para trabalhar, ela ficará em casa, talvez aqui, nessa mesma sala gelada, aguardando essas ocasiões. Se ele for um bom menino afegão, continuará a cuidar dela, ainda mais do que da esposa ou das esposas que ele certamente terá algum dia. Irá sustentá-la e virá visitá-la quando puder. Mas estará distante, voando.

Três anos depois de nossa primeira visita conjunta ao presídio feminino em Welayat, Beck e eu pegamos um carro e descemos pela estrada de Jalalabad, passando pelos grandes campos da ISAF (Força Internacional de Assistência à Segurança) cercados de sacos de areia e arame farpado, e viramos para o sul, atravessando o rio Cabul em direção ao presídio de Pul-i Charkhi. Zulal veio conosco para servir de intérprete. Desde muito longe podíamos ver as muralhas de pedra se erguendo na planície empoeirada e, como a estrada era péssima, nos movíamos em direção a elas como em câmera lenta, em meio à poeira e à ansiedade. O presidente Daoud construíra Pul-i Charkhi para "reformar" ou remover aqueles que pudessem se opor a sua república, e governantes afegãos de uma tendência política ou outra a têm usado, desde então, para livrar-se de seus inimigos. Foi aqui que minha amiga Orzala ficou presa, quando criança, com toda a família até que o Crescente Vermelho Internacional conseguiu libertar as mulheres e crianças. Foi aqui que meu amigo Sharif ficou aleijado pela tortura; que o marido de minha amiga Moska foi fuzilado; que minha amiga Acquela ficou aguardando diante dos portões, mês após mês, o dia, que nunca veio, em que seus filhos seriam libertados. Foi aqui que o pai de meu amigo Obidullah foi torturado por ser comunista e, muitos anos mais tarde, que Obidullah foi torturado por não sê-lo. Quase todo mundo em Cabul tem uma história aqui.

 Entregamos a carta de autorização aos comandantes policiais de barbas grisalhas que ficavam nos portões e logo estávamos do lado de dentro das muralhas, atravessando um pátio cheio de lixo em que uma dúzia de prisioneiros interrompeu seu jogo de vôlei para olhar estupidamente para a mulher de cabelos cor de cenoura, sem véu, que passava por ali. A nossa frente apareciam os blocos de celas com suas longas janelas gradeadas, colocadas alto o bastante para que os prisioneiros não conseguissem ver através delas. Atravessamos mais portões de ferro, mais policiais armados e cruzamos o campo amplo e desolado, ainda cheio de tábuas quebradas, que era o pátio do recém-reformado setor feminino. O pátio estava vazio, a não ser por uma cadeira de encosto reto, absolutamente solitária no meio da desolação. Foi então que notamos, na extremidade do pátio, uma mulher que marchava para cá e para lá com botas de salto alto. Ela não fechara os zíperes, de forma que os canos de suas botas agitavam-se como se fossem grilhões. Nós a reconhecemos como uma das cinco chinesas presas quando a polícia invadiu os bordéis que haviam demorado demais para pagar o baksheesh. A cidade agora estava infestada de bordéis e contava com um pequeno exército de trabalhadoras do sexo, comentava-se que eram seis mil, em 2005, incluindo muitas meninas chinesas e filipinas traficadas para saciar os apetites exóticos dos homens da comunidade internacional, dos funcionários de embaixadas e dos empreiteiros americanos. O Afeganistão é um posto "sem-família" perigoso demais para as esposas ocidentais. O mercado negro de carne feminina, direcionado exclusivamente aos estrangeiros (principalmente americanos), torna difícil para as mulheres ocidentais falar convincentemente aos afegãos sobre os direitos da mulher.

Um ônibus parou atrás de nós, e policiais de camisa parda surgiram do nada para nos empurrar para fora do caminho. A porta do ônibus se abriu e, uma a uma, surgiram burcas azuis: um pequeno desfile de novas prisioneiras transferidas de Welayat. Olhei seus pés, enfiados em sapatos de salto alto com correias ou salto plataforma, pisando cuidadosamente o chão. E suas mãos: uma agarrando a orla da burca, outra segurando com força uma sacola plástica ou a mão de uma criança pequenina. Os policiais haviam trazido uma mesa e várias cadeiras, e sete deles se sentaram para decidir qual o procedimento correto para registrar novas prisioneiras. Dois policiais empurravam as mulheres em direção à mesa. Um pegou uma tábua e brandiu-a com força contra as costas de uma mulher. "Ei!", gritei. Foi uma reação automática, não muito inteligente, e Beck tocou-me o braço. O guarda se afastou, indolentemente, como se não tivesse ouvido.

Entramos no corredor da prisão, longo e escuro. Assim como algumas partes de Welayat, o edifício, que fora reformado, já começava a voltar a seu primitivo estado de ruína. A umidade se infiltrava pelas paredes pintadas de amarelo e fungos vicejavam como flores azuis. O chão de cimento do corredor estava inundado pela água que vazava das privadas. Beliches de ferro se apoiavam, dois a dois, junto às paredes das celas grandes, cada qual abrigando de 15 a 20 mulheres. Cada cela tinha um aparelho de TV falando ininterruptamente — o toque humanitário dos doadores internacionais —, mas a maioria das mulheres o ignorava. Ficavam em seus beliches com o rosto voltado para a parede, imersas em algum tipo de solidão ou sono. Uma guarda que conhecíamos, uma policial pequenina e rija, com os cabelos tingidos dramaticamente de preto, veio nos cumprimentar com a boca desdentada. Ela fora transferida de Welayat para cá contra a vontade, juntamente com nove outras colegas; se tivesse perdido o ônibus para os empregados pela manhã, teria de gastar uma fortuna para vir de táxi até o trabalho. Como todo mundo naquele lugar, ela queria nossa ajuda. Disse-nos que estava trabalhando demais. Só havia dez guardas femininas e 87 prisioneiras para cuidar e agora o ônibus trouxera mais. "Nunca tivemos tantas prisioneiras", disse. "Mais todo dia."

Ela nos deixou em uma sala de reuniões no fim do corredor e voltou, alguns minutos mais tarde, com Serena, a prisioneira que viéramos visitar. Fizemos um círculo mais aconchegante com as desconfortáveis cadeiras de metal de costas retas e nos sentamos. Na parede ao nosso lado, havia um cartaz contra a violência que mostrava homens de aparência malvada espancando as esposas com bastões. Tentamos relaxar. Serena era uma das garotas do abrigo em Herati, uma que não havíamos encontrado antes porque era muito hábil em fugas. Mas Beck a conhecia, e, por meio dela, soube fragmentos de sua história. Beck ficou de mãos dadas com Serena enquanto eu a conduzia por uma versão revisionista de sua própria vida, altamente censurada e editada; uma recriação fantasiosa de si mesma. Eis o que eu já sabia: ela sobrevivera a estupro, encarceramento, prostituição, tentativas de suicídio e um estupro por uma gangue de quatro homens, um comandante local e seus guarda-costas, tão brutal que lhe provocara um aborto. Tinha cerca de 19 anos de idade, estava completamente sozinha no mundo e já cumprira dez meses de uma pena de cinco anos por prostituição e consumo de álcool. Eis o que ela me contou: um conto de fadas em que as lembranças brutais do abrigo em Herat desapareciam em um sonho de piqueniques. Nenhuma menção a prostituição ou sexo nem a brigas com outras meninas do abrigo ou a tentativas de suicídio ou ao desespero que fez com que ela, várias vezes, cortasse os pulsos com uma lâmina, deixando as cicatrizes que eu tocava com as pontas de meus dedos para mostrar-lhe que estava do seu lado e que lia em seu corpo um texto diferente. Era o abrigo em Cabul que era horrível, disse; sujo e muito severo. Nenhuma folga. Nenhum piquenique. Serena fugiu. A polícia a capturou e a trouxe de volta. Um mês depois, ela fugiu de novo. Foi presa novamente por uso de álcool e passou mais tempo em Welayat. Uma advogada da assistência jurídica conseguiu soltá-la, e ela foi enviada para outro cárcere, que chamavam de abrigo. Ela quebrou uma janela e fugiu de novo, descendo por uma corda feita de colchas. A vida é um filme. Ela era toda hora presa por embriaguez, que admitia com uma risada, e por prostituição, que ela não admitia.

Depois, disse, fora viver com uma amiga, alguém que conhecera na prisão. Contou que, por três meses, não ficara menstruada. Então, houve uma manhã em que ela foi ao hamam e alguém notou que ela estava sangrando muito e a levou para o hospital. Eu sondava as lacunas desses eventos com perguntas delicadas, e emergiu então que "dois policiais" a haviam detido, estuprado, feito outras coisas com ela e a jogado na rua, e era por isso que havia tanto sangue. Perguntei se era possível que ela houvesse perdido um bebê, e Zulal explicou-lhe a pergunta, delicadamente, em dari. Houve uma pausa. "Provavelmente", disse Serena. Mas ela não conseguia falar sobre isso, e eu não iria forçá-la. Ela estava criando um novo eu: não a menina que fora espancada, estuprada e deixada para morrer, mas uma mulher que gostaria de aprender inglês e, um dia, conseguir um emprego. Algumas vezes, dizia, quando ficava acabrunhada pelo remorso de ter deixado a casa do pai, ela se lembrava de quão cansada estava da vida. Mas tentava não pensar nisso. Quando perguntei se poderia escrever a respeito dela neste livro, concordou sem hesitar. "Pode usar meu nome", disse. "Não é meu nome. Nada disso é sobre mim."

 Ela era uma garota inteligente. Foi Serena quem me disse que todas as dificuldades das mulheres na vida vêm da falta de amor e de respeito de seus pais por elas. Tinha estudado até a oitava série antes que seu pai interrompesse sua educação quando ela tinha 13 anos ("é o bastante para uma menina") e tentasse forçá-la a casar com um primo de quem ela não gostava. Ela queria livros para ler porque era muito aborrecido ficar na prisão; e, quando perguntamos que tipo de livro, respondeu "Física". Disse: "Não livros de criança, por favor. Física". Durante todo o tempo ela foi tão bem-educada, delicada e gentil, falou de forma tão macia, tão cortês, perguntando se poderíamos conceder-lhe alguns minutos para fumar um cigarro, que Beck disse: "Na Inglaterra, ela seria considerada uma boa menina".

 "Ela é uma boa menina", disse Zulal. "É o Afeganistão que não é bom."

Não muito tempo depois de termos voltado de Pul-i Charkhi, chegaram da província de Badakshan, ao norte, notícias de que uma jovem e seu suposto amante tinham sido acusados de adultério e condenados aos castigos aprovados por um comandante local. A rádio afegã disse que o acusado recebera 100 chibatadas. A mulher foi arrastada de casa, com a ajuda do marido, e apedrejada até a morte. A Anistia Internacional informou que essa era a primeira execução desse tipo desde o regime do Talibã. Minha amiga Ingrid fazia parte de uma delegação enviada pela Comissão Europeia a Badakshan para investigar. Eles falaram com o governador do distrito, a polícia, o déspota local e com os anciãos e mulás que aprovaram a sentença, e também com as famílias da mulher e do jovem, que eram vizinhas de porta. Voltaram a Cabul convencidos de que jamais saberiam a verdade. Disseram-lhe que o jovem não era seu amante de fato. Que seu marido nem estivera lá. Nem qualquer outro homem da cidade. Que ela não havia sido exatamente apedrejada, mas talvez espancada pela família ou apenas estrangulada. Funcionários haviam desenterrado o corpo para que o médico local pudesse dar uma espiada. Todo mundo dizia que esse era um assunto de família e que não dizia respeito nem ao público nem à lei. E, de qualquer forma, o comandante e os mulás por trás disso tudo tinham contatos tão bons que não fazia o menor sentido tentar culpá-los pelo episódio. De todo modo, não era a primeira vez que faziam algo do tipo em Badakshan, então por que todo o alarido? Ingrid fez a pergunta afegã: "O que mais podemos fazer?", e continuou: "Todo mundo sabe exatamente o que nos dizer. Todos conhecem o jargão dos direitos da mulher. Você imaginaria que existem tantos déspotas e mulás feministas em

Badakshan? Lá, onde as mulheres nem podem sair de casa? Todos eles são a favor de educação para meninas e mulheres, todos a favor de as mulheres trabalharem, votarem e concorrerem ao Parlamento. Os homens estrangeiros contentam-se com isso. Dizem: 'Bem, é só um problema de família, afinal de contas'. Eles são tão cuidadosos, sabe, em respeitar a família afegã, a cultura afegã. Tentei argumentar. Disse: 'Essa mulher foi assassinada'. O chefe da delegação respondeu: 'Sabe, você realmente não deveria ser tão eurocêntrica. Estamos falando de costumes locais'."

Mais ou menos nessa época, soube pelos jornais que Cabul logo contaria com outro presídio feminino. Faltavam escolas, clínicas médicas e abrigos para mulheres e crianças de rua. Moradia também. Em Cabul, no inverno, as pessoas ainda viviam e morriam em tendas. Mas a ONU concordou em destinar 300 mil dólares à construção de mais um presídio feminino. O vice-ministro da Justiça, Mohammad Qasem Hashemzai, anunciou orgulhosamente que seria construído "para atender aos padrões internacionais".[49]

Há uma piada entre as estrangeiras em Cabul que diz que, quando os homens estão à frente de um projeto de assistência, a primeira coisa em que pensam é concreto. Eles gostam de construir coisas e argumentam, com alguma razão, que grandes objetos de concreto no meio da paisagem lembram aos cidadãos locais que estamos de fato "reconstruindo" seu país. Mas por que outro presídio para mulheres? Um presídio que, previsivelmente, logo estará cheio de novas prisioneiras. Que tipo de "lembrete" é esse? E então vem a pergunta difícil para mim: o que eu estive fazendo todo esse tempo? Graças ao trabalho de estrangeiros e afegãos, algumas leis mudaram, advogadas de defesa foram treinadas e passaram a ajudar as mulheres, juízes aprenderam a aplicar a lei; e o resultado é que homens, estrangeiros e afegãos, decidiram construir mais uma prisão para mulheres. Há rumores de que se construirão prisões para mulheres também nas províncias onde, antes, não havia nenhuma. Durante todo esse tempo, pensei que estava "ajudando" as mulheres afegãs na prisão. Mas é inegável que, como resultado da mudança de regime promovida pelos americanos e da "liberação" do Talibã, mais mulheres definham em prisões afegãs, pelos mesmos velhos "crimes". Lembrei-me mais uma vez da explicação daquela juíza: "Não devemos encorajar as mulheres a fugir de casa porque temos de manter uma sociedade moral". Até as mulheres acreditam nisso. Até as prisioneiras acreditam nisso. Pensei novamente no provérbio afegão que me ajudou a enfrentar tantos dias difíceis: Qatra qatra darya mesha. Gota a gota se faz um rio. Há dias em que você acredita nisso. Há dias em que não. Até que chega um dia em que você olha para o rio e vê em que direção ele está correndo.

PARTE III

NAS ESCOLAS

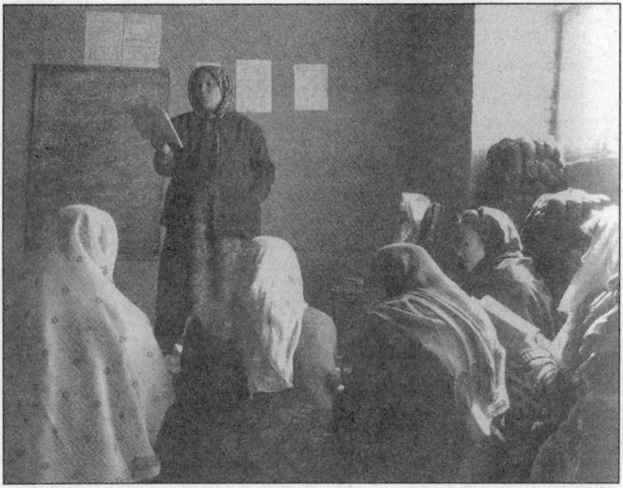

"Você olha o mapa e vê todas aquelas pequenas formas contornadas por grossas linhas pretas. Algumas estão pintadas de verde, algumas de amarelo, algumas de rosa. Cada uma tem uma legenda: Afeganistão, Paquistão, Quirguistão, e assim por diante. Você olha para todos esses países coloridos diferentes e acredita que sejam reais."

Meu amigo europeu faz uma pausa para tornar a encher nossas xícaras com chá-verde. Estamos sentados, juntos, no jardim de sua casa em Cabul, em uma manhã de final de inverno, e o sol é tão forte que temos de nos refugiar à sombra de uma antiga sempre-viva. A nossa volta, há canteiros baixos e sebes que se estendem até os muros para proteger o jardim da rua movimentada, mais além. No topo do jardim, esparrama-se a velha casa, comprida e baixa, aquecida graças às muitas janelas e cercada de varandas que se derramam delicadamente em direção às árvores. Assim era Cabul antes das guerras, uma vida serena e graciosa, isolada atrás de muros, sustentada por outra classe de cozinheiros e faxineiros, jardineiros e guardas, e por homens que recolhiam com suas pás os excrementos humanos e os levavam embora. Há algo de extraordinariamente confortável em estar agora sentada aqui, sob o sol, mordiscando amêndoas e amoras, bebericando chá amargo e ouvindo meu amigo falar sobre os velhos tempos, antes das guerras, nesse país que ele conhece tão bem. Mas é irreal esse momento de aparente segurança nesse jardim geométrico em que hoje nada floresce. As pessoas que outrora viviam entre tais jardins — as "melhores" famílias, a *intelligentsia* — foram perseguidas por um regime ou por outro, e aquelas que sobreviveram fugiram, há muito tempo, para a Europa ou para a América do Norte, deixando para trás aqueles que haviam trabalhado para manter a classe que não poderia sustentar o país. A maioria delas nunca voltará.

"O Afeganistão nunca foi um país de verdade", diz meu amigo. "Assim como o Paquistão, sempre foi uma ficção política. Sempre a invenção de outros países, reais, que tinham alguma finalidade para o espaço que ocupa nos mapas que eles traçaram." Ele se deixa ficar em silêncio enquanto um helicóptero de combate americano ronca ruidosamente sobre nós, e penso nos afegãos distantes que, neste exato instante, podem se lembrar desse jardim, dessa cidade, desse país como algo real.

"E hoje?", pergunto quando o helicóptero vai embora.

"O governo quer reconstruir algum tipo de Estado-nação, como o que estava gradualmente se desenvolvendo antes de 1978, antes da invasão soviética. Mas os americanos têm outros planos. O plano real tem a ver com bases militares permanentes, oleodutos e uma remodelação significativa dessa parte do mundo para servir ao projeto imperial de Washington, mas aquele que é divulgado é o da democracia instantânea, infelizmente imposta, como o comunismo, de cima para baixo e a assim chamada economia de mercado."

"Como se os afegãos precisassem que os americanos os ensinassem a comerciar!"

Meu amigo ri. "Pois é, eles vêm fazendo isso há, o quê, uns dois mil anos? Mas agora, no assim chamado livre--mercado, exige-se que eles comprem produtos de exportação americanos. Na verdade, não é comércio. É mais parecido com consumo compulsório". Ele faz uma pausa para levar aos lábios uma xícara de cerâmica com desenhos que devem datar de mil anos atrás. "Claro, a pressa toda era para reeleger Bush", continua, "portanto pode ser que agora eles recuem e partam para a próxima cruzada. Se eles fossem espertos, ou gentis, deixariam os afegãos tocarem as coisas. Mas claro que eles não são espertos, e a gentileza nunca faz parte dessas coisas."

"Mas os afegãos dizem que não querem que os americanos os abandonem. Você com certeza não acha que os EUA deveriam se retirar novamente."

"Os afegãos querem paz", diz. "Deixe-os manter o governo com B-52. Deixe que os aviões continuem voando. Você não os vê lá no alto, mas todo mundo pode ouvi-los. Todo mundo sabe que estão lá. E deixe os afegãos continuarem tentando encontrar seu próprio caminho."

O cozinheiro aproxima-se com um bule de chá fresco e um prato de bolo e passamos juntos mais uma hora, sentados em um jardim afegão inexistente, discutindo teoricamente o destino do país há muito perdido e que parece nunca ter sido um país de verdade. Mais tarde, caminho para casa pelas ruas imundas e olho novamente o mapa que tenho pendurado na parede do meu quarto. O Afeganistão é verde.

Vim ao Afeganistão não para teorizar, mas para fazer algo prático para ajudar o país a se reerguer. Mas não há muito que eu saiba fazer. Sou boa para ficar sentada em jardins, boa para cuidar deles, mas não sei remover minas terrestres, nem construir estradas, nem consertar um sistema de irrigação. Uma coisa que sei fazer bem é ensinar, e pareceu-me que, depois do estrago feito ao sistema escolar pelo Talibã, o Afeganistão iria precisar de professores. Posteriormente, fiquei sabendo que havia mais além do problema do Talibã. O Afeganistão sempre precisara de professores e de escolas. No papel, o Afeganistão tem educação primária gratuita desde 1915 e educação primária gratuita obrigatória desde 1931, quando a ideia foi posta na Constituição.[1] Mas não adianta ter educação obrigatória se não se tem o dinheiro para construir escolas, treinar professores ou imprimir livros; assim, na prática, quase ninguém vai à escola. Quando cheguei lá em 2002, o Afeganistão tinha um sistema educacional descrito pelo Programa das Nações Unidas para o Desenvolvimento como "o pior do mundo".[2]

O Islã prescreve que todos os muçulmanos, homens e mulheres, devem buscar conhecimento e educação para promover a justiça social na comunidade islâmica. Mas, como o conhecimento é mais facilmente perseguido por aqueles com tempo livre, a educação há muito se tornou uma arte da elite, praticada nas cortes dos samanidas em Balkh no século IX, dos ghaznavidas em Ghazni nos séculos X e XI, dos timuridas em Herat no século XV e em Kandahar no século XVIII. Quando chegou o século XIX, essa instrução de elite transformara-se na base da educação tradicional, destinada a transmitir a doutrina islâmica, e pouco mais. O ensino dava-se em madrassas privadas ligadas às mesquitas e era financiado pelas comunidades e patronos ricos. O currículo, uma mistura de máximas do Corão, poesia persa clássica e práticas e crenças tribais costumeiras, variava de madrassa para madrassa; como se acreditava que o conteúdo viera de Alá por meio do Corão, não era sujeito a investigação crítica, nem a discussão. Muitos dos professores eram mulás de educação precária, eles mesmos quase analfabetos, e sua "metodologia" era a de aprender pela *rote*, repetição e memorização estimuladas pela "vara longa", ainda usada nas salas de aula afegãs.[3] Os alunos aprendiam a recitar o Corão em árabe, mas não a ler e escrever em suas próprias línguas. Apesar disso, graças ao conselho do Profeta aos seus seguidores, de que buscassem o conhecimento, até mesmo homens semieducados eram respeitados.

Amir Abdur Rahman — aquele das 199 esposas — geralmente recebe o crédito por ter iniciado a reforma educacional, embora ainda seja difícil perceber alguma mudança. Segundo a História, quando ele assumiu o poder, em 1880, determinado a estabelecer um Estado-nação centralizado, buscou 30 servidores que soubessem ler e escrever, e só conseguiu encontrar três. Ele construiu escolas para educar os servidores públicos que sua ambição requeria e refreou os mulás, iniciando, assim, a perene competição entre a educação "moderna" e a tradicional. É possível que Abdur Rahman tenha conseguido dar instrução a alguns servidores alfabetizados, mas os professores tradicionais seguiram ensinando o Corão e o *Panj Ganj* (Cinco Tesouros), o mais popular dos livros didáticos, que versa sobre a educação islâmica e que inculcava no povo verdades universais, tais como a superioridade natural do macho muçulmano.[4]

Acredita-se que outro "momento decisivo" na educação afegã tenha sido resultado de uma viagem feita pelo filho de Abdur Rahman, Amir Habibullah, à Índia, em 1907. Tendo visto jovens muçulmanos aprendendo Direito e comércio moderno no Aligarh College, próximo a Delhi, ele voltou a Cabul para estabelecer a Escola Secundária de Habibiya para meninos, em que um corpo docente de muçulmanos hindus lecionava tanto disciplinas das modernas escolas europeias, como aulas da madrassa tradicional. Foi na Escola Secundária de Habibiya que se formou a geração de homens que compuseram o governo e dirigiram o país durante a maior parte do longo e confuso reinado do rei Zahir Shah. O filho de Amir Habibullah, o "revolucionário" rei Amanullah, acelerou a mudança da educação tradicional para a moderna, da mesquita para a moderna escola secundária. Em 1921, fundou a primeira escola secundária para meninas — com um corpo docente de professoras francesas, alemãs, hindus e turcas — e, nos anos seguintes, abriu mais duas. Ele também fundou outras três escolas secundárias para meninos, em que estrangeiros lecionavam em língua estrangeira: a francesa Istaqlal (onde Ahmad Shah Massoud estudou), a alemã Nejat, e Ghazi, de língua inglesa, onde as aulas estavam a cargo, primeiro, de anglo-hindus e, posteriormente, de professores britânicos. O estabelecimento dessas escolas secundárias foi o maior salto na educação afegã e, contudo, um pequeno passo. As escolas eram poucas, as matrículas eram pouco numerosas e todo o sistema se concentrava em Cabul. Ao final do reinado de Amanullah, em 1930, o moderno sistema afegão de educação consistia em 13 escolas primárias e secundárias, e o número total de alunos matriculados era de 1.590. Essa nova educação patrocinada pelo governo se tornou a meta da elite, e as poucas escolas secundárias em língua estrangeira passaram a ser o caminho para a próxima geração chegar ao poder. Durante os anos da guerra, quase todos os líderes políticos importantes haviam se formado em uma das escolas secundárias do Estado.[5]

Muitos desses líderes também cursaram a Universidade de Cabul, que começou em 1932 como uma Faculdade de Medicina filiada à Universidade de Lyon, na França. Em 1938, adicionou-se uma Faculdade de Direito, filiada à Universidade de Paris, e, depois disso, vieram Ciências e Letras. As mulheres foram admitidas em 1957 em faculdades destinadas só a elas, e essas faculdades foram abandonadas, quatro anos depois, em favor da coeducação. A universidade continuou a agregar faculdades até a década de 1960, cada uma filiada a uma universidade estrangeira, incluindo várias instituições americanas. A Faculdade de Agronomia mantinha parceria com a Columbia University Teachers College, e a Faculdade de Engenharia com o US Engineering Team, um grupo de nove universidades e institutos de tecnologia americanos.[6] Mais significativa para o futuro do Afeganistão foi uma parceria, estabelecida em 1951, entre a Faculdade de Teologia (*Sharia*) e a Universidade Al-Azhar, no Egito, assim como a parceria estabelecida, em 1967, entre o Instituto Politécnico e a União Soviética.

Naquela época, durante a guerra fria, os homens sentavam-se em escritórios abafados em Washington e Moscou, examinando mapas-múndi abarrotados de pequenos países rosas, verdes, amarelos. Os homens em Washington mandavam ajuda ao pequeno Afeganistão para contrariar os homens em Moscou e suas ambições comunistas. Grande parte dessa ajuda foi para a educação, o que resultou no fato do inglês se tornar a língua não-afegã mais importante no país e aquela prescrita pelos regulamentos afegãos como segunda língua em todas as embaixadas estrangeiras. Louis Dupree observa que a língua "espalha a ideologia ... simplesmente pela forma como expressa as ideias, tanto concretas como abstratas", mas a ideologia americana não foi muito bem compreendida. Mesmo quando em 1964 a USAID investiu dinheiro para consolidar as diferentes faculdades da Universidade de Cabul em um único campus no estilo americano, foi a empresa da Alemanha Ocidental, que realizou a obra, quem ficou com a fama.[7] Mas, àquela altura, quase dois mil estudantes universitários afegãos — na maioria, homens — viajavam todo ano ao exterior para usufruir de bolsas de estudos fornecidas pelos países anfitriões: a URSS, o Egito e os EUA. E eles voltavam com ideias novas.

Até então, a despeito da interferência de países mais poderosos e mais reais, o Afeganistão conseguira, ao longo dos séculos, proteger-se de ideias indesejáveis. O panorama em si já desencorajava interferências. O analfabetismo punha a informação fora do alcance de 95% da população. Assim, até bem recentemente, o Afeganistão era como uma *tabula rasa* ideológica na qual os efeitos da educação moderna eram inscritos pelos atos políticos de uma minúscula elite instruída. Mande uma geração de jovens estudantes afegãos à União Soviética e cerca de dez a vinte anos depois você terá um golpe comunista — como o deposto rei Zahir Shah percebeu tarde demais —, e depois outro, e outro. Esses são os afegãos, afinal de contas, e eles nunca conseguem se entender. Mande outra geração estudar no Egito, o lar da Fraternidade Muçulmana e de um regime militar repressor, e você terá vários partidos de islamitas radicais que estão preparados, como os comunistas antes deles, para lutar entre si, se não pela justiça social, certamente pelo poder. Mande um grupo muito maior, não a elite, dessa vez, com sua moderna educação internacional, mas meninos analfabetos pobres e sem esperança, muitos dos quais feitos órfãos pela guerra e incite-o a adentrar os limites da educação tradicional, das madrassas fundamentalistas radicais do Pashtunistão, e você terá o Talibã. Agora os EUA estão, mais uma vez, de volta ao Afeganistão, e a USAID está despejando milhões de dólares do bolso do contribuinte na educação afegã, o que parece tornar pertinente a pergunta: o que vem depois?

Mas essa é uma pergunta difícil. Tenho de admitir que, a princípio, naquela primeira vez em Cabul, concentrei-me apenas nas pequenas coisas, porque era dessas pequenas coisas que a sobrevivência parecia depender. Como *barq*. Eletricidade. É a primeira palavra que os ocidentais aprendem em dari. A primeira pergunta, e a maior, é *Barq darem*? Temos eletricidade? A primeira sentença é *Barq nes*. Não há eletricidade. Quase quatro anos depois de terem cessado os bombardeios americanos e de se ter iniciado a reconstrução, liderada pelos americanos, a *barq* continuava a ser um grave problema, a menos que você vivesse no centro da cidade e distribuísse um bocado de *baksheesh*. O próprio Ministério da Energia admitia que apenas 6% dos afegãos tinham eletricidade, embora intermitente.[8] Mas quando cheguei a Cabul, praticamente não havia eletricidade. Dizia-se que o presidente Karzai dera um ultimato ao ministro responsável: forneça eletricidade à capital ou... ou o quê? E, ainda assim, nada de *barq*. Ela desaparecera com os rios, transformados em poças esparsas pela longa seca, que fez parar as enormes turbinas da usina hidrelétrica de Sarobi. Falava-se também de um novo gerador, de tamanho monumental, que iria produzir *barq* para a cidade inteira, desde que fosse possível encontrar o diesel para abastecê-lo. Quando 2005 chegou, as pesadas nevascas e as chuvas da primavera haviam elevado os rios quase aos níveis normais, quando as turbinas de Sarobi começaram a girar de novo e o antigo ministro da energia foi substituído por um temível ex-comandante *mujahidin* e ex-governador de Herat, Ismail Khan — que prometeu acabar com a corrupção —, o fornecimento de energia ainda era irregular, o chefão do escritório de energia local ainda recebia *baksheesh*, e eu aprendera a construir sentenças mais longas em dari sobre outros assuntos.

Mas, naquela época, quando olhava pela janela de meu quarto, na penumbra, à noite, podia ver erguer-se, do centro de Cabul, da área onde o próprio Karzai vivia, o inconfundível clarão da eletricidade. Imaginei que pessoas importantes devessem ter geradores, ou talvez, dada a concentração de ministros no centro de Cabul, tivessem eletricidade mesmo, enquanto nós, em bairros menos influentes, continuávamos no escuro. Certo dia, durante a aula de inglês que eu ministrava, uma aluna que vivia em uma parte distante da cidade contou que na noite anterior vira televisão até um pouco depois das nove, quando a energia sumiu de novo no meio de um programa sobre conserto de automóveis. "Como você conseguiu eletricidade?", perguntei, invejando aquelas míseras três horas. Esse caráter aleatório era inexplicável e enlouquecedor para uma americana mimada, ainda desacostumada às vicissitudes da vida em Cabul. Mas, para os outros alunos, o relato era alentador. "Talvez hoje à noite chegue em minha casa", disse um. "Talvez amanhã à noite nós tenhamos", disse outro. "É possível", completou um terceiro. "Tudo é possível", disse

Nasir, o filósofo da classe. Ninguém se interessou em perguntar sobre o programa a que a colega assistira, nem o que ela tinha aprendido sobre consertos de automóveis. Os afegãos não perdem tempo com coisas não essenciais que já passaram e acabaram. Em vez disso, parecem sempre esperançosos e na expectativa, aguardando a *barq* como antes esperavam por Ahmad Shah Massoud.

Aquela aula e aqueles alunos demandavam toda a minha atenção. No primeiro inverno, longo e gelado, eles se tornaram minha tábua de salvação. Minha própria *barq* energizadora. Eles mesmos eram professores de inglês que trabalhavam nas escolas secundárias de Cabul que sobreviveram às guerras civis e às bombas americanas. (As mais veneráveis — Habibiya, Mamlalai, Ghazi — estavam em ruínas.) Naquele tempo, enquanto os alunos voltavam à escola depois da terrível interrupção do Talibã, o inglês ainda era reconhecido como a língua estrangeira preferida, e todos os alunos eram obrigados a estudá-la da sexta série até o último ano do ensino médio. Mas essa exigência gerava muitos problemas. Com tantas escolas destruídas, aquelas que sobraram estavam superlotadas e as turmas eram numerosas demais digamos, 60 ou 70 jovens. Muitos dos professores de inglês mais bem preparados tinham fugido do país. As professoras tinham ficado trancadas em casa por cinco ou seis anos; e, embora muitas delas secretamente ensinassem as crianças em casa, a maioria não teve chance nenhuma, durante o período do Talibã, de treinar nem o inglês, nem sua prática de sala de aula.

Pior ainda, pouquíssimos tinham realmente aprendido a língua, para começo de conversa. Eles conseguiam entender, por cima, um texto simples em inglês, mas não sabiam pronunciar as palavras. Não conseguiam fazer com que a língua escrita se transformasse em língua falada. Não sabiam falar. Nenhum deles conhecia métodos de ensino além do método da *rote*, que tinha sido a prática afegã padrão durante séculos, de modo que se punham à frente de uma turma lotada de alunos perplexos e tentavam ensinar inglês lecionando em dari ou pashtu. Obrigavam seus alunos a decorar sentenças em inglês com erros de pronúncia. Os meninos aprendiam, por repetição, a falar um inglês capenga, da mesma forma que gerações de alunos das madrassas aprenderam a recitar versos do Corão em árabe. Quando meus alunos, esses professores dedicados, mal-preparados, começaram a conversar em inglês, entendi por que, na maior parte dos casos, nas escolas de inglês se seguia um livro e um livro bem antigo, por falar nisso. Só um de meus alunos não havia se formado em inglês na Faculdade de Línguas e Literatura de uma universidade afegã; alguns deles tinham bom conhecimento de gramática, embora sua terminologia fosse datada. Mais tarde, quando começaram a pegar o jeito da língua falada, pediam-me para explicar a diferença entre um "determinante" e um "demonstrativo", ou para identificar o tipo específico de locução adverbial que não funciona nem como advérbio de tempo, nem de qualidade. Eles possuíam a teoria da língua sem possuir a língua, e faziam cada pergunta com grande ansiedade, como se a resposta — tal qual uma súbita infusão de *barq* — pudesse liberar um fluxo irrefreável de discurso iluminado.

Eu sei como eles ficaram assim. Cheguei a Cabul na esperança de multiplicar o efeito de minhas aulas ensinando aqueles que ensinariam a outros. Comecei pelo topo da hierarquia, nas instituições de ensino superior. Há quatro em

Cabul: a Universidade de Cabul, a Universidade de Educação, o Instituto Politécnico e o Instituto Médico. Visitei os três primeiros, reuni-me com os chefes de departamento de inglês em cada um deles, apresentei minhas credenciais e me ofereci para ministrar aulas de conversação e de novas técnicas de ensino para quaisquer dos interessados em seu corpo docente. Expliquei que eu era voluntária; não haveria qualquer custo para o departamento. Tudo o que tinham a fazer era providenciar uma sala e determinar o horário das aulas. Todos os chefes de departamento ficaram entusiasmados e agradecidos pela oferta. Todos eles disseram que o corpo docente precisava mesmo de ajuda. Na Universidade de Cabul, o chefe de departamento reuniu os professores, um grupo sólido de acadêmicos impassíveis, todos homens. Os mais velhos do grupo, que haviam se formado havia quarenta anos, com bolsas de estudos, na Columbia University Teachers College, pareceram felizes em relembrar (falando fluentemente) os anos passados em Nova York. Os de meia-idade ficaram em silêncio. Os jovens, que ainda ostentavam barbas ao estilo talibã, foram hostis, e percebi que a conversa dos mais velhos sobre os bons tempos na Big Apple deve ter-lhes parecido surreal.

Eles tinham sérias objeções. Disseram que alguns homens tinham vindo da Inglaterra, ou de algum outro lugar desses, para ajudá-los com metodologia de ensino havia apenas algumas semanas. Eles haviam trazido novos livros didáticos que continham figuras de homens e mulheres jovens fazendo juntos coisas absolutamente não-islâmicas. Coisas como sentar-se à mesa de um restaurante, ou andar na rua. Havia uma figura de uma mulher usando um vestido sem mangas e cantando em um microfone. Havia um exercício que pedia aos alunos que trouxessem fotografias de suas famílias e as mostrassem aos colegas. Fotografias de suas mães e irmãs! Como os afegãos poderiam usar esses livros? Quem eram esses homens da Inglaterra, ou de um lugar desses, para dizer-lhes como ensinar? E, afinal de contas, quem diabos era eu? Era uma boa pergunta. Quando deixei o prédio, um deles veio atrás de mim, correndo, com um velho livro didático em mãos. Só uma pergunta, por favor, era a única ajuda de que ele precisava, disse, apontando uma sentença quase ilegível em uma página bastante surrada. Como exatamente eu faria um diagrama para explicar esse período? E o advérbio aqui, que tipo de advérbio era?

Passadas uma ou duas semanas, os chefes de departamento da Universidade de Educação e do Instituto Politécnico chamaram-me para dizer que não haviam conseguido encontrar nenhum professor interessado em participar das aulas. Parece que estavam todos muito ocupados com seus outros trabalhos de tradutores, ou motoristas, ou mensageiros para a ONU, para as embaixadas ou para as ONGIs. Estavam todos fazendo bico. E quem poderia culpá-los? Considerando-se seus salários patéticos, talvez 40 dólares por mês, a escolha entre melhorar o inglês e ganhar algum dinheiro com o pouco inglês que sabiam era óbvia. Bem mais tarde, em 2005, encontrei outra americana que ensinava inglês como segunda língua e que viera ao Ministério da Educação através de um grande programa educacional patrocinado pela USAID. Como "consultora" oficial, empregada por uma empreiteira, ela recebia quase 1.000 dólares por dia para ministrar o mesmo tipo de aula que eu oferecera, de graça, três anos antes. "Eu não consegui montar o curso", contei, "porque todos os professores estavam fazendo bico". Ela respondeu: "Ainda estão". Eles também não queriam a ajuda dela. Mas, dado o seu contrato, a descrição de suas tarefas e o salário, ela não poderia aceitar "não" como resposta. A solução foi encontrar outro doador — o Banco Mundial, dessa vez — para pagar "complementos" salariais de 200 dólares mensais aos professores, aumentando seu pagamento básico, para que eles deixassem seus empregos extras e participassem das aulas de inglês. "Isso não é uma espécie de propina?", perguntei. "Não", respondeu. "É um incentivo." E então, para fazer-me sentir melhor em relação a meu fracasso, ela completou, gentilmente: "Geralmente é preciso um doador realmente grande para conseguir que as pessoas façam aquilo que é melhor para elas".

Já que as universidades não me queriam, tentei o nível imediatamente inferior. Caroline, minha chefe na Madar, já tinha dado a ideia de ajudar professores secundários de inglês com o idioma, e havia uma turma que já estava funcionando. Ele recebera as bênçãos do Ministério da Educação e uma pequena subvenção de uma fundação americana, dinheiro para comprar livros didáticos e fitas, e para ajudar a custear as passagens de ônibus dos alunos. Ela escolhera professores de muitas escolas secundárias diferentes e ministrara as aulas ela mesma antes de passá-las para alguns de seus voluntários na Madar. O problema é que nem Caroline, nem qualquer das voluntárias sabia nada sobre o ensino de inglês como língua estrangeira. Elas submetiam os professores secundários ao mesmo tipo de palestras ininteligíveis e às mesmas repetições do livro didático que os professores aplicavam a seus alunos, e não demorou muito para que os professores começassem a desistir das aulas.

No dia em que assumi, encontrei um pequeno grupo de homens e mulheres cujos rostos abatidos traziam uma expressão de cansaço e desespero. Cumprimentaram-me educadamente: "Olá, senhora", e tentaram, honestamente, responder as minhas perguntas simples sobre seus nomes, sua saúde e suas carreiras como professores. Eles sabiam responder os nomes de cor, e "Fantankou" era razoavelmente compreensível, se você soubesse qual tinha sido a pergunta. Mas o resto era sofrível. Em cinco minutos, minha tarefa estava clara. Meu trabalho, conforme eu o entendia, era fechar o livro, ignorar os advérbios e fazer com que esses 15 professores começassem a falar. Ao longo dos três meses seguintes, essa seria minha resposta pessoal ao 11 de setembro e minha pequenina contribuição para a reconstrução do Afeganistão. Pequenina, mas não fácil, dado que sua língua nativa, o dari, vinha equipada com muito menos sons vocálicos do que o inglês. Também não tem algumas de nossas consoantes, embora tenha outras que deixem os falantes nativos de inglês tropeçando humildemente na língua. Logo apresentei a meus alunos os exercícios trava-língua: *The ship is tipping. The sheep is sleeping.* Eles confessaram que nunca haviam ouvido nada assim antes. Hesitavam, envergonhados, até que, um a um, começaram a tentar. Eles se concentravam intensamente, fazendo caretas e enrolando a língua em fonemas desconhecidos, titubeando a princípio, depois de forma mais segura, e mais alto e mais rápido, até que todo aquele grupo sério caiu em uma sonora gargalhada. Eles são dedicados, corajosos, engraçados. E entenderam a diferença entre *sheep* e *ship*. Eles vão para casa todos os dias, no ônibus, murmurando para si mesmos, as mulheres treinando sob suas burcas *lickety split* e *clean jeans*, e seu inglês começa a soar, a cada dia, um pouco mais parecido com o inglês real.

Uma turma se reúne em uma escola no meio de um bairro de sisudos blocos de apartamentos construídos pelos soviéticos. Outrora exclusivamente uma escola secundária, agora é usada também para aulas do ensino fundamental e do ensino médio. Os diferentes grupos etários deveriam, teoricamente, usar o prédio em turmas separadas, mas, a qualquer hora, os corredores estão lotados de meninos pequenos, barulhentos, que correm para lá e para cá gritando e brigando, enquanto meninas pequenas, enroladas em grandes chadors brancos, ficam silenciosamente sentadas na sala de aula. As professoras ficam desacorçoadas no corredor em meio à confusão de meninos gritando, como se não houvesse nada que elas pudessem fazer. É como se fosse uma escola preparatória para *mujahidin*, treinando mais uma geração daquele tipo de sujeitos que destruíram o país durante as guerras civis.

A escola reabriu recentemente, tendo sido completamente reformada pelas forças de segurança da ISAF, e já está se deteriorando. A conservação não é um dos pontos fortes dos afegãos, porque jamais tiveram muito o que conservar e, hoje, conservar custa dinheiro. Houve um dia em que fui ao banheiro e vi as privadas novinhas, de estilo ocidental, transbordando. O chão estava coberto de fezes e poças de urina. Tento reclamar ao diretor, mas estamos presos em lados opostos da barreira linguística, de modo que decido arrastá-lo lá para cima e abro a porta do banheiro para que ele dê uma olhada e sinta o cheiro. Imediatamente, ele se desculpa. Ele apressadamente me leva de volta a seu escritório e, orgulhosamente, oferece-me a chave de um toalete exclusivo para professores. Como é que lhe digo que ele não entendeu o problema? Depois da aula, converso com Palwasha, uma de minhas melhores alunas e que, por acaso, leciona nessa escola. Ela tem de dizer ao diretor, digo--lhe, que ele deveria mandar limpar o banheiro. É um perigo para a saúde das crianças. "Não se preocupe, por favor", me diz ela. "Nós não deixamos as crianças usarem o banheiro da escola. O banheiro da escola é sujo." Mais tarde, depois de ver alguns meninos acocorados no pátio da escola, descubro que o banheiro não foi limpo, mas que a porta foi trancada. É uma solução afegã. Aprendo a olhar para o outro lado.

Nossa sala de aula é um pequeno escritório no térreo. As paredes estão cobertas por uma leve camada de tinta azul clara da ISAF, mas o chão está em péssimo estado e as janelas estão quebradas. Não há móveis, mas os homens da turma espertamente roubam algumas mesas e bancos de uma sala de aula ao fim do corredor. No dia seguinte, a sala está vazia de novo, mas os homens logo encontram aquilo de que precisamos. Seis dias por semana, durante três meses, os homens começam o dia caçando móveis que as mulheres então limpam com os pedaços de pano que trouxeram de casa para esse fim. Eu compro um quadro-branco e algumas canetas coloridas; e, para evitar que desapareçam junto com a mobília, carrego-os para lá e para cá, entre a casa e a escola, todos os dias. Os homens se revezam, esperando por mim no portão, para carregar o grande quadro- branco para a sala de aula. Nós o colocamos no peitoril da janela onde todos os alunos conseguem vê-lo e onde ele também bloqueia o vento, que entra pelo grande buraco na janela. Depois, as mulheres tiram as burcas e se sentam do lado esquerdo das mesas. Os homens se sentam à direita. O prédio não tem aquecimento, e nossa sala, que dá para o norte, é sempre mais fria que o mundo aquecido pelo sol lá fora. Por isso, vestimos roupas quentes. Para mim, isso significa longas roupas de baixo térmicas e uma gola olímpica, calças de inverno pesadas, um ou dois suéteres de lã bem compridos, um colete e um grande casaco impermeável. Nos dias mais frios, nem tiro as luvas de lã que uso, tendo de usar meus dentes para destampar as canetas coloridas. O último homem a entrar fecha a porta da sala de aula por causa dos garotinhos barulhentos. Os alunos põem a sua frente os cadernos e seus lápis rombudos. Esses são os rituais matinais. E aí estamos prontos, mais uma vez, para começar.

     Começamos do zero. Todos sabem um pouco de inglês, mas há lacunas enormes e imprevisíveis em seu conhecimento, como os buracos deixados pelas bombas nas paredes da escola, que explicam por que o ensino em Cabul tem sido uma coisa errática. Também parece haver lacunas em suas mentes: recessos da memória que eles não conseguem, ou não querem, atingir. A atenção é breve e logo se perde; qualquer barulho alto na rua os sobressalta. É um espanto para mim que eles consigam aprender qualquer coisa, e um ato de coragem o simples fato de tentarem. Mas, dia a dia, lentamente preenchemos as lacunas. Mais tarde, quando fico sabendo um pouco de suas vidas, pergunto-me como sequer sobreviveram e como ainda podem desejar ensinar. É uma profissão otimista, que implica um futuro, mas eles se prepararam para ela ao longo de um passado terrível. Palwasha, que chefia o departamento de inglês nessa escola, é uma mulher muito bonita: alta, esbelta, graciosa e, por fora, surpreendentemente serena. Ela iniciou seus estudos na Universidade de Cabul durante a ocupação russa. Então os *mujahidin* trouxeram sua guerra fratricida à capital, jogando bombas e mísseis uns sobre os outros e sobre a cidade que se estendia entre eles. Nenhuma área de Cabul foi mais atingida que os bairros de Hazara que ficam próximos à universidade. As aulas de Palwasha foram para o Instituto Politécnico, onde é quase impossível de se chegar, e por um período de mais um ano ou dois, enquanto os bombardeios prosseguiam, ela continuou seus estudos de maneira intermitente. Finalmente, recebeu seu diploma e conseguiu um emprego como professora de inglês em uma escola secundária de Cabul. Ela adorava o trabalho, mas sua carreira mal começara quando foi encerrada pelo Talibã. Passou cinco anos dentro do apartamento da família. Ela voltara a lecionar havia apenas três meses. "Professora, desculpe", ela me diz. "Inglês. Uma língua bonita. Em cinco anos eu a perco."

Agora, em poucos meses tenho de fazê-la recuperar o idioma e fazer com que consiga falá-lo. Deixando os filhos pequenos e as mães idosas em casa, meus alunos vêm para a escola todos os dias em ônibus públicos lotados. Para cada um deles, a viagem leva quase duas horas. Estão todos contaminados por um idealismo à moda antiga. São jovens demais para se lembrarem de como é a "paz", mas querem fazer algo para que seu país consiga atingi-la. O magistério, para eles, é uma vocação nobre, e, como o salário é muito baixo — naquela época, cerca de 30 dólares por mês —, uma vocação altruísta. Eles despejam sobre mim todo o respeito que sentem pela profissão que compartilhamos. Param na soleira da porta pedindo permissão para entrar na sala de aula, antes de mergulharem em uma profusão de saudações formais. Quando a aula termina, permanecem sentados enquanto guardo minhas coisas, agradeço-lhes por terem vindo e saio da sala. Então eles se levantam e fazem uma fila atrás de mim (homens à frente) para me dizer adeus, enquanto, de pé no corredor, espero, com a chave na mão, para trancar a porta da sala na esperança de deter os ladrões de mobília. Não adianta dizer a meus alunos que eles podem ir. Passar pela porta antes do professor é vergonhoso, e um afegão faz qualquer coisa para evitar a vergonha. Além disso, meus alunos acabaram gostando de mim e de meu método pouco ortodoxo. Eles percebem que o que parecia dificílimo na semana passada agora está mais fácil. Eles ouvem a si mesmos e a seus colegas, falando, de fato, inglês. Eles falam e, milagrosamente, entendem uns aos outros. Ousam fazer piadas. E estão profunda e constrangedoramente agradecidos. Ao final do curso, sentem por mim aquilo que sinto pela eletricidade que, finalmente, chega uma noite a meu prédio e torna possível meu primeiro banho quente no Afeganistão.

    Todos os meus alunos têm histórias terríveis. Alguns fugiram para Peshawar e passaram anos em campos de refugiados. São os que falam melhor o inglês. Muitos ficaram em Cabul, as mulheres trancadas em casa. Quase todos eles perderam pais e irmãos para os soviéticos, os *mujahidin* ou o Talibã. Perderam mães, irmãs, tias, avós e filhos para a doença, a fome ou os ataques militares. Mulheres e meninas foram estupradas e assassinadas. Homens e meninos foram tomados para servir como soldados ou "meninos dançarinos", e nunca mais voltaram. A família de apenas um de meus alunos sobrevivera inteira. Perderam apenas a casa, em um ataque de mísseis, duas horas após terem fugido. Algumas das mulheres arriscaram a vida dando cursos clandestinos em casa; os grupos frequentemente incluíam tanto meninos como meninas, porque muitos meninos haviam perdido a vaga na escola quando as professoras desapareceram. É por isso que os meninos nessa escola são tão levados, dizem os homens da classe. Eles não tiveram a escola adequada, nem a vara longa, para ensinar-lhes o respeito. As crianças sempre chegavam às escolas domésticas sozinhas ou em pares, e tinham o cuidado de irem embora da mesma forma. Uma de minhas alunas disse que nunca teve medo de uma batida talibã porque um líder talibã da vizinhança havia, secretamente, colocado seus próprios filhos em sua escola. Mas outra me conta a história de uma classe inteira de garotas que saiu despreocupadamente de sua escola doméstica e deu de cara com uma patrulha talibã. Os talibãs pularam do veículo, agarraram as menininhas, bateram-lhes com os cassetetes, torceram seus braços, suspenderam-nas pelos tornozelos e gritaram com elas para que dissessem o nome da professora. As menininhas lutaram como gatos encurralados. Arranharam, morderam, conseguiram se soltar e fugiram correndo em meio a um labirinto de entulho. Elas ficaram em casa uma semana ou mais e, depois, uma a uma, voltaram para a escola doméstica. Sua professora, minha aluna, diz: "As garotas aprendem rápido a não falar".

Parece ser uma lição de que elas não se esquecem, pois, a princípio, as mulheres em minha aula ficavam imóveis como pedras. Nenhuma delas fazia qualquer pergunta, nem dava qualquer resposta. Se eu chamasse uma mulher, ela olhava para mim com olhos suplicantes e permanecia em silêncio. E daí os homens começavam a falar, todos ao mesmo tempo. Se eu tivesse deixado a cargo de meus alunos, os homens teriam falado o tempo todo, enquanto as mulheres ficariam sentadas em silêncio, dia após dia, ouvindo. Mas eu percebera que, antes e depois das aulas, as mulheres pareciam ter muito o que dizer umas às outras. Assim, começamos a ter muito daquilo que os professores de línguas chamam de "trabalho em duplas"; cada aluno calmamente trabalhando com um colega; depois, eu afastava os colegas um pouco mais para que cada um deles tivesse de falar alto para ser ouvido. O próprio ato de falar parecia restaurar a confiança e a esperança. O silêncio foi nos deixando lentamente, expulso pelo ruído da ávida conversação que abafava até mesmo o barulho dos meninos no corredor. Algumas vezes, os meninos irrompiam na sala de aula para ver o que estava acontecendo. Até que um dos homens se levantasse para afugentá-los, eles ficavam olhando de boca aberta para as mulheres tagarelando alegremente.

Pelo menos as mulheres conseguiam trabalhar juntas. Sussurrando, a princípio, e depois falando com mais confiança, elas se ajudavam em todas as tarefas. Eu trocava os pares todos os dias, e cada nova dupla feminina imediatamente formava uma equipe. Mas os homens não. Ficavam sentados obstinadamente em seu canto da sala, cada qual olhando fixamente para o próprio livro. Tirei alguns dos livros, de modo que cada dupla masculina só tivesse um livro. Então os parceiros sentavam-se lado a lado, cada um deles agarrando um lado do livro, ambos olhando fixamente para a página. Essa era a ideia deles de trabalho em duplas. Mas, quanto a falar um com o outro, fazer perguntas e responder, estabelecer algum tipo de diálogo, colaborar na execução de uma tarefa comum, nem conseguiam começar. E qual era o objetivo disso? Como professores, eles impunham silêncio à sala de aula de modo que pudessem falar. Acreditavam que sua tarefa não era encorajar a conversação entre os alunos, mas evitá-la. A noção de que os alunos poderiam se ajudar mutuamente era desconhecida e, portanto, suspeita. Mas o problema ia bem além da pedagogia.

Cada um dos homens veio me explicar que não conhecia os outros. Não eram aparentados. Não tinham frequentado as mesmas escolas. Não lecionavam na mesma escola. Não sabiam nada sobre a família dos outros, de onde vinham, quem eram seus pais. Como alguém poderia esperar que trabalhassem juntos? Havia apenas sete homens na turma e, no entanto, eles formavam sete facções, como os *mujahidin*. Não é que não quisessem aprender. Todos eram, individualmente, alunos aplicados. Mas a cooperação, para eles, era ainda mais difícil que o inglês. Por fim, desafiada por esse problema afegão, apliquei uma solução afegã que violava todos os meus princípios de uma pedagogia positiva. Humilhei-os publicamente. As mulheres eram mais espertas, disse eu. Alunas muito melhores. Olhem como elas conversam bem juntas. Qualquer um poderia fazer o mesmo, sem dúvida, a menos, é claro, que esse alguém fosse completamente burro. Os homens ficaram chocados. Ficaram magoados, furiosos e envergonhados. E assim, como as mulheres a princípio, eles começaram a sussurrar juntos e, pouco a pouco, a falar. Mas eles nunca pegaram realmente o jeito de se ajudar mutuamente. Eles tentavam escapar da parceria dirigindo todas as suas observações a mim, e, quando isso não funcionava, transformavam o trabalho em duplas em uma competição brutal. As mulheres apenas sorriam de modo indulgente, da mesma forma que as professoras no corredor olhavam de maneira benigna para os meninos barulhentos. Palwasha disse: "Professora, eles são homens".

Quanto a homens e mulheres trabalharem juntos, isso teria sido "ruim". Eles poderiam conversar por sobre a mesa, mas não poderiam sentar do mesmo lado. Não poderiam dividir um livro. Não poderiam dividir uma carteira. Alguns dias, quando não tínhamos cadeiras suficientes, os sete homens se apinhavam em um único banco, enquanto uma ou duas mulheres ocupavam outro. Frequentemente eu punha cartazes ou fotos nas paredes em volta da sala e dava aos alunos alguma atividade oral que envolvia circular para examinar o material, mas os homens não se aventuravam no lado das mulheres, mesmo pagando o preço de, com isso, perder metade da lição. De alguma forma, e a despeito dos obstáculos culturais, fomos formando algo parecido com uma família, de modo que ao fim do curso os alunos conseguiram organizar juntos uma celebração. As mulheres colocaram panos sobre as mesas e puseram aí os pratos de *mantu* e *pilau* que haviam cozinhado em casa. Os homens trouxeram refrigerantes, pães e biscoitos. Alguns alunos trouxeram seus filhos e filhas porque queriam que eles vissem que estavam se formando. Todos se arrumaram para a ocasião e levantaram-se orgulhosamente para receber o Certificado de Aprovação com seu nome impresso na maior fonte que encontrei no computador. Mas, ainda assim, eles não conseguiam ficar juntos para uma foto da turma inteira. Eu tinha de fotografar os sexos separadamente, disseram. Então, ignorei a tradição do privilégio masculino e tirei primeiro a foto das mulheres. Eu as vejo agora: oito mulheres de pé, ombro a ombro, no pátio ensolarado da escola. Suas longas saias, casacos e chadors são escuros — pretos, cinza, marrons — contra o amarelo monótono do muro da escola ao fundo. Nada azul. Nenhuma burca.

Homens e mulheres não podem viver assim sem desenvolver algum tipo de problema psicológico. Só para dar um exemplo, meus alunos, de ambos os sexos, têm definições bastante limitadas do que sejam "homem" e "mulher" e do que deveriam ser. O "deveriam ser" é uma mistura imiscível de pseudo-Islã e filmes bollywoodianos sensuais. A realidade é outra coisa. Devido ao fato de terem visto de perto tão poucos exemplares do sexo oposto, tiram conclusões gerais a partir de uma amostra muito restrita. Baseados naquilo que presenciaram em suas próprias famílias, os solteiros estão ansiosos por casarem com "boas" mulheres, e as solteiras simplesmente não querem se casar. Metade das mulheres da turma não é casada, e muitas têm irmãs que não se casaram. A princípio, suspeitei que fossem solteiras devido ao número de homens que morreram nas guerras; mas as mulheres também morreram aos milhares nos bombardeios e ao dar à luz, de modo que a população é mais equilibrada do que se poderia esperar. Só os ataques aéreos americanos mataram pelo menos quatro mil civis em Cabul, sem considerar gênero ou idade.[9] Mas soube, depois, que as solteiras morrem de medo de homens. Uma de minhas melhores alunas, Nilab, de 32 anos, mora com os pais e três irmãs solteiras, todas professoras. Seu pai era pedreiro, mas agora está velho demais para trabalhar. Nilab me conta, em particular, que o pai espancava a mãe quase todos os dias por ela mandar as filhas para a escola, mas que a mãe mandava as meninas assim mesmo e aguentava o castigo. Tanto Nilab como suas irmãs formaram-se na universidade, tornaram-se professoras e tiveram uma escola durante o período do Talibã. A maioria de seus irmãos desapareceu durante as guerras, de modo que a casa agora é totalmente sustentada pelo salário que as irmãs ganham como professoras. A certa altura, quando se tornou "velho demais", o pai deixou as surras de lado; e agora, diz Nilab, ele se orgulha de que suas filhas tenham empregos bons e respeitáveis. Mas quando lhe peço para redigir um parágrafo sobre seus planos futuros, Nilab escreve: "Não me casarei. Não gosto dos homens. Os homens são muito maus. Os homens afegãos são maus e perigosos".

As duas jovens mais bonitas da classe são casadas; ambas foram vendidas em casamento, quando ainda adolescentes, por pais que devem ter precisado ganhar um pouco de dinheiro durante a guerra. Um casamento é feliz, e o outro não. Fariba me conta que chorou a noite inteira antes do casamento porque estava muito triste por deixar a família e com muito medo de conhecer o marido. Quando o viu pela primeira vez na cerimônia, ela chorou novamente, porque ele era muito rústico; e então ela se lançou à oração. Ela rezou, ainda durante a cerimônia, para que seu marido rústico fosse gentil, e suas orações foram atendidas. Peço aos alunos que redijam um parágrafo sobre "sorte" e Fariba escreve: "Meu marido é muito gentil e bom homem. Ele me deixa ensinar na escola. Ele me deixa visitar casa da minha mãe. O marido minha amiga não é bom homem. Eu sou uma mulher é muita sorte". Ela mostra fotografias de seu filho e de sua filha, e observa que as duas crianças são muito bonitas. Outra prece atendida.

Palwasha, por outro lado, é casada com um homem mais velho, bonito. Ela mostra as fotos do casamento. Embora nas fotografias ela não passe de uma menina, ostenta o elaborado penteado armado e a dramática maquiagem das noivas afegãs modernas. Ela está espantosamente bela no vestido verde utilizado na primeira parte da cerimônia — antes da conferência *nikkah* em que os homens das duas famílias negociam o preço —, e, mais tarde, no vestido de noiva branco. Por respeito aos pais, as noivas afegãs não devem parecer felizes por se casarem e saírem de casa; nas fotografias, Palwasha exibe a expressão adequada de tristeza e de obediência resignada. Mas ela exibe, hoje, a mesma expressão. Sua aparente serenidade é, no fundo, tristeza. Mais tarde, fico sabendo o motivo: ela não tem filhos. Esse é o azar dela, diz. Mas há mais. Os pais do marido estão descontentes com ela porque não consegue engravidar. Eles insistem para que o marido tome uma segunda esposa. Passado mais algum tempo, depois de eu ter marcado para ela uma consulta em uma médica europeia que está visitando o país, fico sabendo que o problema é com o marido, e que tanto Palwasha como o marido sabem disso. "Disfunção erétil", diz a médica — doença que, no Afeganistão, se pode curar, mas não se pode mencionar. Assim, Palwasha tem de sofrer a humilhação e a angústia de não ter filhos, confortada apenas pelo fato do marido ter de resistir à pressão familiar para encontrar uma segunda esposa, cuja idêntica impossibilidade de conceber poderia trazer à luz toda a farsa.

Faruq também escreve sobre azar: "Eu não estou encontrar boa garota casar comigo. E procurar boa garota. Minha mãe procurar. Minhas irmãs procurar. Minha mãe e minhas irmãs não encontrar". Faruq está mais do que pronto e desejoso de se casar, e ele me parece um bom partido. Formado em uma universidade da província, ele mora em Cabul há muitos anos, lecionando no ensino médio e fazendo bicos como mensageiro para uma ONGI. Ele é muito ambicioso e consegue, praticamente sozinho, convencer-me a complementar a aula com uma sessão matinal de conversação, de uma hora, a que ele jamais deixa de comparecer. Ele também tem iniciativa e criatividade. Impõe-se a tarefa de projetar um aquecedor para nossa sala de aula; e, embora tenhamos de nos livrar da geringonça quando uma mesa pega fogo, é uma boa tentativa. Ele é trabalhador, organizado, invariavelmente educado e cortês, e não faz segredo de sua busca. Ele tenta arregimentar as mulheres da classe para que "procurem" para ele. Várias delas poderiam ser, elas mesmas, boas candidatas, mas Faruq não quer escolher uma esposa entre seus pares. Ele quer uma menina de uns 13 anos, 15 no máximo, e, de preferência, uma que não tenha avançado "demais" na escola — o que, para ele, significa a quinta série, o limite máximo do ensino fundamental. Eu observo que uma garota com mais instrução, mais próxima de sua própria idade, poderia ser uma companheira melhor, e, já que ele gosta tanto de conversar, uma interlocutora melhor; mas discurso não é o que ele deseja de uma mulher. Ainda assim, a classe inteira participa da busca. No ano seguinte, fico sabendo que ele ainda está avaliando possibilidades e que já se ofereceu, sem sucesso, a várias famílias. Ele chegou a se oferecer para minha amiga Lema, que é mais velha e mais instruída. É uma mostra do seu desespero. Então, dois anos mais tarde, chega a boa notícia: Faruq encontrou a noiva perfeita em uma menina muito nova, sem estudos. Tento, com alguns de seus antigos colegas de classe, encontrá-lo para levar-lhe presentes e conhecer a esposa, mas ele desapareceu em meio à alegria conjugal.

    Mas por que a busca de Faruq se tornou o foco de nossa aula de inglês? Por que todos os tópicos para redação geravam composições sobre maridos e esposas? Como uma aula de inglês como segunda língua se tornara uma novela das oito afegã? O tópico parecia erguer-se como um bolo de casamento gigante sobre a mesa da sala de aula. Não conseguíamos evitá-lo. Pensei que estávamos obcecados pela relação entre os sexos porque elas eram proibidas. Qualquer pessoa do sexo oposto que não seja membro de sua família imediata é uma ave rara, tão exótica quanto um avestruz. Mas comecei a pensar que havia mais do que isso. Encontrar uma esposa ou um marido era encontrar um lar, era encontrar segurança e proteção, e um futuro. Nem sempre funcionava assim, sabíamos bem. Duas mulheres da turma eram viúvas. Um homem perdera a esposa. E o fato de Palwasha não ter filhos revelava a falibilidade do futuro. Mas buscar era ter esperança. E em Cabul, naquela época, a esperança era a única coisa que permitia a alguém seguir em frente.

Ninguém encoraja Faruq mais do que Nasir. Ele servira como soldado no exército de Najibullah não porque acreditasse no comunismo, mas porque esse era o melhor emprego que ele conseguira em Cabul quase ao fim da ocupação soviética. Ele lutou com o exército até ser capturado pelos *mujahidin*. Eles o trataram muito bem, contou, e persuadiram-no de que ele estava do lado errado. Então, a partir daí, ele lutou pelos *mujahidin*. Em seguida, foi capturado por outra facção de *mujahidin*, que o tratou mal e que o forçou a lutar por eles. Por fim, Faruq se cansou de lutar, ele, de fato, jamais gostara muito da coisa e, atravessando a fronteira, chegou ao Paquistão. Lá, de alguma forma, próximo a Peshawar, localizou sua irmã mais velha, que se casara e mudara há anos. Ele ficou em sua casa e trabalhou para seu marido, aprendendo a consertar bicicletas, até que os talibãs derrubaram os *mujahidin* e tomaram o poder no Afeganistão. Ao primeiro sinal de lei e ordem, Nasir retornou a Cabul, não porque acreditasse no fundamentalismo, mas porque parecia-lhe seguro voltar para casa. Estivera fora durante seis anos. Ele encontrou o pai e a mãe, que acreditavam que ele estivesse morto, mas a garota com quem ele esperava se casar havia se casado com outro. Assim Nasir, como Faruq, começou novamente sua busca por uma garota até que encontrou uma, "a melhor de todas", disse a Faruq, e logo eles tiveram dois filhos. Ele abriu um pequeno negócio de conserto de bicicletas. E depois, porque gosta tanto de crianças, arrumou um segundo emprego dando aulas na escola de ensino infantil. Ele não tinha qualquer preparo para a tarefa, nem instrução, mas gostou do trabalho, e os alunos gostaram dele. Ele não era professor de ensino médio; mentira para entrar nas aulas de inglês porque queria aprender. Quantas mentiras a vida o fizera contar, perguntei-me, esse homem gentil que servira em três exércitos sem acreditar em nenhum? Ele não gosta de contar detalhes de sua vida. Preferia as generalidades da filosofia. Certo dia, quando Faruq divagava sobre sua busca incansável pelo amor, Nasir disse: *"A vida* é amor". No último dia de aula, o dia da festa, ele trouxe junto seu filhinho. O menino ficou sentado, em silêncio, de mãos dadas com o pai e, quando a cerimônia de formatura terminou, colocou o certificado de Nasir dentro de sua mochila de escola, para levá-lo para casa em segurança.

No ano seguinte, esgotada, após bom uso, a pequena subvenção da Madar, coube-me buscar dinheiro para poder lecionar para uma nova turma. Assim, enviei um e-mail para meu círculo de amigos, que reenviaram meu pedido para círculos maiores, de modo que uma bela quantia chegou ao escritório da Madar. Meu segundo grupo, mais numeroso, era composto de professores vindos de diferentes escolas de outra parte da cidade. Passados mais alguns anos desde a guerra, eles já não pareciam tão magros, tão cansados nem tão destituídos de eletricidade e de TV via satélite. Os jovens da turma, que assistiam a muitos filmes de ação em DVDs pirateados, tinham milhões de perguntas depois da aula sobre o sentido exato e o uso apropriado de expressões americanas populares, como *motherfucker, cocksucker, shithead, asshole, dumb ass, ball breaker*. A lista parecia interminável. E *Dick*, como em Cheney, era um substantivo ou adjetivo? Era um nome ou uma descrição?

Talvez Bollywood os tenha conquistado, ou talvez os professores de inglês de Cabul tenham dominado esse linguajar sujo, porque meu terceiro grupo, no inverno de 2004 e 2005, não fez nenhuma pergunta sobre o tema. Eu percebia, também, outras mudanças. Eu começava a receber professores mais graduados, que eram mais velhos e mais experientes. Muitos se lembravam dos bons tempos antes das guerras ou durante o período de Najibullah, aquele pequeno intervalo entre a saída dos soviéticos e a chegada dos *mujahidin* a Cabul, quando tanto os homens como as mulheres se vestiam de maneira diferente e pareciam mais amigos. As mulheres se lembravam de carreiras interessantes ensinando bons alunos, muito melhores, disseram, que os alunos de hoje, que, graças ao Talibã, nunca adquiriram hábitos de disciplina, concentração e empenho. Os professores mais experientes possuíam todos esses hábitos antiquados, enquanto seus colegas mais jovens ainda pareciam dispersos e se distraíam facilmente. Os homens e mulheres mais velhos conseguiam estudar juntos, até mesmo sentar-se juntos no mesmo banco, se necessário, e formar uma dupla de trabalho, embora alguns dos colegas mais jovens ficassem escandalizados ao ver um homem e uma mulher que não eram parentes compartilhando um livro. Mas a maior mudança em meus alunos era que eles estavam exigentes. Na primeira aula, estabeleceram suas condições. Os jovens queriam mais dinheiro para a passagem de ônibus; só podíamos oferecer um dólar por dia. Queriam saber quanto eu ganhava e quem me pagava. Não acreditavam que eu estivesse trabalhando de graça. Por que alguém faria isso? Era inimaginável. Eu estava trabalhando para a CIA? Talvez fosse isso. Nesse caso, por que eu não podia dar-lhes mais dinheiro para a passagem de ônibus?

Os professores mais graduados, por outro lado, queriam aprender algo novo; se não fossem aprendê-lo nas aulas, então não viriam. Eles eram professores de verdade, afinal de contas, que pensavam em coisas como currículo, material didático e metodologia. Antes de mais nada, disseram, queriam livros novos e melhores. Encontrar tais livros não é um problema, já que os volumes não-islâmicos em inglês, de que reclamaram os professores na Universidade de Cabul, são usados em cursos comerciais em toda a cidade. As livrarias têm pilhas dos melhores livros britânicos e americanos para ensino de inglês como segunda língua, em edições baratas reimpressas no Paquistão, junto com as fitas pirateadas que os acompanham. A maioria apresenta uma série de situações do dia a dia, como ir às compras ou preparar uma refeição. Eu escolho esse e aquele aspectos da vida ocidental que podem ser compreensíveis e não ofensivos para esses alunos e improviso, depois, outros materiais e atividades. Esqueça a lição sobre namoro. Uma vez, depois de eu ter explicado o significado de *blind date*, uma mulher disse: "Igual ao meu casamento".)Esqueça também a lição sobre esportes, com suas fotos de mulheres de patins ou nadando e de homens jogando golfe. ("Por quê?") Tente a lição sobre ocasiões especiais que celebramos. Dar uma festa para apresentar a casa nova surge como um costume comum; meus alunos se surpreendem ao saber que os americanos também levam presentes aos amigos que se mudaram para uma nova casa. Eles pensavam que os afegãos e os americanos não tinham absolutamente nada em comum.

E eis a foto de um casamento, outra ocasião festiva que temos em comum, em que, inacreditavelmente, a noiva americana veste um longo vestido branco aparentemente copiado da moda afegã. (Os vestidos de noiva ocidentais fazem sucesso em Cabul desde a década de 1920, quando a noiva do filho mais velho do rei Amanullah lançou a moda.) Eles querem saber se também atiramos para cima em nossos casamentos, como fazem os afegãos, e a resposta os decepciona. Talvez não tenhamos tanto em comum, afinal de contas. A foto de um lindo casal branco, de cabelos grisalhos, olhando-se apaixonadamente nos olhos cria um alvoroço na sala e faz com que as mulheres comecem a tagarelar. A legenda diz que o homem e a mulher na foto estão celebrando o aniversário de 50 anos de casados. (Lembro-me, tarde demais, que a expectativa de vida de um afegão é de 46 anos.) Praticamos a pronúncia da palavra. "O que significa aniversário?", querem saber, e minha explicação os deixa estupefatos. "Nós celebrar casamento", diz um homem. "Nós ficar felizes. Mas depois do casamento nós não celebrar." Uma mulher diz: "Depois do casamento, nós não somos felizes", e as gargalhadas ecoam pela sala. Eles querem saber o que o marido e a mulher fazem no aniversário de casamento. Eles recebem convidados? Sim, alguns casais, explico, mas na maior parte das vezes o marido e a mulher vão a um bom restaurante e têm um jantar especial. (Deixo de mencionar o não-islâmico champanhe.) Eles riem, perplexos por um costume estranho. Um homem e a esposa irem a um restaurante? Sozinhos? É como golfe. "Por quê?".

Passado algum tempo, depois do início de um novo ano letivo e da volta de meus alunos à sala de aula, rodo por Cabul para ver o que eles aprenderam. Algumas das escolas em ruínas foram reformadas, e diretores orgulhosos convidam-me a escritórios onde o chá é servido em mesas enfeitadas com buquês de flores de plástico. Mas, com maior frequência, sou conduzida a uma sala de aula miserável onde os soquetes das lâmpadas, vazios, pendem sobre a cabeça de 50 ou 60 alunos amontoados, de três em três, em bancos onde deveriam se sentar apenas dois e onde um professor escreve de forma ilegível em um quadro-negro que não é mais do que uma camada de tinta preta espalhada, sem qualquer capricho, sobre a parede. Algumas vezes, a sala de aula é uma velha tenda da Unicef no pátio da escola, e aí simplesmente não há lugar para o professor escrever. Visito uma escola de ensino médio para meninos em um bairro afastado, um prédio antigo de dois andares, bastante deteriorado, com uma fila de oito tendas da Unicef no pátio. Atrás das tendas, outra fileira de salas de aula está sendo construída, com dinheiro fornecido pelos japoneses. Essa escola, com uma equipe de 180 professores, funciona em três turnos para atender mais de sete mil crianças. Meu aluno Aziz dá aulas para quatro grupos de oitava série, com 65 meninos cada um. Isso dá um total de 260 alunos, que ele vê todos os dias. Eu nem pergunto a frequência com que ele pede aos alunos que façam uma tarefa escrita.

Mas os alunos são esforçados. Mãos se levantam a cada pergunta feita. Quando chamado, o aluno se levanta e lê em voz alta a resposta do livro, completando a sentença com a palavra que falta. Com muita frequência, a resposta está errada, e errada de uma forma que mostra que nem o aluno nem o professor entenderam o sentido da sentença em questão. A lição é, de novo, sobre aqueles petulantes advérbios — dessa vez, advérbios de tempo. "Ele vai comprar novas estufas porque raramente faz frio no inverno", diz um aluno, em uma situação em que o texto oferece uma escolha entre raramente e *frequentemente*. "Muito bem", diz o professor, meu aluno Aziz, e passa para a próxima sentença. Um outro aluno lê: "Ele gosta de relaxar à noite então ele raramente assiste à TV". "Muito bem", diz Aziz. É verdade que assistir à televisão afegã, com suas reportagens sobre crianças afegãs sequestradas por traficantes de órgãos no mercado negro, realmente não é relaxante, e, assim, a resposta do aluno talvez seja mesmo muito boa, mas não acredito nisso. Talvez Aziz tenha aprendido isso comigo, creio, essa forma de encorajar sempre. Mas uma resposta certa de vez em quando ajudaria. Ainda assim, olhando a sala e vendo os meninos ambiciosos, ficando de pé em um salto para dar a resposta, acredito que conseguirão aprender, apesar do precário conhecimento que seu professor tem de advérbios e de outros elementos do inglês. De algum modo, por saberem que o inglês os ajuda a conseguir empregos melhores e por seu professor os elogiar tanto, eles aprenderão sozinhos.

As classes de meninas que visito são melhores, porque as professoras que observo são melhores naquilo que fazem.

Elas têm um domínio maior do inglês e dão a resposta certa com maior frequência. Mas, ainda assim, elas ficam na frente da sala diante de filas de bancos abarrotados e fazem as alunas repetirem frases de livros didáticos surrados, que requerem a inserção de uma única palavra em sentenças que as meninas parecem considerar incompreensíveis. As alunas cospem as palavras como se as sílabas tivessem um gosto ruim.

"O que aconteceu com os novos métodos didáticos que treinamos em nossas aulas?", pergunto às professoras. "O que aconteceu com o trabalho em duplas, com os jogos e, por favor, lembrem-se, com a conversação?" Apenas Sima dera a suas alunas breves momentos, durante as aulas, para que elas pudessem falar umas com as outras e praticar o que haviam aprendido. As garotas haviam feito pequenos grupos e conversado animadamente em inglês, mas sussurrando, como se temessem ser pegas pelo Talibã.

"Ah, professora", diz Sima, desesperada. "Isso não é permitido."

Ela recebe o apoio de Momina. "Meu diretor também é professor de inglês", diz. "Ele me mandou parar com essas coisas."

"Temos de dar uma aula expositiva, ou as mães e os pais nos criam problemas", diz Sima.

"É isso. Temos de estudar o livro porque as mães e os pais estudaram o livro."

"Professora, nós quer fazer diferente. Mas isso não é permitido."

Durante três anos, eu procurara ajuda para esses professores. Eles não poderiam ensinar inglês melhor, a menos que melhorassem seu próprio inglês. Não poderiam abandonar o velho livro didático sem que tivessem novos materiais. Não poderiam mudar sua forma de ensinar até que o número de professores desejando essa mudança se transformasse em massa crítica. Eles precisavam de ajuda, pediam-na, e eu queria ajudá-los. Mas eu era uma novata em "ajuda humanitária". Não sabia as regras do jogo. Pensei que, se eu conseguisse alguns professores voluntários de inglês como segunda língua que se juntassem a mim em Cabul, poderia expandir o pequeno programa da Madar para que ele atingisse quase todas as escolas de ensino médio. Em 2002, depois do encerramento da minha primeira turma, enviei por e-mail um convite para professores de inglês como língua estrangeira que eu conhecia em Nova York. A primeira resposta, por e-mail, resumia a reação geral: "Voluntário? No Afeganistão? Agora? Você ficou louca?". Vi que teria de oferecer o que posteriormente aprendi a chamar de "incentivo". Assim, escrevi uma breve proposta para expandir o programa de formação de professores da Madar e projetei um orçamento que incluía passagens aéreas, salários mensais e auxílio-moradia para professores adicionais, e fiz a peregrinação pelas fontes de financiamento. Algum tempo depois, uma conhecida da USAID me disse que eu havia cometido o erro de pedir muito pouco dinheiro, apenas cerca de 12 mil dólares. "Multiplique por dez ou 12", ela disse, "e alguém talvez dê pelo menos uma olhada". Mas, em toda parte, a resposta a minha proposta excessivamente modesta era alguma variação, condescendente e desalentadora, de um simples não.

Naquela época, me senti inepta por não conseguir ajuda para os professores de inglês de Cabul e fiquei furiosa por eles. Mas, lendo um artigo de George Packer em *The New Yorker*, aprendi que o meu fracasso não era o único. Havia outro, de Joe Biden, o senador democrata de Delaware. Em janeiro de 2002, como presidente do Comitê de Relações Exteriores do Senado, ele visitara Cabul atendendo a uma solicitação do Bush Dois para que criasse leis que pudessem conquistar as mentes dos jovens no mundo muçulmano. Bush colocara o 11 de setembro no contexto de uma guerra cultural impregnada de religião, talvez para evitar discutir as políticas específicas dos EUA que bin Laden dissera haver induzido os ataques da Al-Qaeda. Biden tinha uma leitura diferente do 11 de setembro, embora ele também conseguisse evitar discutir a política externa americana. Ele situava o 11 de setembro como uma espécie de guerra entre classes, sustentando que a ideologia odiosa por trás dos ataques é fruto da pobreza, da miséria humana e da repressão política. A forma de contrapor a ideologia do ódio, acreditava Biden, era estabelecer o compromisso sólido de expandir, por todo o mundo, as condições materiais que promovem os valores da democracia liberal, especialmente o da educação. Depois que Biden o desapontou como alguém incapaz de conquistar mentes, Bush contratou uma empresa de relações públicas para produzir um filme ufanista, estúpido, sobre as alegres vidas de muçulmanos morando nos EUA. Biden elaborou uma proposta para construir 1.000 escolas no Afeganistão ao custo de 20 mil dólares cada uma e preenchê-las com todos os professores que haviam perdido seus empregos por causa do Talibã. Packer relata que Biden (como eu) acreditava que teria maior chance de sucesso pensando pequeno, embora o que Biden considerasse "pequeno" não fosse pouca coisa. Ele disse: "Você consegue enfiar 20 milhões de dólares em qualquer parte de um orçamento de um trilhão, e isso era algo específico. [...] Era algo concreto, que poderíamos mostrar ao Afeganistão que estávamos fazendo. [...] Era algo diferente da mira de um fuzil".[10]

Por trás da proposta de Biden estava aquilo que ele descreveu a Packer como "um evento catalítico". Quando estava para sair de uma escola em Cabul, uma jovem levantou-se da carteira e disse: "Vocês não podem partir. Vocês não podem partir. [...] Eles não vão me impedir de aprender a ler. Eu vou ler e vou ser médica como minha mãe. Vou sim. Os EUA têm de ficar". Biden comentou com Packer que entendera o que a menina estava dizendo: "Não me sacaneia, mané! Vocês me colocaram aqui. Disseram que iriam me ajudar. É melhor vocês não saírem agora".[11] Mas o governo Bush já estava voltando suas atenções para o Iraque, preferindo o fuzil à escola, e a proposta de Biden para a educação no Afeganistão não deu em nada.

Em 2005 tentei novamente, com a ajuda da Madar, conseguir ajuda para meus professores. Àquela altura, o Ministério da Educação já contabilizara mais de 70 diferentes projetos de educação no país, desde a construção de escolas até a formação de professores, e havia muitos outros geridos por pessoas que nem haviam se dado ao trabalho de comunicar ao Ministério o que estavam fazendo. Mas ainda não havia qualquer programa para professores de inglês no ensino médio. Havia também mais doadores em Cabul, mais fontes de financiamento. Ou, como fui perceber, mais pessoas para se recusar, usando alguma variação enlatada de não, embrulhada no jargão da ajuda internacional. (Eu também estava aprendendo o dialeto, estava recebendo minha educação no Afeganistão.) Esse doador não "priorizara" o ensino médio. Aquele não o fizera seu "foco".

Um terceiro disse que o ensino médio estava além de seu "nexo de interesses". Outro tinha outra "visão".

A visão, no fim das contas, era alfabetização universal. E a visão poderosa, que parecia emanar da USAID, parecia, de fato, universal. Quem poderia duvidar de que se tratava de uma grande ideia, e há muito necessária? Quem não gostaria de ver toda uma nação libertada do analfabetismo para os prazeres e benefícios práticos da palavra escrita; uma mãe capaz de escrever um recado para o professor de seu filho, um pai capaz de se corresponder com o filho que trabalha no estrangeiro, uma família inteira capaz de ler qualquer coisa, desde a bula em uma caixa de remédios até a poesia de Rabi'a Balkhi? Mas será que esse era o lugar para começar? Eu ainda queria educar os educadores, muitos dos quais, sendo mulheres, tinham sido expulsos de seus empregos por cinco ou seis anos, estando, além disso, traumatizados. Eu também fazia pressão em favor das que tinham instrução incompleta, as estudantes universitárias que precisavam de cursos de reforço e de apoio moral para completar seus estudos interrompidos. Mas os peritos em educação optaram, em vez disso, por educar aqueles que não tinham recebido educação nenhuma.

Eles diziam que era a coisa mais "democrática" a fazer. Em uma cultura de analfabetos, diziam, aqueles que receberam educação anterior e os que tiveram instrução incompleta são "elite" e não deveriam ter direito a ajuda. O Congresso americano concorda, autorizando ajuda apenas para educação básica de base ampla. Provavelmente é verdade que meus professores de 30 dólares por mês do ensino médio de Cabul sejam uma "elite", mas e quanto aos alunos para quem lecionam? Eduque o educador, eu pensava, e o educador fará um trabalho melhor educando outros, ou, na linguagem do negócio da ajuda, esse "investimento em recursos humanos" geraria um "retorno imediato". "Pode ser verdade", disse meu contato interno na USAID, "mas não é sexy".

Eu não tinha levado o "sexy" em consideração. "Sexy" foi o modo pelo qual a ajuda externa para o Afeganistão foi se esgotando dentro da política americana. "Sexy" era como aparecia o Afeganistão na televisão americana em um ano de eleições presidenciais. "Sexy" eram a "visão" e as imagens de televisão de meninas analfabetas jogando fora suas burcas e aprendendo a escrever seus nomes. Parecia-me notável que depois de anos de elogios aos "guerreiros da liberdade" afegãos — os sujeitos que Ronald Reagan chamou de "o equivalente moral de nossos pais fundadores" — quão pouco as pessoas se importavam, agora, com o que iria acontecer com os homens afegãos.[12] Deixa para lá o fato de que milhares de afegãos que haviam se alfabetizado nos programas de educação compulsória da era comunista rapidamente esqueceram o que haviam aprendido, já que não havia nada para ler, nem qualquer razão para escrever. Uma lição que aprendi durante minha educação no Afeganistão é a de que os "peritos" em ajuda internacional, especialmente os americanos, têm que responder a um poder político mais alto. Eles não podem se dar ao luxo de permitir que a experiência histórica obstrua esse negócio de "visão."

Além disso, alfabetização e ensino básico são o ás na manga dos peritos em educação da ajuda internacional. Muitos dos peritos em educação trabalharam na África, onde a visão é geralmente obscurecida pela expectativa mais baixa que se tem dos africanos. Poucos (exceto os africanos) esperam que as crianças africanas passem do ensino fundamental, de modo que é na escola primária que os peritos têm trabalhado há muito tempo. Todo esse trabalho gerou resultados contraditórios, mas isso é outra história. Os planos, os programas, os orçamentos, esses já estão prontos, assim como os cursos de "capacitação" e "treinamento" para professores inexperientes, critérios de avaliação de programas e uma longa lista de "indicadores" que evidenciam sucesso. Até mesmo os relatórios finais já estão nas mãos dos peritos, com exceção de uma alteração nos números aqui e ali. Quão sensato deve ter-lhes parecido transferir, para um novo lugar, esses programas pré-fabricados de alfabetização e de educação primária.

Você poderia pensar que se quisesse ajudar um país empobrecido, destruído pela guerra, iria perguntar às pessoas que vivem lá quais prioridades têm e que tipo de ajuda precisam. Mas geralmente não é assim que a ajuda internacional funciona. Ao invés de fazerem isso, os países doadores ou instituições financeiras decidem o que eles querem dar ao país pobre ou "em desenvolvimento", de acordo com seus próprios interesses, e depois oferecem a ajuda através de projetos elaborados e controlados por peritos externos. Desde o fim da Segunda Guerra Mundial, a principal preocupação dos países doadores tem sido o desenvolvimento econômico. Como conseguir fazer com que a economia cresça é o tema de um debate monopolizado, nas últimas décadas, pelos fundamentalistas do livre mercado (ou neoliberais), para quem o crescimento é uma função do investimento e da acumulação de capital por meio da operação de mercados livres das amarras de regulamentações governamentais que busquem proteger da exploração os trabalhadores, os recursos naturais e o meio ambiente.

Na ajuda para o desenvolvimento, assim como na economia neoliberal, tudo vem de baixo para cima, ao menos em teoria. Na prática, claro, a ajuda geralmente não goteja, nem pinga, nem mesmo escorre lá de cima. Na verdade, a ajuda que, supostamente, deveria ajudar os pobres do mundo tem, geralmente, o efeito oposto. Na maioria dos países de Terceiro Mundo que receberam ajuda, a diferença de renda entre ricos e pobres aumentou, assim como nos EUA. (Joseph Stiglitz, economista ganhador do prêmio Nobel, pergunta: "Se isso não funcionou nos EUA, por que funcionaria em países em desenvolvimento?").[13] Os ricos ficam mais ricos, enquanto os pobres (especialmente as mulheres pobres) perdem acesso à terra, aos recursos, e as suas formas tradicionais de sustento. Os especialistas que refletem e escrevem sobre o propósito e a prática da ajuda concluíram, há muito tempo, que "o crescimento econômico... simplesmente não conseguiu infiltrar-se em direção à base".[14] Stiglitz observa de maneira direta: "Não é verdade que 'uma onda que se eleva levanta todos os barcos'." Alguns barcos, parece, são feitos "em pedacinhos".[15]

Sendo esse o caso, muitos advogam uma abordagem mais democrática à questão da ajuda, que começaria pela base: pergunte às pessoas comuns em localidades específicas o que elas querem, e ajude-as a satisfazer essas necessidades básicas. Talvez o Congresso acreditasse estar abraçando a perspectiva democrática quando autorizou ajuda apenas para a educação básica. Muitos tentaram implementar esses programas, especialmente nas décadas de 1960 e 1970, mas se defrontaram com os interesses de chefes locais, de governos repressivos e de doadores poderosos cujos projetos eram impostos de cima para baixo. John Brohman, uma autoridade em teorias de desenvolvimento do Terceiro Mundo, observa que estratégias de ajuda "de baixo para cima, localizadas, nadavam contra uma forte corrente de poder econômico e político.[16] Então, as coisas são de cima para baixo, ainda que todo mundo saiba que o desenvolvimento "bem-sucedido" em qualquer país em desenvolvimento, *provavelmente tornará a vida pior* para boa parcela da população. Os neoliberais consideram o aprofundamento da miséria dos pobres como um preço necessário a ser pago pelo "crescimento", assim como as mortes acidentais de civis nos bombardeios americanos: triste mas inevitável.[17]

De maneira geral, as grandes instituições financeiras internacionais, como o Banco Mundial e o Banco de Desenvolvimento Asiático, enviam a ajuda aos governos, enquanto o programa de ajuda dos EUA, a USAID, prefere canalizar o dinheiro através de empreiteiras independentes e (de maneira secundária) de ONGs, ignorando o governo do país recipiente, uma vez que não se pode confiar que ele vá fazer aquilo que os EUA querem. Os doadores europeus fazem dos dois jeitos. A seguir, o doador contrata um "consultor" perito regiamente pago para passar duas ou três semanas no país que irá receber a ajuda, fazendo um "levantamento de necessidades". Atualmente, a taxa para os consultores contratados para os projetos educacionais da USAID no Afeganistão é de cerca de 500 dólares por dia, mais transporte e hospedagem, mais uma quantia para despesa diária e uma porcentagem adicional a título de compensação por "privações" ou "perigo". A taxa para consultores em projetos de negócios financiados pela USAID pode ser o dobro disso. Uma vez que o consultor é contratado pelo doador, e que futuros trabalhos de consultoria dependem do doador estar satisfeito; o bom consultor invariavelmente descobre que as necessidades avaliadas no país recipiente proposto clamam, exatamente, por aquilo que o programa do doador propõe. O próximo passo é encontrar mais consultores para implementar o projeto.

Cada vez mais, na USAID, isso significa contratar uma empreiteira privada, pois os EUA privatizaram a ajuda externa mais ou menos da mesma forma que privatizaram seus exércitos por procuração (como os contra ou os *mujahidin*) e suas próprias operações militares. Em 2003, mais de um terço dos 87 bilhões de dólares então no orçamento para a guerra do Iraque, ia para dez mil empreiteiras militares privadas, o que dá uma empreiteira para cada dez membros dos serviços regulares do Exército.[18] Se é possível atrelar os militares à carroça capitalista, por que não engatar-lhe também o impulso humanitário? Em 2001, Andrew Natsios, o chefe da USAID, falou com toda a franqueza sobre a natureza egoísta da ajuda americana. Como "instrumento chave de política externa", disse, a ajuda externa "auxilia as nações a se prepararem para participar do sistema de comércio global e a se tornarem melhores mercados para as exportações dos Estados Unidos".[19] Os mercados locais afegãos, entretanto, são tão absolutamente dominados por oligarquias enriquecidas pelo tráfico de drogas e com boas ligações políticas, a narcomáfia e seus amigos, que alguns economistas acreditam que maior crescimento econômico possa, de fato, diminuir as possibilidades de segurança nacional e de uma mudança democrática genuínas no Afeganistão.[20]

Não obstante, porque o propósito subjacente à ajuda americana é o de tornar o mundo seguro e aberto para os negócios americanos, a USAID agora introduz os interesses comerciais desde o princípio. Ele envia solicitações de propostas para uma breve lista de velhos conhecidos e confere os contratos ao licitante que estiver em suas boas graças no momento. Algumas vezes, ele convida apenas um licitante a se candidatar, o mesmo procedimento eficiente que tornou a Haliburton tão notória e tão lucrativa no Iraque. Em muitas áreas, incluindo educação, ele "pré-seleciona fornecedores", aceitando propostas a cada cinco anos, mais ou menos, para um CQI — Contrato de Quantidades Indefinidas" (IQC, em inglês). As empreiteiras submetem informações indefinidas sobre o que estariam capacitados a fazer em áreas não especificadas, caso algum contrato mais definido se materialize; os vencedores se tornam empreiteiras indicadas que são convidadas a submeter propostas quando uma situação real aparecer. A USAID gera essa situação real na forma de uma SDP — Solicitação de Propostas, enviada para os "fornecedores pré-selecionados" e talvez a outros, que então concorrem para fazer, em outro país, o trabalho indicado por Washington. Essa imposição de cima para baixo do que é para ser feito, e do que não é, tornou-se agora corriqueira demais para exigir justificativa. É assim que são as coisas, e isso ajuda a explicar o porquê de minha pequena proposta de baixo para cima ter sido descartada sem mais delongas: ela não era apenas barata demais e "antidemocrática"; ela nadava contra a corrente. No que diz respeito ao processo de pré-seleção que coloca certas empreiteiras em posição privilegiada; tanto os funcionários da USAID, como as empreiteiras me disseram que isso economiza tempo, mas ninguém me explicou por quê, se a celeridade é tão importante e o processo tão eficiente, os projetos de educação no Afeganistão estão apenas começando a andar cerca de três anos depois da dispersão do Talibã. "Não há nada de errado nisso", diz um amigo na USAID. "Isso é rápido."

O tempo é relativo, suponho, e certamente você pode argumentar que é trabalho da USAID dizer o que é rápido e o que não é, quem está dentro e quem está fora. Mas os critérios de seleção não são exatamente o que se chamaria de "transparentes". Tomando um exemplo do "setor" de construção, o caso da autoestrada Kabul-Kandahar é instrutivo. Com a manchete *"Milhões desperdiçados em estradas de segunda classe"*, o jornalista afegão Mirwais Harooni informou no *Kabul Weekly* que, muito embora outras companhias internacionais estivessem prontas a reconstruir a estrada por 250 mil dólares por quilômetro, o grupo Louis Berger, sediado nos Estados Unidos, conseguiu o serviço por 700 mil dólares por quilômetro, dos quais há 389. Por quê? A resposta americana padrão é que os americanos fazem um serviço melhor. Um funcionário da USAID me disse que as empreiteiras afegãs frequentemente são excluídas porque "elas não conhecem nossos métodos de contabilidade". Mas a Louis Berger contratou companhias turcas e hindus para construir a estrada, a um custo final de cerca de um milhão de dólares por quilômetro; e qualquer um que viaje por ela pode ver que já está em ruínas. O antigo Ministro do Planejamento, Ramazan Bashardost, reclamou que, no que diz respeito à construção de estradas, os talibãs trabalhavam melhor.[21] (No *website* da USAID, a autoestrada Kabul-Kandahar é apresentada orgulhosamente como um feito importante, apenas mais um exemplo da distância entre a propaganda americana e a realidade afegã.)

Talvez seja apenas coincidência o fato da maioria dos grandes vencedores entre as empreiteiras privadas terem nomes vagamente grandiosos como Bearing Point, Creative Associates International e Social Impact, Inc., seguindo o exemplo das operações do Departamento de Defesa "Liberdade Duradoura", "Justiça Infinita" e "Causa Justa." Mas nem mesmo forçando muito a linguagem ou a imaginação se pode chamá-las de organizações "humanitárias". Se você perguntar, a maioria responderá que trabalha com "desenvolvimento", uma fase na intervenção de reconstrução nacional que eles consideram mais sofisticada que a ajuda humanitária imediata, que salva vidas. Seus diretores no país confessarão, modestamente, que seu verdadeiro negócio é "fazer o bem", embora, claro, seu verdadeiro negócio seja fazer negócios, o que eles fazem no mundo inteiro. A Bearing Point, por exemplo, especializada em "integração de sistemas comerciais", emprega 16 mil pessoas em 39 países. Ela costumava ser o braço consultivo da empresa de contabilidade KPMG (atualmente sob investigação por permitir que seus clientes ludibriassem o imposto de renda por meio de isenções fiscais fraudulentas), mas, na esteira do escândalo da Enron em 2002, mudou de nome e ficou com quase todos os clientes da empresa de contabilidade da Enron, a malfadada Arthur Andersen.[22] Em 2003, logo após ter conseguido dois grandes contratos no Afeganistão e um no Iraque, a Bearing Point, da mesma forma que a Enron, aumentou exageradamente seus lucros, gerando uma ação coletiva dos acionistas por fraude mobiliária. Quem melhor que eles para receber 98 milhões de dólares de dinheiro do contribuinte para "melhorar a governança econômica" no Ministério das Finanças e no Banco Central do Afeganistão?[23]

Assim como a Bearing Point, as "melhores" empreiteiras são empresas muito lucrativas e, como a maioria, orgulham-se de sua eficiência. "Temos os sistemas preparados para maximizar realizações e propiciar sucesso", diz um diretor de país, sem ironia, quando lhe perguntei o que qualificava sua empresa a gastar vários milhões de dólares de dinheiro do contribuinte. Tendo os mesmos sistemas preparados, não importa onde, as empreiteiras tendem a ver as ONGIs humanitárias como bons samaritanos atrapalhados que gastam tempo e dinheiro tentando desenvolver programas de ajuda apropriados para cada país individualmente. Na verdade, muitos desses samaritanos obstinados persistem entre as ONGs, ainda tentando trabalhar de baixo para cima, ainda falando sobre dar poder às pessoas comuns e sobre democracia de base. As empreiteiras, por outro lado, ficam com um olho nos doadores e outro no orçamento, o que não deixa muita capacidade visionária para ser aplicada às condições locais. Para efetuar o trabalho de campo real, elas frequentemente contratam os serviços das mesmas ONGs samaritanas cujos princípios eles desprezam. Quando isso acontece, a ONG pode ter a sensação de estar de ponta-cabeça, uma vez que ela também se torna parte do pacote que vem de cima para baixo.[24]

Eu não sabia, mas quando fui trabalhar ensinando professores, eu tropeçara no "efeito multiplicador" da "cascata". O significado disso é que não se importam, simplesmente, homens e máquinas americanos para construir uma estrada ou um sistema de irrigação; ensina-se aos afegãos algumas técnicas de construção que eles, por sua vez, ensinarão a outros. Isto é chamado "aplicar o efeito multiplicador à sua contribuição" e "maximizar resultados" em "cascata", e é uma boa ideia mesmo antes de ser embelezada pelo jargão. Um esforço desemboca em outro, como uma série de cachoeiras. A USAID incluiu esse efeito cascata em muitos contratos, de modo que todos os programas de educação com verbas gordas são projetados em múltiplos níveis, como os programas de água na Califórnia. Veja, por exemplo, os programas de alfabetização, dos quais há dois grandes projetos, financiados, ao menos em parte, pela USAID. Eles são geridos por diretores internacionais que supervisionam consultores internacionais que treinam e supervisionam os instrutores afegãos principais, que treinam e supervisionam os instrutores-líderes afegãos, que treinam e supervisionam os instrutores de campo, que treinam e supervisionam os professores afegãos em treinamento, que ensinam a ler a meninas e mulheres e a meninos e homens afegãos em diversos lugares nas províncias. Cada nível de instrutores recebe um treinamento de vários dias, talvez até de uma semana ou duas, antes de ser liberado para treinar o nível subsequente. Os instrutores visitam com frequência aqueles a quem treinaram e os reúnem, periodicamente, para um outro treinamento de aperfeiçoamento de um dia ou dois. Essa linha de transmissão de apoio, todos concordam, é o que evita que o conteúdo transmitido simplesmente evapore no ar. O conhecimento flui por ela até o campo, enquanto o consultor internacional no topo da linha tenta se manter um passo à frente do resto. Ou veja o PEP, o Programa de Educação de Professores (TEP, em inglês), projetado para melhorar a qualidade dos professores de escola fundamental no sistema escolar do governo, e financiado por múltiplos doadores, incluindo a USAID e o Banco Mundial, e gerido, em parte, por empreiteiras privadas. Ele conta com 20 instrutores principais que treinam 150 instrutores líderes que, espera-se, treinarão 2.500 educadores de professores que treinarão 125 mil professores em 34 províncias.[25] Até agora eles só treinaram alguns educadores de professores em seis províncias, mas estão apenas começando e, de qualquer forma, de acordo com as melhores estimativas, nem há tantos professores assim em todo o país. As escolas do governo, sozinhas, têm um déficit de 40 mil professores.

Até 2005, todos esses ambiciosos e complicados projetos de alfabetização e de aperfeiçoamento de professores primários estavam atrasados, mesmo pela definição da USAID de "rápido."

"Que tal uma cooperação?", pergunto a uma consultora em pânico, que trabalhava para uma das empreiteiras. O programa dela mal fora lançado. "Não ajudaria se houvesse compartilhamento de material?"

"Não temos tempo de cooperar. Estamos todos muito ocupados", responde, referindo-se a outros programas, geridos por outras empreiteiras. "E, de qualquer forma, esses sujeitos são os concorrentes."

"Mas vocês não estão todos trabalhando para um mesmo objetivo?"

"Um objetivo, muitas empreiteiras", responde.

Não demora para que os programas de formação de professores comecem a usar a oferta de salários mais altos para conseguir os melhores instrutores. Quando fico sabendo que um dos programas de alfabetização estava procurando professores experientes para treinar, recomendei alguns dos professores secundários das minhas turmas. Depois de serem entrevistados, eles me contaram que tinham perdido a vaga para outros que já estavam recebendo treinamento. Eu tinha certeza de que eles haviam entendido errado. Mas não, a consultora internacional que deveria treinar os instrutores de professores só aceitava candidatos que já tivessem passado pelo curso oferecido por outro projeto de ajuda. "É bem mais rápido", explicou ela, "treinar um instrutor de professores que já tenha sido treinado". Provavelmente é verdade. Mas o treinamento repetitivo das mesmas pessoas girando em torno dos mesmos projetos não pode ser considerado uma cascata. É mais como um redemoinho.

Ainda assim, eu estava feliz em ver esses projetos de educação profissionais serem finalmente iniciados. Os consultores internacionais que os chefiavam pareciam um grupo entusiasmado, experiente e dedicado. E todo esse negócio de efeito cascata fazia sentido para mim, provavelmente porque era o que eu mesma tinha feito, antes de aprender a terminologia que o pudesse tornar vendável. Agora eu queria ver como isso estava funcionando. Assim, fiz plano de acompanhar alguns instrutores ao "campo" para dar uma espiada e ver como estavam se saindo os professores que haviam recebido treinamento. Tendo sido severamente advertida, de antemão, que não seria possível garantir minha segurança se eu me aventurasse nas províncias, fiquei surpresa ao ver que as "províncias" em questão ficavam apenas um pouco mais adiante, próximas o suficiente para um instrutor visitar duas ou três classes em um único dia e ainda voltar a Cabul antes do escritório fechar às três e meia.

Lá, nas planícies do Shamali, que os Estados Unidos haviam reduzido a pó, com bombas subatômicas, há apenas alguns anos, lá, atrás dos muros dos complexos agrícolas onde vacas malhadas pastavam placidamente no jardim, mulheres de todas as idades se sentavam no chão de um salão ensolarado para lutar com o alfabeto dari. Uma após a outra, as mulheres, jovens e velhas, levantavam-se para ir ao quadro-negro improvisado, desenhando, com grande cuidado, alguma forma sinuosa que, associada, algum dia, a outras, significaria um nome que elas conheciam. Elas já estavam familiarizadas com os equivalentes ao *M.* e ao *S.* e conseguiam formar palavras inteiras que significavam *salaam* e *Islã*. Uma das professoras mal tinha 15 anos, mas tinha estudado até a quinta série em Cabul, antes de casar-se e mudar-se para o vilarejo natal do marido. Agora, ela ganhava 75 dólares por mês, muito mais que um professor secundário em Cabul, para ensinar as suas vizinhas aquilo que sabia; e ela levava seu trabalho a sério. Ela colocou em prática o treinamento para professores que recebeu, organizando as mulheres em pequenos grupos de discussão, conduzindo-as em jogos didáticos. Na língua dari, cada letra do alfabeto tem sua forma básica alterada quando aparece em uma palavra, ligada a uma outra letra que a precede ou segue. As professoras que receberam treinamento ensinam a diferença desenhando luvas nas letras nos pontos em que elas podem se juntar. Algumas vezes, elas pedem que as alunas formem uma palavra, cada menina ou mulher representando uma letra; as alunas se colocam na ordem certa para escrever a palavra solicitada, de mãos dadas como requer o alfabeto, e ficam em frente as suas colegas de classe, radiantes. Em cada sala de aula, um ensolarado salão de fazenda, uma loja de vilarejo, um sótão em um celeiro, mulheres e meninas alegremente se submetem às tarefas da alfabetização sob a direção de suas recém-formadas professoras, como essa noiva adolescente, e dos instrutores que aparecem toda semana para incentivar e trazer planos de aula. Era uma lição de humildade sentar-me entre elas. Fiquei encantada. Também eu comecei a sonhar o sonho da alfabetização universal.

Quando perguntei às mulheres nas aulas o porquê de quererem aprender a ler e escrever, muitas disseram que queriam poder ler o Corão. Queriam ver se ele dizia, de fato, aquilo que os mulás e seus maridos falavam que dizia, especialmente sobre as mulheres. Uma senhora de idade disse: "Quero ver se tem alguma coisa lá para mim". Ela não se importava com o tempo que fosse levar. Ela estava disposta a passar três anos, o tempo que um adulto analfabeto normalmente demora para se alfabetizar, ou ainda mais tempo, se fosse necessário. Mas, infelizmente, esse programa estava previsto para terminar em poucos meses, e, além disso, havia demorado para começar. Era demasiado ambicioso, também. O perito americano responsável me disse: "Você não pode estabelecer um currículo decente com o tempo que tínhamos. O processo leva ao menos dois anos, e mal tínhamos um. Tínhamos de costurar alguma coisa, mas nunca tivemos a oportunidade de realmente testá-lo".

"Então por que você o fez?", perguntei.

"É o que está especificado no contrato. É o que a USAID queria".

"Mas você é o educador", retruquei. "Você não lhes disse que não dava para fazer?"

Ele riu. "Não dava para fazer isso", disse. "Eles dariam o contrato a outra pessoa."

Ele era uma pessoa agradável, esse perito em educação, que me garantiu que estava fazendo tudo o que podia, menos abrir mão do trabalho. Ele me contou como conseguira essa oportunidade. A USAID tinha conferido o contrato a um empreiteiro "na área da saúde" que, por sua vez, subcontratara o serviço de desenvolver um currículo para um programa de educação internacional à grande universidade para a qual ele trabalhava. A universidade, por sua vez, fez um acordo com uma ONG internacional para treinar os instrutores de professores, e com outras dez ONGs locais e internacionais, incluindo instituições respeitáveis como a CARE e a Save the Children, para fazer o trabalho que eles chamam de "implementação". Eu tomava notas enquanto ele falava, e lá estava, descendo pela página, um diagrama em degraus, semelhante ao esboço do mecanismo de transposição de peixes da represa Grand Coulee, com as setas apontando de um nível para o seguinte como os salmões, na água, descendo o rio.

"Efeito cascata", disse eu.

"O quê?"

"O dinheiro. Veja." Mostrei meu diagrama desse negócio que cheirava mal, como peixes podres. "O financiamento vai, em cascata, de um empreiteiro para outro. Suponho que todo mundo fique com uma porcentagem. Então, me diga: quanto do financiamento original é, de fato, gasto em campo aqui, digamos, em salários para os instrutores afegãos e nos vilarejos para alugar as salas em que são dadas as aulas?"

"Meu Deus", respondeu. "Sabe que eu não tenho certeza mesmo? Estou imaginando uns 20%. Talvez dez."

"E os outros 80% ou 90% por cento?"

"Bem, eles vão para o pagamento dos serviços de empreiteiros e subempreiteiros americanos. E de suas despesas gerais, claro, lá no escritório central nos EUA e no daqui também. Aqui ele vai para pagar o aluguel do escritório e moradia — você sabe como os aluguéis em Cabul são altos, de modo que os déspotas afegãos ganham dinheiro com isso e os custos com transporte, carros e motoristas — de novo, dinheiro para os afegãos — voos, materiais que têm de ser importados, mobília, alimentação, álcool, coisas desse tipo."

"Então talvez 70% ou 80% por cento vá para o bolso de americanos?"

"Provavelmente. Pouco mais, pouco menos. Não tenho os números", diz. "Mas você entende, claro, que esse é o único jeito de organizar as coisas para conseguir dinheiro do Congresso. Eles nunca autorizariam esses grandes programas de ajuda se pensassem que nós estaríamos perdendo controle do dinheiro. Meu salário é depositado, em dólares, diretamente em minha conta em meu banco nos EUA. Ele jamais sequer deixa o país." Fez uma pausa para dar um sorriso cúmplice. "Você sabe o que eles dizem em Washington: 'A caridade começa em casa'."

Talvez eu não tivesse me incomodado tanto se esse homem tivesse falado dos afegãos, a quem ele estava sendo muito bem pago para ajudar, como algo mais do que estatísticas ou indicadores de sucesso. Ou se qualquer dos outros empreiteiros que conheci não tivessem se mostrado tão absolutamente convencidos de que os projetos meia-boca que apresentavam eram "melhor do que nada" para pessoas a quem jamais tinham visto. Como aquelas mulheres dedicadas em Shamali, Ghazni ou Paghman, desenhando, com preciosos pedaços de giz, os contornos do idioma que, acreditavam, poderia levá-las a uma vida melhor. Mas o que aconteceria com as mulheres, perguntei, e com os homens também, que se dedicavam com igual intensidade em salas de aula não muito distantes? O que aconteceria com eles? Os homens poderiam conseguir empregos, ele respondeu. Mas, para as mulheres, havia um plano. "Foi assim que todo esse programa começou", disse. Alguns consultores, ao fazerem um levantamento de necessidades, haviam detectado uma carência, nas províncias afegãs, de mulheres suficientemente instruídas para se tornarem parteiras. E há uma necessidade desesperada de parteiras, uma vez que as taxas afegãs de morte infantil e materna estão entre as piores do mundo. Assim, a USAID financiara o empreiteiro da área de saúde, que financiou o subempreiteiro da área de educação, que por sua vez financiou uma ONG que tinha um programa de alfabetização para mulheres que, conforme se esperava, iriam se formar no programa de treinamento para parteiras para o qual a USAID havia, inicialmente, financiado o empreiteiro de saúde. Mas havia um problema de coordenação do tempo. Porque os programas de alfabetização demoraram para começar, o programa de treinamento para parteiras se iniciou muito antes que as esperadas graduadas no programa de alfabetização estivessem prontas para se inscrever. E o programa seguinte de treinamento de parteiras estava programado para começar muitos meses depois de as candidatas potenciais terem completado seu curso de alfabetização preliminar, que, de qualquer forma, era curto depois para conseguir alfabetizá-las. O perito tinha apenas algumas noções vagas de como as mulheres poderiam conseguir ingressar nas aulas para parteiras. Ele observou que, de qualquer modo, nem todas as 20 mulheres em uma classe de alfabetização de um vilarejo precisavam se tornar parteiras.

Ouvi muitas histórias como essa, de projetos que não haviam sido pensados até o fim. Alguns eram bem planejados, mas começavam tarde e terminavam cedo, quando os peritos com contratos de um ano voltavam para casa, ou doadores míopes passavam a financiar alguma outra coisa. Veja, por exemplo, o caso de um projeto multimilionário da USAID para fazer com que 170 mil alunos adolescentes, em 17 províncias, fizessem a escola primária pagando aos professores salários extras por trabalharem nos finais de semana e nos feriados. Entre as muitas ONGs que o empreiteiro contratou para fazer o serviço nos vilarejos estava uma organização afegã de mulheres que geralmente lidava com problemas de mulheres e crianças. Foi sua boa reputação e a promessa de que os alunos concluiriam o curso que convenceram os pais pashtuns das províncias, bastante desconfiados dos motivos americanos, a mandar seus filhos para a escola. As coisas iam bem até o empreiteiro anunciar que o financiamento iria terminar um ano antes, com os alunos ainda no quarto período. Uma mulher da ONG afegã, furiosa, me perguntou: "Qual é o problema com os EUA? Por que eles estão sempre começando coisas que não conseguem terminar? Eles poderiam ter conseguido a gratidão de um milhão de afegãos, todos esses alunos, professores e suas famílias, mas, ao invés disso, conseguiram fazer com que eles ficassem furiosos". Pelo menos 100 mil desses afegãos furiosos, calculei, eram garotos adolescentes de instrução precária. "Eles estão furiosos com a gente também", continuou a mulher. Ela estava quase chorando. "Eles confiaram em nós, e agora perdemos a credibilidade. Ficamos tão honradas quando fomos convidadas a participar de um projeto da USAID, de um projeto tão bom. Algumas pessoas nos alertaram de que seríamos cooptadas pelos americanos. Mas é bem pior. Eles estão nos humilhando."

Nenhum dos empreiteiros, consultores, ou peritos ficará por aqui tempo suficiente para ver o que acontece com as ONGs desacreditadas ou com os alunos abandonados. Os países escandinavos, que têm os programas de ajuda mais respeitados, frequentemente trabalham, durante um longo período, no âmbito da comunidade, com o objetivo de conferir poder às pessoas locais. O Comitê Sueco tem assistido moradores de vilarejos afegãos por mais de vinte anos, sem interrupção, nem mesmo no período do Talibã. Os EUA, ao contrário, trabalham no curto prazo, buscando conseguir resultados rápidos ao mesmo tempo em que mantêm o poder em suas próprias mãos e que, incidentalmente, transferem o dinheiro do contribuinte para o bolso das empresas privadas, particularmente daquelas que o devolvem como "contribuição de campanha".[26] Muitos trabalhadores do setor de ajuda em todo o mundo nutriam esperanças de que o fim da guerra fria iria libertar a ajuda externa de interesses políticos, tornando-a acessível para aqueles que dela precisam. Mas isso não aconteceu. Depois do 11 de setembro, a ajuda americana se tornou uma arma na guerra do governo contra o terror. O principal beneficiário é o Paquistão.[27] Usada como instrumento de uma política externa facciosa, a ajuda americana é um amigo nada confiável.

Poucos trabalhadores no setor da ajuda são tão ingênuos como eu era quando cheguei ao Afeganistão para oferecer ajuda, embora muitos sejam profundamente idealistas. A não ser pelos militares e executivos aposentados, a maioria é bastante mais jovem do que eu e ainda não se tornou cínica. Os trabalhadores de ajuda humanitária tendem a ser cidadãos do mundo, poliglotas, que veem que lugar pequeno esse mundo é, e como ele se liga como um só. Cada vez mais, eles vêm de todas as partes do planeta, bem preparados, com diplomas de pós-graduação, muitos de universidades americanas e europeias em áreas como educação internacional, direito internacional e "desenvolvimento". Muitos são médicos, enfermeiros, especialistas em saúde mental, engenheiros, hidrologistas, agrônomos, especialistas em retirada de minas, programadores. Alguns vêm pelo dinheiro, outros pela aventura, outros porque não conseguem emprego em seus países. Muitos vêm porque se sentem desconfortáveis em meio à abundância de seu país natal, outros porque o desespero desse país pobre parece mais real. Alguns, aqueles que trabalharam no Peace Corps antes das guerras, lembram-se de um Afeganistão em paz e querem restaurá-lo. Por uma razão ou outra, todos querem dar uma mão. Alguns fazem um bom trabalho, isto é, trabalho que realmente melhora a vida dos afegãos comuns, conforme relatam os próprios afegãos. Outros não. Mas os empreiteiros começam e terminam em outro lugar.

Não que os empreiteiros não consigam, necessariamente, "fazer o bem", mas o que eles fazem melhor é cumprir o contrato imaginado pelo doador, pelo Banco Mundial, pela USAID ou seus equivalentes na Inglaterra, no Japão ou na Alemanha. Não há nenhuma razão para eles terem de prestar contas uns aos outros, como têm feito as ONGs internacionais como a CARE, a Oxfam ou a Mercy Corps, ajudando-se reciprocamente no sentido de estarem envolvidas em uma tarefa comum. Nenhuma razão para que tenham de prestar contas ao público ou aos "beneficiários" que eles, supostamente, devem "servir". As melhores ONGIs têm identidades individuais. Cada uma delas foi fundada com um objetivo, frequentemente implícito em seu nome, como Save the Children, International Rescue Committee ou Médecins Sans Frontières, e as pessoas têm alguma ideia do trabalho que fazem. Cidadãos comuns em seus países de origem contribuem para ajudar seu trabalho. Mas nenhuma velhinha envia seus trocados para a Bearing Point ou para a misterirosa DynCorp, que é uma das maiores empreiteiras militares particulares do mundo. Os empreiteiros não têm nenhuma identidade específica, nenhum princípio fundador, nenhum objetivo a não ser o de ganhar dinheiro e talvez receber críticas no lugar do governo quando as coisas dão errado, como a Halliburton faz, de tempos em tempos, aperentemente sem diminuição de seus lucros. De maneira geral, é do interesse das ONGs cooperarem entre si e serem abertas a respeito do que estão fazendo, ao passo que os empreiteiros buscam sobreviver conduzindo seus negócios com o máximo sigilo.

Talvez porque sejam tão bons em obter lucros, muitos empreiteiros americanos tendem a pensar que são muito melhores e mais espertos do que as pessoas que eles deveriam ajudar. Se os afegãos são espertos, por que não são ricos? Os empreiteiros são inteligentes o suficiente para saber que não é fácil se estabelecer um valor para muitos dos projetos que eles são chamados a realizar. Quanto deveria custar para um contador americano treinar funcionários de um ministério afegão em práticas de contabilidade? Quanto deveria custar para consultores educacionais americanos treinarem 125 mil professores primários? Quem sabe? Assim, os empreiteiros, compreensivelmente, tendem a cobrar o valor que o mercado estiver disposto a pagar; e quanto mais dinheiro pedem por seus serviços, mais valiosos esses serviços parecem aos doadores. Além disso, os doadores frequentemente preferem ter alguns contratos grandes do que ter vários contratos menores. Os empreiteiros bem-sucedidos também sabem se valorizar. Eles acreditam que têm direito a viver bem. Assim, quando um empreiteiro "quente" com, digamos, 98 milhões de dólares de dinheiro do contribuinte para gastar, traz 100 consultores e conselheiros (todos homens), pode gastar meio milhão de dólares em um piscar de olhos. Ele pode instalá-los em dez ou 12 casas grã-finas, cada uma com um aluguel de cerca de dez mil dólares por mês, na parte da cidade mais inundada de dólares. Pode fornecer-lhes boa comida e bom vinho vindos da Europa ou dos EUA, e guarda-costas do tipo macho, jovens empregados vagamente efeminados, e uma SUV, um cozinheiro e um intérprete para cada um. E depois, o empreiteiro pode acrescentar uma coisinha extra ao salário de seis dígitos, digamos, alguma coisa a título de "periculosidade", a título de ser "no exterior", alguma coisa a título de *per diem*, e uma conta para despesas. Digo "pode" porque todos esses tópicos são secretos por "razões de segurança". Você pode fazer as contas: essa é uma bela fatia do orçamento gasta com o sustento de homens (a maioria americanos) estrangeiros, livres de famílias embaraçosas, vivendo em um estilo e em um nível de fantasia psicossocial de que poucos podem desfrutar em casa.

A justificativa para se desperdiçar o dinheiro dos impostos dessa forma é que, supostamente, ele vai "comprar as melhores pessoas", mas um número surpreendente de consultores e conselheiros trabalhando para empreiteiros como a Bearing Point brincará, abertamente, sobre o quão pouco entendem do trabalho em que estão envolvidos. Como o advogado superpoderoso que conheci em uma festa e que tinha um contrato para assessorar um ministério governamental em direito tributário. "Eu não conheço nada de direito tributário", disse com uma risada. "Imóveis residenciais são mais a minha praia. Mas o bom de trabalhar com esses afegãos é que eles não sabem a diferença". Mas talvez eles saibam. Funcionários afegãos tentaram encerrar o contrato da Bearing Point em 2004, observando que alguns desses consultores "não eram necessários" e que outros "não eram os melhores profissionais". Mas a USAID considerou que a Bearing Point estava "trabalhando bem" e manteve o contrato.[28]

Aqueles envolvidos em contratos educacionais em Cabul parecem ser um pouco melhores que o pessoal comercial. Afinal de contas, os consultores de campo são professores preocupados com crianças. E muitos deles são mulheres, o que não necessariamente os faz melhores, mas sim um pouco diferentes. (Elas não frequentam bordéis, por exemplo.) Entretanto, assim como aquele sujeito agradável preso no esquema, eles haviam deslizado para o sistema de empreitadas com fins lucrativos, tendo de responder, em última instância, aos doadores e a seus objetivos políticos. O maior empreiteiro americano na área de educação no Afeganistão, a Creative Associates International, consolidou suas relações com a USAID e o Departamento de Defesa durante o governo Reagan quando ofereceu "cursos de treinamento vocacional" para os contras. Desde essa época, eles já firmaram mais de 400 contratos, e a USAID se tornou a fonte de quase todo seu lucro, que chega até 50 milhões de dólares por ano. Em março de 2003, a Creative Associates conseguiu um contrato de 60 milhões de dólares para trabalhar com a educação primária no Afeganistão, além de um outro no Iraque que pode chegar a 157 milhões de dólares. (Os números são sempre incertos.) Essa inesperada sorte dupla fez com que a Inspetoria Geral investigasse o contrato para o Iraque e levou o senador Joseph Lieberman a concluir que "não houve, essencialmente, qualquer licitação competitiva". Aqueles que haviam sido convidados a fazer propostas competitivas para a licitação e recusaram, foram, ao invés disso, agraciados pela Creative Associates com polpudos subcontratos. Talvez isso tenha acontecido por acaso, ou talvez as empreiteiras de fato cuidem umas das outras, afinal de contas. De qualquer forma, o ardiloso contrato para o Iraque transformou a Creative Associates em algo como a Halliburton do pessoal da Educação. Apesar disso, eles conseguiram um segundo contrato para o Iraque, no valor de 56 milhões de dólares, menos de um ano depois,[29] e há rumores de que sejam os primeiros da fila para mais uma empreitada, no valor de 75 milhões de dólares, no Afeganistão.

Uma das primeiras de suas grandes tarefas no Afeganistão era a de providenciar a impressão de milhões de livros didáticos, extremamente necessários. Infelizmente, eles contrataram o serviço de impressão na Indonésia, junto a gráficas que não conheciam nem dari, nem pashtun; quando os livros chegaram a Cabul, por via aérea, a um custo esplêndido, viu-se que eram ilegíveis. Alguns textos haviam sido embaralhados e encadernados juntos, como Religião e Biologia, de modo que um capítulo sobre a vida do Profeta poderia ser seguido por outro sobre plantas. Quem me contou essa história foi um funcionário do Ministério da Educação, que disse que os livros ainda estão estocados em algum lugar.[30]

Para ser justa, a Creative Associates não foi a primeira empresa americana a fazer um trabalho lamentável com os livros. Essa distinção pertence ao Centro para Estudos do Afeganistão da Universidade de Nebraska em Omaha, algumas vezes confundida com a ONU por causa de sua sigla, UNO. Quando a Creative Associates teve de conseguir dez milhões de livros didáticos para atender os termos do contrato com a USAID, eles aparentemente tentaram passar para frente reimpressões de textos originalmente desenvolvidos pela UNO para um outro contrato com a USAID, celebrado em 1984. A UNO produziu os livros, cerca de 30 milhões e os utilizou nas escolas para refugiados que mantinha no Paquistão, onde a USAID continuou a financiar os programas de educação da UNO até a suspensão de toda ajuda americana ao Afeganistão em 1994. Entre os refugiados havia afegãos de todas as linhas políticas, mas os livros haviam sido desenvolvidos por e para partidos islamitas. Tempos depois, é claro, soube-se que a CIA estava por trás de todo o esquema, parte de sua ajuda secreta anti-soviética aos guerreiros da liberdade. Depois que se encerrou o financiamento pela USAID, a UNO foi trabalhar para empresários americanos do setor petrolífero; ela conseguiu um contrato de 1,8 milhão de dólares com a Unocal para treinar trabalhadores para a construção do oleoduto trans-Afeganistão, e ajudou a organizar a visita, financiada pela Unocal, dos ministros do gabinete talibã aos Estados Unidos, em 1997. Contudo, durante todo esse tempo, a UNO manteve sua produção de livros no Paquistão, de modo que em janeiro de 2002, a USAID a considerou em "condição privilegiada" para publicar oito milhões de livros e treinar quatro mil professores para o início do novo ano letivo, pós-Talibã, no Afeganistão.[31]

Àquela altura, alguns críticos já haviam notado que os livros didáticos originais da UNO tinham muitas figuras de armas e de balas, e que alguns dos problemas de matemática, falando de números de soviéticos mortos, pareciam promover a violência. Assim, trabalhando no Paquistão, a UNO retirou as figuras e referências violentas ou, pelo menos, foi o que disseram e entregou os milhões de livros dentro do prazo. Mas então os críticos notaram que os livros ainda continham um bocado de violência, além de uma grande quantidade de versículos do Corão. As normas da USAID proíbem o uso do dinheiro de impostos para promover a religião, mas funcionários do setor de ajuda e da Casa Branca de Bush disseram que referências religiosas eram necessárias em uma cultura religiosa, até mesmo, ao que parece, o tipo de referência religiosa que inspirou o Talibã. Assim, esses textos financiados conjuntamente por uma universidade americana, por extremistas islâmicos no exílio, pela USAID e pela CIA, se tornaram, desde essa época, os livros didáticos padrão no Afeganistão e poderiam ter aparecido em novas edições se a Creative Associates tivesse enviado um revisor que soubesse ler dari/pashtun para supervisionar a impressão.

Algumas pessoas em Nebraska não ficaram nem um pouco contentes com isso. Em 2005, Paul Olson, professor de inglês na Universidade de Nebraska, em Lincoln, e membro da Nebraskans for Peace, informou, com certo atraso, ao Conselho Administrativo da universidade, que os textos "promoviam a violência e a *jihad*". Isso violava normas da universidade que proibiam a disseminação de material educacional contrário a direitos humanos reconhecidos. "Estamos fornecendo propaganda carregada de violência às crianças afegãs da era talibã", disse Olson. "Os terroristas do 11 de setembro surgiram desse contexto." Defendendo a universidade, o presidente do Conselho, Howard Hawks, alegou (erroneamente) que os livros não haviam sido projetados para crianças mas para *"mujahidin* afegãos analfabetos que combatiam as forças soviéticas." De qualquer modo, o Congresso e o Departamento de Estado (para não falar da CIA) haviam especificado que os livros deveriam ser escritos por afegãos, de modo que a UNO não tinha "qualquer envolvimento ou responsabilidade no que tange ao conteúdo". Quanto aos livros atualmente utilizados no Afeganistão, Hawk disse que eles eram "obra do governo do presidente Hamid Karzai e nada tinham a ver com a UNO".[32]

O ano letivo de 2005 estava apenas começando em Cabul; assim, depois de ter lido sobre os debates em Omaha, levei Salma, minha colega na Frauen die Helfen, para fazer umas compras no mercado central, onde dúzias de livreiros se sentam atrás de carrinhos de mão abarrotados de livros didáticos e romances baratos. Gastamos uns poucos dólares para comprar uma série completa dos antigos livros didáticos da UNO para escola primária, em dari. Eram brochuras finas, com indicações claras mostrando a série e a disciplina. Impossível dizer se haviam sido "revisados" ou não. Nós os arrastamos até o carro e, durante a volta ao escritório, tentei convencer Salma a ler alguns dos livros para mim e me contar o que diziam. Salma era estudante de Direito em Cabul, possuía uma inteligência absolutamente brilhante e estava sempre pronta a aceitar mais trabalho. Mas, dessa vez, ela se recusou.

— Eu sei o que eles dizem. Não quero lê-los de novo.
— Você já os leu?
— Claro. Na escola. Todos nós os lemos na escola. É por isso que eu e meus colegas de classe na universidade não sabemos nada.
— Como assim, vocês não sabem nada?
— Em primeiro lugar: não sabemos a história do nosso país — ela estava olhando os volumes da pilha de livros. Jogou um no meu colo. *História e Geografia, Quinta Série*. — É a história da Arábia Saudita — disse. — E a geografia de Meca. Nada do Afeganistão — lançou-me outro. *Dari, Quarta Série*. — Dê uma olhada. Começa com a vitória da Revolução Islâmica. É informação do Profeta, dos *mujahidin* e da *jihad* contra os *kharaji*, estrangeiros, e contra idéias estrangeiras. Nada de dari. Nada sobre a história de nossa língua. Nossa literatura.
— Você sabe quem escreveu esses livros? — pergunto.
— Claro. Os *mujahidin*. Gulbuddin. Os mulás no Paquistão. Homens desse tipo — ela parecia cuspir as respostas, furiosa. — São feitos no Paquistão, mas são livros americanos.

Como eu não sabia lê-los, levei os livros a um acadêmico afegão, um senhor mais velho que havia recebido uma boa educação antes da invasão soviética. Depois de ler, ele ficou muito angustiado. "Esses livros são para a madrassa", disse, "não para a escola". Independentemente da matéria: dari, matemática, história, religião, os livros gravitavam em torno da vida do Profeta e de seus ensinamentos. Perguntei-lhe se havia alguma coisa sobre a história afegã e ele tomou um texto de história para a terceira série. "Esse aqui conta sobre o rei Amanullah", disse. "Conta que ele voltou da Europa com ideias ocidentais, contra o Islã, e que todas as pessoas o odiaram e proclamaram uma *jihad* contra ele." E esse texto em dari diz que a revolução comunista foi "o dia mais negro na história do Afeganistão." Não parecia haver muita coisa sobre a história afegã antes ou entre esses dois eventos, separados no tempo por 50 anos.

O acadêmico me mostrou uma longa passagem que definia o *mujahid* ideal como um homem pronto a dar tudo o que possuía; suas propriedades, seu conhecimento, seus pensamentos, mesmo sua esposa e filhos, para seu Deus. Ele é um homem honesto, sempre obediente a Alá, sempre pronto a defender a vida e a propriedade de seus irmãos muçulmanos, sempre trabalhando pela unidade dos muçulmanos em toda parte, em todo o mundo. Tal pessoa facilmente se tornaria um mártir para o Islã. O acadêmico correu o dedo pela página do livro didático, publicado há dez anos, e traduziu, rapidamente: "Se um homem está lutando contra um inimigo do Islã, ele é a pessoa que faz feliz a seu Deus. Se um homem dá a sua vida por essa causa, ele terá um lugar alto junto a Deus. [...] Quando o mártir vê sua posição alta junto a Deus, ele deseja ter outra vida para poder ser um mártir novamente". Fechou o livro. "Está vendo? É motivacional", disse. "É por isso que digo que são livros para a madrassa." Agradeci-lhe, reuni meus textos inspiradores e fui caminhando para casa, passando pela escola do bairro bem no momento em que um bando de menininhas de vestidos pretos e chadors brancos vinham saindo do pátio. Havia milhões de crianças na escola agora, mais do que em qualquer outro momento da obscura história do Afeganistão, como gostava de alardear o governo Bush. Essa parte era verdade, embora a porcentagem de meninas fosse maior durante a era comunista. Mas eles estavam lendo os mesmos velhos livros.

Não é que ninguém tivesse pensado em escrever novos livros. Esse fora um dos primeiros objetivos do Ministério da Educação, onde especialistas da Columbia University Teachers College passaram alguns anos ajudando a desenvolver um novo currículo escolar e a redigir novos textos. Os novos livros tinham por objetivo questionar as velhas práticas de ensino baseadas na *rote*. Incluíam muitas perguntas, atividades e tópicos para discussão, todos voltados para a promoção do tipo de "aprendizagem ativa" que envolve os alunos e desenvolve a capacidade de raciocínio crítico. A maioria dos educadores ocidentais sustenta que, sem raciocínio crítico, o processo democrático não consegue se consolidar. Em 2005, os novos livros para a pré-escola e terceira série já estavam na gráfica, no Afeganistão; textos para a primeira e quarta séries já estavam prontos para rodar. Havia um primeiro esboço para a quinta série, mas nada ainda para a sexta série. E nada para as séries mais adiantadas, embora a Columbia University e o Ministério da Educação tivessem esperanças de produzir novos textos para todas as séries, até o terceiro colegial. A falta de fundos estava emperrando o processo. Um professor de Columbia me explicou: "É muito difícil conseguir financiamento, a menos que você esteja ligado ao governo dos Estados Unidos, à USAID." Assim, ainda por algum tempo, até que o Ministério da Educação consiga arranjar dinheiro para produzir os novos livros, dedicadas crianças afegãs correrão para a escola, carregando em suas mochilas, como se fossem bombas, os velhos livros didáticos *jihadi*.

A Creative Associates e outras empreiteiras da área de educação, financiadas pela USAID, reportam-se apenas a peritos em educação da USAID, profissionais e bem pagos, que vivem e trabalham em um labirinto de contêineres brancos atrás das paredes de concreto, com arame farpado, no Café Compound do Forte Paranoia, a embaixada americana. Muitos deles são amigos que obtiveram seus títulos acadêmicos em educação avançada nas mesmas universidades e tendem a contratar uns aos outros; empreiteiras conseguem consultorias na USAID, enquanto antigos funcionários da USAID tornam-se consultores ou conselheiros para empreiteiras, uma prática comercial camarada que lembra um pouco o costume afegão de contratar infinitos primos. Muitos dos melhores peritos em educação da USAID recusam-se a visitar os projetos das empreiteiras que fiscalizam porque, para fazê-lo, eles têm de viajar na companhia de pelo menos dois veículos militares abarrotados de soldados em traje de combate completo que aterrorizam, ao longo de todo o caminho, os habitantes dos vilarejos afegãos. Um funcionário da educação, frustrado, reclamou para mim, entre um capuccino e outro no café da embaixada: "Como posso visitar uma escola primária com todos esses soldados? Espera-se que eu ajude as crianças, não que as traumatize". Assim, os funcionários da educação da USAID ficam sentados em suas pequenas caixas brancas e leem relatórios (por e-mail) de empreiteiras que enumeram os "indicadores" de seu sucesso garantido. É, sobretudo, um jogo de números: tantos milhões de livros impressos, tantas centenas de escolas construídas, tantos milhões de crianças na escola. Eu peço a várias empreiteiras cópias de seus relatórios; sendo uma contribuinte, imagino que tenha direito a saber como eles estão gastando meu dinheiro. Mas não, as empreiteiras me dizem que eles não têm permissão para mostrar seus relatórios a ninguém, exceto ao seu supervisor responsável na USAID. "Está no contrato", um deles me diz. Eu não sei se é verdade ou não porque o contrato também não pode ser feito público.

Mas dá para ver como o relatório final para a USAID se torna o fim da história. As empreiteiras não têm de se preocupar com o que acontece depois, nas localidades concretas do Afeganistão, porque estão fazendo as malas para irem ao Iraque ou ao Irã ou onde quer que os construtores de impérios se voltem a seguir. E a USAID não tem de prestar contas a nenhuma outra nação na Terra, muito menos ao Afeganistão. Um amigo suíço foi contratado por uma ONGI, atraído pela promessa de 1.200 dólares por dia, para garantir a "sustentabilidade" do projeto da empreiteira. A sustentabilidade é um "conceito-chave" ou "pilar" do desenvolvimento, sugerindo que um bom projeto é aquele que as pessoas locais continuarão levando adiante sem você, muito tempo depois de você ter partido. É a primeira preocupação das ONGs escandinavas, mas parece só ocorrer às empreiteiras quando já é bem tarde. Depois de uma empreiteira americana ter passado seis meses "capacitando" uma centena de homens (nenhuma mulher) para trabalhar com orçamentos, eles contrataram meu amigo suíço para colocar esses sujeitos aperfeiçoados em ministérios do governo. Era isso que solicitava o "pilar de sustentabilidade" do contrato. Meu amigo fez o serviço, sabendo muito bem que, em questão de semanas, cada um dos homens para os quais ele tivesse conseguido uma colocação teria arranjado um emprego como pessoal ou aluno de outro programa de treinamento gerido por outra empreiteira. "Posso colocá-los no governo", diz ele, "mas não posso fazê-los ficar lá se o governo não os paga. E não vai conseguir pagar, de jeito nenhum, os salários que eles conseguem com as empreiteiras. Simplesmente não é sustentável."

 Assim, à semelhança dos alunos dos programas de formação de professores comprados para serem treinados novamente por outros programas de formação de professores, os alunos de contabilidade passam para níveis mais altos. E meu amigo suíço, tendo cumprido os termos do contrato, ainda que brevemente, recebe mais uma tarefa de curto prazo, mais bem paga, com outra empreiteira de curto prazo. Há cada vez mais dessas pessoas, tanto estrangeiros como afegãos, pegas no turbilhão do dinheiro, subindo para o céu como os redemoinhos que aparecem agora, no fim do inverno, nas ruas de terra batida, girando furiosamente, subindo para desaparecer no céu amplo e claro.

O afegão médio diz que toda essa ajuda estrangeira não mudou nada. Os afegãos dizem isso até em Cabul, onde, na verdade, muitas coisas mudaram bastante. O motorista aponta para as suntuosas *narco-villas*, envidraçadas, com os telhados novos, que se espalhavam por nossa rua e diz:

 — Ópio. Não é para mim.
 — Ópio não é para você?
 — Não — ele ri. — Ópio tudo bem. Casa grande não é para mim. Casa grande para homem do ópio.
 — E quem é esse homem do ópio? — pergunto. O motorista ri e dá um sorriso maroto.
 — Faço uma coisa por você. Não conto para você.

Ele partilha da opinião comum de que as novas riquezas do Afeganistão são produzidas localmente. Acredita-se que o ópio do Afeganistão, que responde por 87% do total mundial, movimente mais de 30 bilhões de dólares por ano globalmente, embora a maior parte do lucro não fique no país. Ainda assim, a safra de papoula de 2004 rendeu aos afegãos 2,8 bilhões de dólares. Isso equivale a 60% do PIB legal do país, ou mais do que a metade da renda nacional total; é mais do que o dobro do valor que os Estados Unidos deram em quatro anos para a reconstrução do Afeganistão (1,3 bilhão de dólares), que, de qualquer forma, nunca chegou ao país.[33] Mas não são os agricultores afegãos que estão ficando ricos. Os lucros vão para traficantes com boas ligações políticas, déspotas, comandantes, funcionários do governo, os de sempre. Ainda assim, o cultivo de papoula tirou muitos fazendeiros da pobreza abjeta e permitiu que mantivessem suas terras. Quando visitei uma família de agricultores pobres que conhecera no ano anterior, fiquei feliz em ver que haviam comprado um gerador, lâmpadas elétricas, um aparelho de TV e uma motocicleta. A origem dessa boa fortuna era a papoula, plantada a poucos metros da casa. "Por favor, não conte para os americanos", pede o filho. "Agora podemos ir à escola." Seu gesto englobava seus dois irmãos mais novos. "Se os americanos tirarem nossa papoula, teremos de voltar a trabalhar para os produtores de tapetes." Em vez disso, a esposa do agricultor fora trabalhar nos campos de papoula de um grande latifundiário local, ganhando cinco dólares por dia. Ela saía de casa e ganhava um bom dinheiro — circunstâncias que se reproduziam em todo o país, mudando dramaticamente o *status* da mulher no campo. Os maridos não as mantêm em casa quando há um dinheiro desses a ser ganho.³⁴ Mais acima na cadeia do negócio do ópio, nos centros dos governos provinciais e em Cabul, os lucros se tornam visíveis nas vistosas *narco-villas*. Sua pompa espalhafatosa mostra que seus donos não têm medo de nada. Também sugere a afegãos comuns, como meu motorista, que eles têm mais a ganhar com o comércio de ópio do que com todos os doadores internacionais juntos. Ao final de 2004, o diretor do Escritório das Nações Unidas Contra Drogas e Crimes anunciou: "O temor de que o Afeganistão degenerasse em um narco-Estado está se tornando uma realidade".³⁵

Eis outra consequência imprevista e embaraçosa da guerra por procuração dos Estados Unidos contra os soviéticos. Antes dos *mujahidin* enfrentarem os soviéticos em 1979, o Afeganistão produzia uma quantidade bastante pequena de ópio para mercados regionais; nem o Afeganistão, nem o Paquistão, produziam heroína. Ao final da *jihad*, a área da fronteira entre o Paquistão e o Afeganistão se tornara o maior produtor mundial tanto de ópio como de heroína processada, fornecendo 75% do ópio em todo o mundo. Um especialista de nome Alfred W. McCoy relata em *The Politics of Heroin (A Política da Heroína)* que foram os *mujahidin* que mandaram que os camponeses afegãos cultivassem papoula para financiar a *jihad*. Foram os agentes da inteligência paquistanesa e chefes traficantes como o versátil vilão Gulbuddin que processaram a heroína. Segundo relatos, Gulbuddin possuía seis refinarias. Foi o exército paquistanês que transportou a heroína para Karachi para ser exportada. E foi a CIA que tornou tudo isso possível ao fornecer cobertura legal para essas operações. A CIA aplicou ao Afeganistão a lição que aprendera, tempos antes, no Laos e em Burma: uma guerra secreta requer uma fonte secreta de recursos, e não há nenhum melhor que o tráfico de drogas.[36] Como terminar o tráfico quando a guerra secreta termina parece ser um problema de sincronia que a CIA não conseguiu resolver.

Os fundamentalistas do livre-mercado que advogam o crescimento para a globalização aderem aos princípios do economista britânico do século XIX, David Ricardo. Sua teoria da "vantagem comparativa" propõe que um país irá obter mais produtos no mercado internacional caso se especialize em exportar aquilo que consegue produzir com maior eficiência. No Afeganistão, a "vantagem comparativa" surge, de longe, no cultivo da papoula. Cresce em qualquer lugar, como se vê pelo fato de que agora floresce em todas as províncias. Coloca-se um pouco de esterco no campo e água, para começar. Você manda as mulheres tirarem as ervas daninhas e recolher a resina. É o suficiente. A papoula tem flores lindas e se espalha praticamente sozinha. Muitos afegãos acreditam que é injusto os países ocidentais banirem a única coisa que eles produzem bem, especialmente quando parece haver uma demanda insaciável pelo produto exatamente naqueles países que o proibiram. Os afegãos também acreditam que seja hipócrita. Os afegãos estão sempre perguntando: "Por que vocês não proíbem o álcool?" Tanto as drogas como o álcool são *haram* (ruim ou proibido) no Islã, mas da mesma forma como o Afeganistão torceu as regras sobre drogas para financiar a *jihad*, ele agora torce as regras sobre o álcool para agradar os residentes estrangeiros que parecem não conseguir viver sem ele. A turma anti-heroína no Ocidente não torce as regras, entretanto. Um consultor americano contratado para avaliar o problema do cultivo da papoula expressou a opinião não-oficial de muitos que têm estudado o comércio de drogas nos Estados Unidos e no exterior: "A única saída sensata é a legalização das drogas. Mas ninguém da Casa Branca quer ouvir falar nisso".

Em vez disso, o que eles têm feito há anos é fingir que não veem. Os ingleses, que são os responsáveis pelas operações antinarcóticos no Afeganistão, Bush Dois e Karzai, resmungaram alguma coisa, vez ou outra, sobre a redução da produção de papoula, mas, de fato, não fizeram muita coisa. Então, ao final de 2004, sob pressão de republicanos moralistas, Bush subitamente prometeu 780 milhões de dólares para uma guerra afegã contra as drogas; um salto dos 73 milhões de dólares do ano anterior. Karzai fora empossado, finalmente, como presidente eleito, eleito demais, para falar a verdade. (O número de eleitores registrados superava em cerca de um milhão o número de cidadãos.) Em seu discurso de posse, ele fez uma promessa solene de acabar com o negócio de drogas em dois anos. Os britânicos pressionavam pelo financiamento de "formas alternativas de sustento", capazes de levar os agricultores a cultivarem outros produtos. Mas por que os agricultores trabalhariam duro para produzir algo que vale muito menos? Os americanos defendiam uma campanha intensa de erradicação da papoula, completa com *sprays* desfoliantes.

Então, em dezembro de 2004, agricultores da província de Nangarhar, próxima à fronteira com o Paquistão, reclamaram que alguns aviões haviam vindo à noite e pulverizado seus campos e casas com pequenas bolinhas cinzentas, e agora suas papoulas estavam morrendo. Seu gado e seus filhos estavam doentes. Karzai ficou furioso. Seu porta-voz chamou o incidente de "uma questão de soberania, uma questão de se estar atento àquilo que ocorre no país".[37] A Inglaterra e os Estados Unidos negaram ter qualquer envolvimento no assunto. O embaixador Khalilzad disse que os EUA nem haviam contratado o serviço. Hajji Din Muhammad, governador de Nangarhar, não engoliu essa história. Disse: "Os americanos controlam o espaço aéreo do Afeganistão, e nem um passarinho voa sem que eles saibam".[38]

Você poderia pensar que os americanos iriam atrás dos chefões da droga, não daqueles que plantam, mas os militares hesitaram porque, como explicou ao *New York Times* um anônimo oficial americano, eles são "os sujeitos de quem os EUA ainda dependem para caçar o Talibã, a Al-Qaeda e Osama bin Laden".[39] Um soldado americano em Kandahar disse ao jornal britânico *Independent*: "Começamos acabando com os caras da droga e eles vão acabar com nossos caras".[40] Talvez seja por isso que o tenente-general David W. Barno, o mais importante comandante americano no Afeganistão, tenha publicado uma avaliação oficial em dezembro de 2004, pouco mais de uma semana depois da confusão da pulverização das plantações, que dizia: "O cultivo de papoula e a produção de ópio continuarão a crescer no Afeganistão".[41] Meu motorista e uma porção de outros afegãos comuns acham que isso é ótimo.

Para o afegão comum, por outro lado, a ajuda estrangeira parece ser algo de que apenas os estrangeiros desfrutam, vivendo como reis em suas casas enormes, dirigindo por aí em seus enormes SUVs. Os afegãos não gostam dos restaurantes em que os estrangeiros passam as noites bebendo, fumando, despreocupados, homens e mulheres juntos. Eles não gostam dos bordéis, 80 deles em 2005, em que estrangeiros, e afegãos também, são algumas vezes vistos no jardim com mulheres nuas.[42] Eles não gostam do fato de que metade da cidade ainda esteja em ruínas, que muitas pessoas ainda vivam em barracas, que milhares não consigam encontrar emprego, que as crianças passem fome, que mulheres em burcas remendadas ainda peçam esmolas nas ruas e caiam na prostituição, que crianças sejam sequestradas e vendidas como escravas ou assassinadas para que se vendam seus rins ou seus olhos. Os afegãos não veem nenhuma diferença entre as empreiteiras endinheiradas e os dedicados voluntários humanitários. Somos todos estrangeiros. Todos vivemos escondidos atrás das armas de guardas sem rosto e velozes veículos de patrulha. Todos juramos nossas boas intenções. E os afegãos continuam a perguntar: "Onde está a ajuda que vocês nos prometeram?"

Algumas respostas aparecem em um relatório recheado de fatos publicado em junho de 2005 pela Action Aid, uma ONGI amplamente respeitada com sede em Johanesburgo, África do Sul. O relatório examina a ajuda ao desenvolvimento oferecida pelos países em todo o mundo e afirma que apenas uma pequena parte dela, talvez 40%, é real. O resto é "fantasma". Quer dizer, os recursos não aparecem nunca, de forma alguma, no país destinatário. Uma parte deles nem mesmo existe, salvo como um item contábil, quando os países colocam perdão de dívida na coluna da ajuda. Muitos desses recursos jamais deixam o país de origem, como aquele belo salário do perito em educação que vai direto para seu banco americano, um acerto que é prática comum. Muito é desperdiçado em "assistência técnica superfaturada e ineficiente", com todos aqueles peritos estrangeiros metidos. E grandes porções estão "vinculadas" ao doador, o que significa dizer que o recipiente é obrigado a comprar produtos do país doador, mesmo quando, especialmente quando, os mesmos produtos são mais baratos localmente.

Sem ser nenhuma surpresa, os EUA superam os outros países em muitas dessas negociatas, ficando atrás apenas da França como o maior fornecedor do mundo de ajuda fantasma. Quarenta e sete por cento da ajuda americana para o desenvolvimento é despejada em assistência técnica superfaturada, ao passo que a porcentagem do orçamento anual dos países escandinavos gasta em assistência técnica vai de 12% (Noruega) para 4% (Suécia). Luxemburgo e Irlanda se saem ainda melhor, com 2%. Quanto a atrelar a ajuda à compra de produtos do país doador, a Suécia e a Dinamarca simplesmente não o fazem. Nem a Irlanda, nem o Reino Unido. Mas 70% da ajuda americana está vinculada à compra, pelo destinatário, de produtos americanos. A conclusão é que 86 centavos de cada dólar de ajuda americana, são ajuda fantasma. De acordo com as metas estabelecidas há anos pela ONU, e aceitas por quase todos os países do mundo, todos os países ricos deveriam transformar 0,7% de sua renda nacional em ajuda anual aos países pobres. Até agora, apenas Luxemburgo (com a taxa de ajuda real em 0,65 de sua renda nacional), os países escandinavos e a Holanda chegam perto. Na outra ponta do espectro, os EUA gastam um irrisório 0,02% de renda nacional em ajuda real, o que resulta em uma contribuição de 8 dólares de cada cidadão "do país mais rico do mundo." Em comparação, os suecos contribuem com 193 dólares por pessoa, os noruegueses com 304 dólares e os cidadãos de Luxemburgo com 357 dólares.[43] Parece que os americanos estão sendo mais enganados que os afegãos. Quando Bush Dois se vangloria de milhões em ajuda para o Afeganistão, os afegãos querem vê-los. Os americanos pressupõem que estejam lá. Meu palpite é que a maioria dos americanos ficaria chocada de pensar que estamos "ajudando" o mundo no ritmo de oito dólares cada um. Dava para conseguir mais se a gente passasse o chapéu. Quando mandei aquele e-mail a meus amigos, pedindo dinheiro para meu projeto de ensino, ninguém me mandou ridículos oito dólares.

O problema é que os EUA dizem uma coisa e fazem outra. São como um pai sovina, prometendo milhões e depois deixando de fazer o cheque. Frequentemente o presidente faz uma promessa pública espetacular e o Congresso se recusa a destinar as verbas. Ou ele envia a esposa a Cabul para anunciar uma doação que já havia sido feita. Os EUA não são a única nação doadora que age desse modo, mas é o mais rico e parece ser aquele com menor capacidade de concentração. Esse comportamento deixa o governo afegão com "lacunas" notáveis. No Orçamento Nacional para Desenvolvimento de 2003, o Afeganistão solicitou 250 milhões de dólares para a educação, mas recebeu apenas cerca de 77 milhões de dólares de doadores internacionais. Isso dá apenas 31%, deixando uma lacuna de cerca de 172 milhões de dólares. Os doadores gastaram mais de 49 milhões de dólares em educação fora do governo, em coisas como os projetos de alfabetização da USAID, mas isso ainda deixa uma lacuna de 123 milhões de dólares.[44] O orçamento para educação de 2004 e 2005 solicitava que o Ministério da Educação gastasse cerca de 388 milhões de dólares, dos quais apenas 117 milhões de dólares, ou 30%, se materializaram.[45] O governo nunca sabe quanto dinheiro vai entrar, nem quando. Ele nem sabe o que já saiu. Como informou de Cabul o Human Rights Research and Advocacy

Consortium: "No setor da educação, praticamente não há dados corretos disponíveis sobre o que foi gasto, onde e em quê".[46] Assim, o governo segue acumulando lacunas.

O planejamento foge de seu controle, assim como o dinheiro. O Ministério da Educação planeja novos livros didáticos, para os quais não há financiamento, enquanto o financiamento americano maciço vai para a promoção da alfabetização fora das escolas ou para reformar um dormitório para mulheres na Universidade de Cabul. De 70 agências e organizações envolvidas em projetos de educação em 2003, muitas sobrepuseram ou duplicaram serviços. Muitas não se deram ao trabalho de informar ao governo. Algumas eram positivamente secretas. Mesmo se o governo tivesse dinheiro, seria praticamente impossível bolar um plano em um ambiente assim, para nem falar em conseguir que "as partes interessadas" o sigam. Nessas circunstâncias, os planos começam a se parecer com projetos para castelos no ar. Um pretende que os alunos, em todo o país, comecem a aprender inglês na terceira série, embora atualmente, como já mencionei, não haja um número de professores de inglês competentes nem para atender às escolas secundárias da capital. Outro determina que todas as aulas na Universidade de Cabul sejam dadas em inglês, uma língua que poucos alunos, e menos professores, sabem. Um amplo plano de longo termo aponta as metas do governo para o "setor de educação" para daqui sete anos. Mas não apresenta as estratégias para se chegar lá.

Dessa maneira, os planos do governo, assim como os relatórios do governo Bush sobre o Afeganistão, vão subindo como balões na primavera, voando para cada vez mais longe dos fatos no chão. Muitas escolas são construídas tendo por base uma planta-padrão, com valor de 174 mil dólares (embora a empreiteira, Louis Berger, esteja anos atrasada); o que é caro demais para as comunidades manterem, grande demais para se conseguir professores suficientes e "centralizado" demais para que as meninas de vilarejos vizinhos venham andando. (As pequenas escolas de bairro de Joe Biden, a um custo de 20 mil dólares teriam servido perfeitamente bem.) Eu visitei uma das escolas do governo construída com ajuda japonesa, agora utilizada como escritório por uma ONG dinamarquesa, e outra ocupada apenas por um vigia que dormia em uma sala de aula, cozinhava em outra, rezava em outra, recebia visitas em outras e reservava a maior como garagem para sua bicicleta.

Mesmo os números espetaculares de novas crianças na escola, contam uma história de sucesso incompleto. É ótimo que mais de quatro milhões de crianças estejam na escola (deixando de lado a questão da qualidade das escolas), mas esse número inclui apenas cerca de metade dos meninos qualificados para a educação primária, e menos de um terço das meninas. As crianças da cidade têm melhor sorte. Cabul e Herat matriculam 85% de suas crianças, mas afaste-se alguns quilômetros da cidade e as matrículas caem para menos de 50%. Em algumas partes do país, matrículas muito mais baixas, especialmente de meninas, refletem velhas divisões culturais aprofundadas pelo islamismo radical. Algumas províncias ainda têm mais madrassas que escolas secundárias. Quase metade de todos os alunos matriculados em escolas no Afeganistão vivem na província de Cabul, a maioria deles na capital, enquanto apenas 10% vivem nas províncias orientais e outros 10% no sul. As sete províncias do sul, território pashtun e talibã, têm o menor número de matrículas de todos: apenas 19% das crianças que vivem na província de Helmand vão à escola. Nas províncias de Zabul e Badghis, apenas uma menina em cada 100. Os alunos também abandonam a escola em números assustadores. Estima-se que três quartos das meninas na pré-escola hoje terão desistido até a quarta série, assim como mais da metade dos meninos.[47] As meninas saem primeiro, a maioria delas ao final da pré-escola ou da primeira série. Na oitava série, haverá muito poucos meninos ainda na escola, exceto nas grandes cidades, e praticamente nenhuma menina.

Esse é o tipo de notícia mais equilibrada que se encontra no campo, mas não na TV americana. Como eu realmente não gosto de ser sempre aquela que fica achando defeito em tudo, vou lhes contar uma história mais feliz. Certa manhã, entrei na cozinha da Frauen die Helfen e encontrei uma amiga aos prantos. Tomei suas mãos entre as minhas, para confortá-la, e ela me disse que estava chorando de alegria. Marina, afegã de nascimento, é cidadã alemã, para onde sua família fugiu depois da invasão soviética. Agora uma aluna de pós-graduação na Alemanha, ela volta a Cabul durante as férias da universidade para trabalhar como intérprete para a FDH. Naquela mesma manhã, disse ela, o vigia a chamara ao portão onde uma jovem a esperava. "Você se lembra de mim?", perguntou a jovem.

Três anos antes, quando sua família estava desesperada por dinheiro, a jovem conseguira um emprego temporário na FDH como ajudante de cozinha, durante um curso de treinamento de um mês. Marina era a intérprete para o curso e, sendo a única falante de dari, era a encarregada de dar as instruções para as empregadas. Ela foi gentil com a jovem que, notara, estava apavorada pelo fato de estar sozinha, trabalhando para estrangeiros em uma casa estranha. O fim do curso significava o fim do emprego para a jovem, e para Marina, que voltou para sua casa na Alemanha. Ela não vira mais a jovem até que ela apareceu no portão da casa naquela manhã, com cópias de documentos preciosos para mostrar que ela se formara no ensino secundário e em um curso de língua inglesa. Ela acabara de ser aceita em um programa de treinamento em uma ONG afegã, onde aprenderia a ser professora primária. Marina me disse: "Fiquei feliz por ela, claro, mas não sabia o porquê dela querer me mostrar essas coisas. E aí ela me agradeceu, e agradeceu, várias e várias vezes. Ela disse: 'Eu queria que você soubesse porque você me disse para não sair da escola, e eu fiz o que você disse'". Marina estava chorando de novo e nos abraçamos na cozinha gelada, ambas com lágrimas nos olhos agora e rindo até que outras colegas vieram e Marina contou a história de novo e alguém colocou a chaleira no fogo.

Há muitas histórias como essa em Cabul, de pequenas coisas que acontecem, frequentemente desconhecidas ou que passam despercebidas, entre uma pessoa e outra, pequenas coisas que mudam uma vida e, por meio dela, mudam a vida de outros. De modo que eu não diria que a ajuda para a educação no Afeganistão é só fachada e fanfarra, mas simplesmente que as coisas poderiam ser mais bem feitas e por melhores razões. Ainda assim, quando os afegãos dizem: "Onde está o dinheiro da ajuda que vocês estrangeiros nos prometeram?", a pergunta é justa.

Os habitantes de Cabul começaram a fazer essa pergunta ao governo de Karzai também. Todos eles haviam votado em Karzai em 2004, mas o que ele fizera por eles? Os afegãos, por força de uma longa tradição, esperam que um cã seja poderoso, mas Karzai, cuja estatura pública fora tão cuidadosamente inflada pelos americanos, parecia estar encolhendo dia a dia, a despeito de suas lindas roupas multiétnicas, ficando do tamanho de um fantoche americano. O embaixador Khalilzad ofuscava-o. Condollezza Rice eclipsava-o. Fora ela, e não Karzai, que anunciara a data das eleições parlamentares. Bush humilhara-o, mandando-o de volta de mãos vazias a Cabul, quando ele fora a Washington exigir o controle dos prisioneiros afegãos depois que alguns deles, detidos na base aérea de Bagram, foram torturados e mortos por investigadores americanos.[48] Os afegãos esperam que um cã consiga coisas; segurança, empregos, comida, tecido para turbantes, qualquer coisa. Senão, ele serve para quê?

Em Cabul, as pessoas sofreram durante todo o inverno longo e severo de 2004 e 2005, o terceiro inverno mais longo desde a fuga do Talibã, e o mais severo. Elas começaram a murmurar. O Ministro do Planejamento, Ramazan Bashardost, deu-lhes um alvo: as ONGs estrangeiras. Ele estava de olho nas "assim chamadas ONGs que operam visando lucros, como empresas privadas", mas empreiteiras privadas e ONGs humanitárias eram a mesma coisa para ele. Ele queria uma lei para regulamentar as operações das ONGs, especialmente das estrangeiras, porque elas eram ineficientes e corruptas. "As ONGs internacionais recebem enormes quantias de suas nações", disse, "mas gastam todo o dinheiro consigo mesmas, e não conseguimos descobrir quanto dinheiro elas receberam originalmente em fundos de caridade". O diretor da CARE respondeu: "Esses ataques infundados, desprovidos de substância e generalizados, vindos de um ministro do governo, estão criando um clima em que o governo é visto como legitimando os ataques a ONGs".[49] Em um mês, o presidente Karzai (ou

Mr. Khalilzad) já havia substituído o desbocado ministro; mas, na primavera, enquanto a insatisfação crescia, Karzai adotou, ele mesmo, esse tom.

Em abril de 2005, em um encontro, em Cabul, de representantes de 40 países doadores, o Fórum de Desenvolvimento Afegão 2005, Karzai acusou as ONGs de "desperdiçarem fundos". Na semana anterior, pelo menos 30 pessoas haviam sido mortas, e muitas mais feridas, quando um dique se rompeu em Ghazni, um velho dique que fora reformado no ano anterior por uma ONG dinamarquesa. Os engenheiros responsáveis pelo serviço haviam deixado o país há muito tempo.[50] As fotos, nos jornais, de mais um desastre afegão que poderia ter sido evitado pareciam ilustrar a acusação de Karzai. Agora seu governo surgira com um orçamento que previa o gasto de 4,75 bilhões de dólares, no ano seguinte, e estava contando que os doadores estrangeiros providenciassem 93% do dinheiro. Ele queria que eles entregassem o dinheiro diretamente em suas mãos porque seu governo, disse, era "o órgão máximo responsável perante o povo afegão". Ele dirigiu-se aos doadores reunidos: "O governo afegão... deve ser melhor informado a respeito do processo de desenvolvimento e deve exercer seu papel de dirigir tal processo".[51] Era um pedido de ajuda para conseguir se manter no cargo, mas muitos o entenderam, assim como às acusações anteriores do ministro Bashardost, como "legitimando ataques a ONGs". Um mês depois, uma funcionária humanitária da CARE foi raptada.

Clementina Cantoni, uma italiana de 32 anos, estava em Cabul há três anos, chefiando um projeto da CARE para prestar assistência a 1.000 viúvas e suas famílias. Certa noite, em maio, quando ela e seu motorista estavam quase deixando uma casa no centro da cidade em que haviam deixado um amigo, quatro pistoleiros mascarados arrancaram Clementina do carro. No dia seguinte, em um velho retrato estampado na primeira página do jornal, ela sorria sobre uma cidade que havia mudado.[52] As mulheres afegãs estavam furiosas. As viúvas com que Clementina trabalhava se reuniram corajosamente em frente ao escritório da CARE, carregando sua foto e cartazes feitos à mão exigindo que os sequestradores a libertassem. Os funcionários de ajuda estrangeiros estavam apavorados. Os chefes das agências promulgaram novas regras para internacionais: nada de andar a pé, nada de dirigir sozinho, nada de restaurantes. O toque de recolher era às seis da tarde. Uma semana ou mais se passou até que víssemos Clementina na televisão, enrolada em um chador, sentada no chão entre dois homens de pé a seu lado, máscaras pretas, apontando Kalashnikovs para sua cabeça. Inacreditavelmente, ela parecia serena e não demonstrava qualquer medo. Os governos afegão e italiano negociavam com os sequestradores, enquanto os estrangeiros em Cabul aguardavam atrás de portões trancados. O inverno passara, mas a primavera seria cinzenta por causa de Clementina.

Essa não era a primeira vez que funcionários de ajuda haviam sido ameaçados no Afeganistão. Em 2003, 14 trabalhadores de ajuda, afegãos e estrangeiros, foram assassinados, e a violência aumentava. Apenas nos primeiros seis meses de 2004, mais 37 foram mortos. Dentre eles, cinco funcionários da Médecins Sans Frontières, na província de Badghis, o que levou a organização a encerrar o trabalho no Afeganistão.[53]

Os assassinatos de civis eram chocantes porque ocorriam em partes do país que se acreditava fossem relativamente seguras. E eram duplamente perturbadores porque muitas dessas organizações estavam trabalhando no Afeganistão há décadas, atravessando as guerras civis e o período do Talibã sem medo de baixas. Muitas ONGs responsabilizavam a coalizão liderada pelos EUA de obscurecer a linha entre soldado e civil, entre operações militares e humanitárias. Em muitas províncias, o exército dos EUA estabelecera unidades especiais de 50 a 100 soldados, chamadas de Equipes de Reconstrução Provincial, ou PRT. O secretário de Defesa, Donald Rumsfeld, frequentemente acusado de "mandar muito poucos para fazerem demais para muito poucos", referiu-se às PRTs como "a melhor coisa que pode ser feita para, em última análise, conseguir segurança" no Afeganistão.[54]

A segurança na maior parte do Afeganistão estava ao Deus-dará por uma série de razões, a maioria delas ligadas às políticas dos EUA. Em primeiro lugar, em uma conferência em Bonn logo após a queda do Talibã, os EUA insistiram em promover o retorno ao Afeganistão da maioria dos velhos déspotas *mujahidin* que o Talibã havia derrotado e expulsado do país, isto é, todos aquele guerreiros civis cuja destruição do país fizera com que a lei e ordem do Talibã parecessem tão boas, para começo de conversa, aos afegãos tão cansados de guerra. Posteriormente, tentando preservar soldados americanos, cujas vidas poderiam ser perdidas em combates no solo, os EUA rearmaram os déspotas ressuscitados e pagaram 70 milhões de dólares para se achar Osama bin Laden, uma missão à qual eles parecem ter se dedicado com empenho não exatamente total. Depois, para impedir que as forças de segurança internacionais interferissem na caçada nas províncias, os EUA garantiram que o ISAF ficasse confinado a Cabul. Quando essas medidas restauraram as províncias a um estado de ausência de lei semelhante à anarquia armada pré-Talibã, os EUA começaram a instalar PRTS, ostensivamente para ampliar a "segurança" e o alcance do governo de Karzai de Cabul para o resto do país. (A segurança era algo tão ausente nas províncias que a primeira PRT, em Gardez, em 2002, gastou os primeiros seis meses construindo um forte para se proteger.)

Mas as PRTs também tinham outras missões. Elas foram encarregadas de colher inteligência para a guerra contra o terror e, em traje de combate completo, chamadas a conquistar as mentes e os corações dos afegãos, tarefa para a qual eram particularmente inadequadas e ainda mais espantosamente caras que a mais pretensiosa empreiteira estrangeira. Mais tarde, soldados ingleses, com maior experiência em missões de paz, estabeleceram uma PRT ao norte, e os alemães fizeram o mesmo. Em 2005, houve rumores de uma nova PRT, da Mongólia, mas isso pode ter sido piada. O problema essencial, falta de segurança, não apenas permanecia, mas se agravava. Áreas marcadas em vermelho, designadas de "Alto Risco/Ambiente Hostil" se espalham pelos mapas de segurança da ONU como uma poça de sangue. Muitos alegaram, como o fez Paul O'Brien da CARE, que "ao 'obscurecer a linha' entre os militares e os humanitários, elas (as PRTs) colocavam funcionários de ajuda civis em risco, e politizavam, e mesmo militarizavam, o trabalho de ajuda".[55] As ONGs que desenvolviam projetos de assistência ou de reconstrução nas províncias juntaram-se a cidadãos afegãos comuns, ao governo Karzai e à ONU para pedir que forças de segurança administradas internacionalmente fossem espalhadas pelo país.⁵⁶

Relatos de mortes de trabalhadores de ajuda civis nas províncias chegaram a Cabul, onde patrulhas da ISAF, fortemente armadas, mantinham a segurança nas ruas, criando uma ilha de relativa segurança em que o governo Afegão, a ONU, e a maioria das agências internacionais trabalhavam. Havia de vez em quando uma bomba ou uma emboscada, direcionadas sobretudo aos soldados da ISAF. Alguns soldados perderam suas vidas. Em maio de 2004, um casal de "turistas" ocidentais, em trajes afegãos, foram encontrados, espancados até a morte, em um cemitério de Cabul. (As pessoas diziam: turistas? Eles deviam ser espiões). Em outubro de 2004, uma jovem americana e uma menina afegã foram mortas em um atentado a bomba suicida na Chicken Street, onde os estrangeiros sempre vão comprar suveníres.⁵⁷ Pouco tempo depois, três funcionários da ONU foram sequestrados e mantidos cativos por quase um mês antes que o governo conseguisse negociar sua libertação.⁵⁸ A moda do arame farpado e dos sacos de areia se espalhou pelos distritos residenciais. Amigos afegãos propuseram abrir uma hospedagem para estrangeiros em um porão e chamá-la de "Bunker." Eles não estavam só brincando. Posteriormente, perto do fim do inverno, um conselheiro inglês junto ao Ministério da Reconstrução e do Desenvolvimento Rural, dirigindo sozinho em Cabul, foi assassinado a tiros.⁵⁹ Um mês depois, um americano foi espancado e sequestrado em plena luz do dia. Ele pulou do porta-malas do carro, que estava em alta velocidade, para escapar.⁶⁰

Os escritórios de segurança internacionais emitiam alertas informando que a gangue criminosa responsável pelo sequestro dos funcionários da ONU poderia, provavelmente, sequestrar mais alguém. Alguns dos sequestradores originais haviam sido pegos e mandados para a prisão; a polícia acreditava que o resto da gangue queria um refém para trocar por eles. Os bandidos não eram talibãs. Não eram da Al-Qaeda. Não eram políticos. Eram criminosos que queriam ganhar dinheiro no mundo milionário e sem lei da Cabul pós-conflito. Foram eles que levaram Clementina, e isso mudou tudo. Ou talvez tenha sido aí que aqueles que já moravam em Cabul há algum tempo notaram que tudo havia mudado. Nadene Ghouri, da BBC, uma amiga de Clementina, lembrava as condições de Cabul em 2002, o ano em que ela e Clementina (e eu) chegaram. Ela escreveu no *Kabul Weekly*: "O otimismo no ar era tangível. Os afegãos recebiam os estrangeiros de braços abertos. [...] Agora o clima é marcadamente diferente. Frustrados pela falta de desenvolvimento e pela pobreza opressiva, cada vez mais afegãos estão substituindo a gratidão inicial pelo cinismo e por uma ira que queima lentamente".[61]

O sentimento antiestrangeiro, antiamericano, crescia a cada dia. Eu também percebia um ressentimento crescente toda vez que tinha de atravessar uma rua para evitar os guardas com seu jeito arrogante e suas camisas pretas, brandindo armas automáticas, em frente ao *bunker* de concreto, iluminado por holofotes, que era a sede da DynCorp, a sinistra empreiteira americana para "segurança." Certa manhã, no centro de Cabul, um carro blindado deu uma fechada no carro em que eu viajava, e meu motorista enfiou o pé no freio a tempo. Um soldado se debruçou para fora do veículo, apontou sua arma automática para o meu motorista e xingou-o aos berros, como se tivesse sido culpa dele que eles quase tivessem nos abalroado. Ao ouvir seu sotaque americano, perdi a cabeça. Saí do carro e corri em direção ao veículo blindado, gritando com o soldado, botando para fora toda a minha ira santa inspirada pela DynCorp. O soldado ficou vermelho, o veículo blindado foi embora, e eu voltei para o carro. Meu motorista estava sorrindo como também, reparei, estavam sorrindo os pedestres afegãos a nossa volta na rua. Um menino que vendia jornais me fez um sinal de positivo. Meu motorista disse: "Por favor, não tomar um tiro por minha causa. Eles fazem isso o tempo todo".

Um dia, quando Salma e eu fomos ao Ministério das Relações Exteriores e passamos pela inspeção rotineira de nossas bolsas, o guarda disse a ela em dari: "Por que você ainda trabalha para estrangeiros? Eles pensam que sabem tudo, mas não sabem". Quando Salma e eu atravessamos o campus da universidade, alguns alunos gritaram para ela em dari: "Vadia. Prostituta. O que você está fazendo com os *kharaji*?". Quando Salma e eu nos sentamos na antessala da Suprema Corte, aguardando para falar com um juiz, os homens sentados próximos a nós, sempre havia homens esperando em repartições do governo, discutiam, em dari, sua insatisfação com os americanos.

"Por que eles não nos dão comida, como os russos?", pergunta um.

"Eles não fazem nada por nós", diz outro.

"Fazem sim", responde um terceiro. "Eles matam as pessoas em Bagram, estupram os meninos, penduram os homens no teto e os espancam até a morte."

"Eles jogam o Corão na privada, não se esqueçam", acrescenta um outro. Os homens aquiescem, olhando para mim.

"O que você acha que essa velha está fazendo aqui?", pergunta um deles. Um outro responde: "Ela vem sempre. É uma espiã." Salma aperta o xale contra a boca e ri, o que faz com que eles se calem. Ela me diz em inglês: "Os homens são bobos".

O mais notável para mim é o surgimento de uma nostalgia cor-de-rosa pela ocupação soviética. Ouço afegãos dizerem que os soldados soviéticos não eram tão arrogantes nem os empurravam para cá e para lá. Os soviéticos não invadiam suas casas, nem os mantinham em prisões secretas, nem os espancavam até a morte. Os soviéticos davam bons empregos. Davam toneladas de alimentos de graça. Assistência médica. Os professores em minha classe contam que os soviéticos melhoraram muito as escolas e colocaram as meninas na escola, em todo o país, e que eles convidaram muitos alunos e professores para estudar na União Soviética. Um deles me diz: "Os soviéticos levaram para seu país um ônibus lotado de professores". Outro diz: "Sim. É verdade. É uma boa ideia. Os EUA poderiam mandar um ônibus para nos levar aos EUA". Cabul inteira, provavelmente o Afeganistão inteiro, tem esperado, e esperado, pelo ônibus americano.

Aqui e ali, ele pode ser vislumbrado. Laura Bush veio ao Afeganistão em março de 2005 (por seis horas) para "oferecer seu apoio às mulheres afegãs em sua luta por maiores direitos", conforme relatou o *New York Times*, e para "prometer um compromisso de longo termo dos EUA com a educação para mulheres e crianças".[62] O *Times* noticiou que a viagem "envolvera mais de um ano de preparação", o que pode parecer excessivo para uma excursão militarizada de relações públicas financiada pelo governo que mal ficou em Cabul tempo suficiente para aterrorizar a população, mas a esposa do presidente trouxe promessas de ajuda que deram manchetes nos EUA. A Sra. Bush prometeu que os EUA fariam doações adicionais de 17,7 milhões de dólares e de 3,5 milhões de dólares para a educação no Afeganistão. Os 17,7 milhões de dólares já haviam sido anunciados antes. Pior ainda, eles não eram para a educação afegã, mas para uma nova Universidade Americana do Afeganistão, privada e com fins lucrativos, que iria competir com as universidades públicas e atrair a elite afegã cobrando pelo ensino, segundo rumores, algo em torno de cinco mil dólares por ano. É provável que seja uma universidade para homens, já que as possibilidades das famílias afegãs mandarem uma menina para escola, a esse preço, são extremamente remotas. Você poderia perguntar como é que uma universidade privada consegue a ajuda financiada pelos dólares dos contribuintes, mas eu não faço a mínima ideia. O projeto não deveria nem começar, dado o "compromisso" da Sra. Bush com a educação das mulheres e os princípios "democráticos" da USAID (lembram dos meus professores secundários "de elite", que não se qualificavam para a ajuda americana?) —, mas a Army Corps of Engineers já está trabalhando no local. Ashraf Ghani, antigo ministro das Finanças do Afeganistão e reitor da Universidade de Cabul, apelou à Sra. Bush que, em vez disso, apoiasse sua histórica instituição pública. Falando de maneira bastante direta para um afegão, ele disse: "Você não pode apoiar a educação privada e ignorar a educação pública". Mas ela podia e ela o fez. A quantia menor, de 3,5 milhões de dólares, anunciada pela esposa do presidente, também não foi para a educação afegã. Foi para uma nova Escola Internacional do Afeganistão, de língua inglesa, o que, vale dizer, é uma escola preparatória para os filhos de estrangeiros em Cabul, que eram numerosos em 2005, com novas levas chegando.[63]

Uma frota de helicópteros de combate levou embora rapidamente a Sra. Bush para que ela fosse jantar com os soldados americanos na base de Bagram, e ela desapareceu. Não muito tempo depois, li um relatório da Unidade de Pesquisa e Avaliação do Afeganistão sobre o patético progresso feito no país. Intitulava-se: "Investimentos Mínimos, Resultados Mínimos" e falava da impossibilidade de se encontrar um mínimo de segurança no Afeganistão.[64] Os afegãos anseiam por segurança. Desarmamento, segurança e paz é o que eles querem.[65] Mas todo mundo sabe que os EUA fizeram as coisas de trás para frente, tentando estabelecer um governo, uma constituição, eleições, um parlamento, toda a parafernália da democracia sem jamais estabelecer algo parecido com a paz. Para não falar dos propósitos contraditórios, também, tentando conferir "estabilidade" à capital ao mesmo tempo que promoviam uma caçada humana no interior.[66] Mas esse relatório acusava toda a "comunidade internacional" por nunca ter mostrado "o compromisso necessário, e os investimentos", em primeiro lugar, para dar aos afegãos uma chance de construírem um país em paz. Tony Blair prometeu, em 2003, que a comunidade internacional "não abandonaria" o Afeganistão, mas um repórter perguntou: "Quando é que a comunidade internacional vai se aproximar do Afeganistão?"[67] Um outro relatório, emitido durante a Conferência sobre o Afeganistão em Bonn, em março de 2004, advertira que "ficar muito próximo do esforço mínimo por muito tempo irá afetar negativamente as expectativas e o envolvimento de diferentes segmentos da sociedade afegã".[68] Foi o que aconteceu. Os afegãos se cansaram de esperar o ônibus.

Compro minha passagem para Nova York. Meus dias em Cabul estão terminando. Nas noites longas, trancada sozinha, começo a escrever este livro. Já sei que ele será melancólico. Tem sido assim esse inverno em Cabul, o inverno dos cães congelados. O pior inverno em cinquenta anos, diz o rádio. Um céu de cor de chumbo oprime a cidade como uma tampa sobre uma bacia, e a neve cai copiosamente quase todos os dias. Algumas vezes o sol aparece tempo suficiente para deixar a neve lamacenta, mas a noite transforma tudo em gelo, novamente. À medida que a noite avançava, os cães que viviam entre as casas em ruínas ao longo da encosta começavam a latir. Eu me enfiava na cama e puxava a coberta sobre os ouvidos, mas o sono não vinha, noite após noite. Comecei a reconhecer as vozes: o Sr. Quatro-Latidos, que sempre dizia só isso: "au!", quatro vezes, antes de parar para recuperar o fôlego e começar de novo. O Sr. Ganido, que sempre soltava um agudo "caim, caim, caim". Um que fazia um barulho como se estivesse sufocando, outro com um grave "gruff, gruff" e outro que soluçava. Eu podia vê-los: amarrados em pátios congelados, espremendo-se contra os muros, escavando a neve, correndo pelas ruas estreitas e gritando por algo, no meio do frio, mas o quê? Por socorro que não viria de pessoas que estavam, elas mesmas, congelando dentro de casas arruinadas, seus barracos improvisados feitos de pedaços de tendas remendadas do ACNUR. Pouco antes do raiar do dia, quando o frio era mais intenso, os cães se calavam, contorcidos em seu sono exausto, seus ossos tremendo sob os tufos de pelos. E eu também adormecia, sabendo que na próxima noite ficaria acordada de novo, ouvindo-os gritar por socorro. O inverno continuava. Certa noite, o Sr. Ganido não latiu. Depois, a voz mais grave desapareceu. Abrindo as cortinas para ver a neve que novamente caíra, certa manhã, vi um menino em um telhado em frente brincando com a carcaça de um cachorro congelado.

Mas agora era março e a primavera seguia adiantada. As flores estavam exuberantes e as árvores de rosas selvagens, inclinando-se como exóticos guarda-chuvas florais, seguiam as fileiras de flores pálidas. As primeiras mangas chegavam do Paquistão. Grandes rodas de *panneer*, o queijo do campo, envolvidas em folhas verdes frescas, estavam à venda em carrinhos de mão em todos os mercados. Na planície do Shamali, alguns dos velhos vinhedos já tinham folhas, não estavam perdidos, afinal de contas, e os canais corriam após as chuvas intensas. O rio Cabul ia se avolumando em seu leito, levando embora o lixo de muitos anos de seca, carregando rio abaixo milhões de sacos plásticos. "Um presente para o Paquistão", brincavam as pessoas em Cabul. Vendedores apareciam nas ruas com buquês de balões coloridos. *Zemestan khalas shud*. O inverno terminou. Por que eu não poderia acreditar na promessa de uma nova estação?

A angústia de Salma, minha jovem colega, apenas aumentava minha tristeza. Durante todo o impiedoso inverno e a violenta primavera, durante todas as passeatas anti-EUA, anti-Bush, anti-Karzai que estouravam em todo o país e em Cabul, no campus da universidade, durante todas as noites e dias difíceis do cativeiro de Clementina, Salma esperara para embarcar no ônibus americano. Ela tinha a passagem. Haviam lhe prometido uma bolsa integral em uma universidade nos EUA. Salma era muito inteligente e extraordinariamente criativa. Quando o Talibã interrompeu sua vida escolar, ela prosseguiu educando a si mesma e a centenas de outros em sua própria escola doméstica. Com a queda do Talibã, ela conseguiu se qualificar para a faculdade de Medicina, uma área de estudo reservada àqueles com as maiores notas nos testes de admissão para a universidade. No primeiro dia de aula, a ponta de sua burca prendeu na porta do carro e ela caiu e, quando o carro partiu, ele a jogou de costas no chão. Quando ela se recuperou da fratura no crânio, já havia desenvolvido o interesse por política internacional e adquirido a ambição de ser embaixadora do Afeganistão. Ela voltou à universidade para estudar Direito. Era o que ela estava fazendo quando recebeu o convite da embaixada americana para se candidatar a uma bolsa de graduação nos EUA.

Salma estava preocupada com seu nível de inglês. Ela aprendera o idioma praticamente sozinha, sem muito treino formal. Assim, ao contrário de meus alunos-professores secundários que sabiam gramática, mas não sabiam falar, Salma conseguia falar mas provavelmente não se sairia bem em uma prova formal de gramática. Ela se virou bem na FDH, onde trabalhava meio-período, período integral durante as férias escolares, mas não fazia muito trabalho escrito em inglês. Sua função era a de fazer pesquisas, organizar atividades e fazer *lobby* junto ao governo, tudo pela causa dos direitos da mulher. Em tudo isso ela era brilhante, embora precisasse de bastante ajuda quando se tratava de escrever um relatório em inglês. Os funcionários da divisão de assuntos culturais da embaixada disseram-lhe para não se preocupar. Ela era exatamente o perfil da jovem estudante que eles estavam procurando, uma futura líder de seu país, ousada e articulada. Ela já participara (em inglês) de conferências internacionais na Alemanha e na Noruega, e logo participaria de outra no Quênia. Além disso, disseram-lhe os funcionários de assuntos culturais, a primeira parada para todos os alunos seria um programa intensivo de língua inglesa com duração de alguns meses, em Washington, D.C., para prepará-los para iniciar a faculdade em setembro de 2004. Salma estava dentro. Ela só precisava aguardar a hora da partida.

O verão chegou e terminou, e também setembro. Daí disseram aos alunos que eles iram partir antes do fim do ano. Mas não partiram. Então os funcionários da embaixada disseram a Salma que o programa de bolsa de estudo para graduação não tinha dado certo. A empreiteira anônima a quem eles tinham transferido a tarefa de encontrar uma colocação para os alunos não havia encontrado faculdades dispostas a aceitá-los, de modo que os pedidos dos alunos estavam sendo "encaixados" dentro do Programa Fullbright para acadêmicos internacionais. Isso era melhor, disseram-lhe, porque a Fullbright era a melhor de todas. Salma me disse: "Eles são muito legais". Mas ela ficou mais preocupada com seu nível de inglês. Ela não havia se candidatado à "melhor de todas" e os padrões agora certamente seriam altos demais para ela. Os funcionários a tranquilizaram e a mim, quando eu comecei a acompanhá-la a entrevistas na embaixada para ver o que eu poderia fazer para acelerar as coisas. Será que ela não deveria fazer um curso de inglês agora?, perguntei. Não, não precisa se preocupar. E, de qualquer forma, não daria tempo. Ela iria partir a qualquer momento. Alguns professores de Direito na universidade convidaram Salma a juntar-se a uma equipe dos quatro melhores alunos de Direito que iriam participar de uma competição em Washington, D.C., mas Salma disse que mais alguém deveria ter a oportunidade de ir aos EUA. Ela já embarcara no ônibus americano. Outra mulher foi em seu lugar.

O tempo passou. Salma contou que muitos dos alunos em seu grupo haviam recebido cartas dizendo que eles não se qualificavam mais para a bolsa de estudos porque estavam muito próximos da conclusão do curso. Eles haviam se candidatado no segundo ano e cursado toda a universidade enquanto esperavam a hora da partida. A própria Salma só tinha de cursar mais um semestre. Será que ela deveria retardar esse último semestre? Ou deveria seguir em frente e terminar a faculdade? Tínhamos tido problemas o ano inteiro na FDH tentando traçar um cronograma de trabalho que desse conta da iminente partida de Salma. Agora Salma estava tendo problemas para planejar sua própria vida. No meio dessa bagunça, havia os homens. Salma era muito bonita e charmosa e, aos 23 anos, já passara, há muito, da idade de casar. As mães e irmãs de pretendentes começaram a falar com a mãe de Salma. O pai determinou que ela deveria terminar seus estudos antes que se começasse a falar de casamento. Mas um pretendente a cortejava pelo celular. Outro começava a aparecer, como por mágica, aqui e ali na cidade, onde quer que Salma tivesse um compromisso. Outro que queria Salma para segunda esposa ameaçava raptá-la para forçar o consentimento de seu pai. Salma sabia que seu pai não poderia mantê-los a distância para sempre. Se ela fosse estudar nos EUA, ele poderia manter aberto esse pequeno espaço de liberdade até que ela voltasse; mas, se ela não fosse, esse espaço desapareceria e, com ele, as ambições de Salma para o futuro. Ela começou a ficar nervosa e chorosa. Não conseguia dormir. Ficava confusa, atraída pela possibilidade de um romance e receosa pelas evidentes limitações que isso traria. "Tenho de ir para os EUA logo", disse.

Foi a mim que o funcionário da embaixada contatou, não a Salma, para dizer que ela ficaria em casa. Ela e quase todos os outros alunos. Meses antes, eles tinham prestado o TOEFL, o exame padrão de proficiência em inglês. Agora os resultados haviam chegado, e não eram bons. Só um aluno havia passado. Mas e o programa intensivo de inglês nos EUA? Não tinha dado certo. E aquelas promessas que uma nota baixa em inglês não iria prejudicá-los? Duas respostas dessa vez: primeiro, a pessoa que prometera tal coisa exorbitara de sua autoridade e, segundo, nenhuma promessa nesse sentido jamais fora feita. O funcionário era um jovem, enérgico e loquaz, provavelmente no início de seu treinamento diplomático.

"Ela não tem nada por escrito", disse. "Nós nunca lhes damos nada por escrito."

"Mas com certeza você sabe que os afegãos fazem negócios baseados na boa fé", eu disse. Ele estava no Afeganistão há apenas algumas semanas.

"Bom, a gente não trabalha assim", respondeu.

"É o que eu estou vendo. Mas você deve saber que em alguns anos esses alunos estarão dirigindo o país. Você tem certeza de que é inteligente destruir sua fé nos EUA?"

Ele riu daquilo que considerou um exagero. Eu vi, e não pela primeira vez, que ele não sabia nada dos afegãos que viviam ao redor do Forte Paranoia. "Isso é meio dramático", disse. "Temos de manter os padrões."

"E que padrões seriam esses?"

"Padrões acadêmicos. A Fullbright tem padrões acadêmicos muito elevados."

Posteriormente, após minha volta aos EUA, soube que o Programa Fullbright não era de fato realmente um Programa Fullbright, mas uma versão diluída chamada Programa Afegão Fullbright de Intercâmbio que a USAID timidamente tentara reviver (depois de um intervalo de vinte e quatro anos) entregando-o à Universidade de Nebraska no Centro para Estudos Afegãos de Ohama. Mas, àquela altura, eu não tinha essa informação e estava furiosa demais para falar. Assim, o funcionário de assuntos culturais, agora empolgado, continuava: "Os padrões americanos", dizia. "Vou dizer uma coisa, nós tivemos uma aluna — ela se qualificava, com certeza —, mas tivemos que retirá-la do avião". Eu não sabia se ele estava falando literalmente. "No último minuto, soubemos que estava grávida. Ela estava planejando ter o bebê nos EUA. Pensou que conseguiria um passaporte de graça para a cidadania americana. Dá para acreditar? Isso é que é sangue-frio."

"E você acha que esse era algum tipo de plano secreto? Ter um bebê?"

"Pode acreditar. É assim que eles são. Essa foi a primeira coisa que eu aprendi aqui: eles vão sempre se aproveitar da gente. Depois de tudo que fizemos por eles. Você pensaria que eles estariam gratos, mas não estão."

Naquela noite, vi-me de novo em um jardim atrás dos muros de uma velha casa em Cabul. A casa fora convertida em apartamentos caros para estrangeiros e o jardim seria o cenário de um desfile de moda inaugurando um novo centro de design afegão. Zolaykha Sherzad, que chefiava o projeto, era filha de uma importante família que apoiava o rei e que fora exilada pelos comunistas. Ela crescera na Suíça, estudara arquitetura lá e no Japão, e trabalhou em Nova York, onde também estudou moda. Ela também deu aulas em Nova York, em importantes escolas de arte. Em 2000, fundou a Escola da Esperança, um projeto sem fins lucrativos que associava escolas em Cabul com escolas no Ocidente, incluindo duas em Nova York, para que as crianças pudessem aprender sobre as vidas umas das outras e criar uma "ponte comum" no caminho para a paz. Sua vida inteira, depois do choque inicial do exílio, tinha sido ligada à educação, sempre estudando, aprendendo, ensinando. Ela disse que os professores da escola suíça que acolheram uma criança refugiada e apavorada foram os que a ensinaram como viver a vida, afinal.[69]

Depois dos bombardeios americanos no Afeganistão, Zolaykha voltou a Cabul para ajudar. Ela encontrou viúvas afegãs que sabiam costurar e trabalhou com elas para desenvolver modelos que pudessem ser vendidos no Ocidente. Ela as ensinou a respeito de design, e elas ensinaram-lhe sobre tecidos afegãos clássicos, e como poderiam ser usados. Para começar o programa, ela conseguiu fundos da CARE, do programa das 1.000 viúvas chefiado por Clementina Cantoni. O show de moda dessa noite tinha sido planejado muito antes do sequestro de Clementina, e era dedicado a ela. Duas semanas mais tarde, Clementina seria libertada sã e salva, mas, essa noite, todos pensavam nela.

Zolaykha estava no terraço, serena, sorrindo, enquanto as modelos desciam elegantemente as escadas para fazer o circuito do jardim, apresentando a nova coleção para os convidados reunidos. As modelos eram estrangeiras, funcionárias do setor de ajuda, alemãs, inglesas, francesas, italianas, suecas, espanholas, holandesas, canadenses. Eram amigas de Zolaykha e, muitas delas, minhas também. Eu conhecia tanto o seu desejo de ajudar como o prazer que tinham em aprender com os afegãos. As roupas ecléticas em que desfilavam lembravam a "ponte comum" que elas e Zolaykha queriam construir. Mas, para mim, essa ponte parecia estar indo morro acima, das viúvas afegãs servindo no bufê até o público internacional, agora gastando seus dólares em trajes sofisticados que, certamente, atrairiam olhares em Paris ou Milão. Minha fé na possibilidade de pontes fora abalada pela conversa com o funcionário da embaixada que, com tanta diligência, protegia os interesses americanos das aspirações afegãs.

Em um canto do jardim estava um grupo de músicos afegãos, acompanhando o desfile com tambores e cordas. No meio deles havia um homem trajando um *chapan* esplêndido, um cantor famoso entre os afegãos. O mestre de cerimônias anunciara que os músicos se apresentariam mais tarde, do lado de dentro, no salão, e que o cantor iria nos agraciar com uma performance. Um frêmito de prazer percorreu os convidados. Mas logo, circulando para cumprimentar os amigos, pude ouvir dois americanos reclamando em voz alta.

"Que idiota", disse um deles, referindo-se ao cantor.

"Eles são todos assim", disse o outro. "Filhos da mãe arrogantes. Eu não sei quem eles pensam que são."

Parece que eles haviam pedido ao homem que cantasse uma canção. Eles teriam que sair logo, disseram, então queriam que ele cantasse agora, aqui. Ele olhara os dois por um momento e recusara o pedido.

"Mas o que foi que ele disse a vocês?", perguntei.

Eu pensava em todas as razões que ele poderia ter dado. Ele poderia ter dito que suas canções são obras de arte para serem apreciadas e não para serem ouvidas como pano de fundo em meio a conversas. Poderia ter dito que sua voz era um instrumento que tinha de ser protegido do ar poeirento e do frio da noite. Poderia ter dito que a perfeição da música residiria em ser apresentada com a acústica das paredes do salão. Mas ele não disse nada disso. Ele era um afegão, com uma dignidade afegã. Ele não estava acostumado a ter de se explicar. Ou talvez ele não visse muito sentido em expor seu ponto de vista a esses estrangeiros. Por suas próprias razões, o cantor declarara, simplesmente, o costume de sua própria cultura. Lá estava ele, sob as árvores que iam ficando escuras, olhando para os insistentes americanos a sua frente, apressados para saírem para a próxima festa, e o que ele disse foi: "Os afegãos não cantam no jardim".

Notas

I. Nas ruas

1. Chris Johnson e Jolyon Leslie, *Afghanistan: The Mirage of Peace* (London: Zed Books, 2004), p. 11.
2. Powell "se preocupava" com o fato de que muito do bombardeio do Afeganistão fosse "bombardeio pelo bombardeio, sem relação com um objetivo militar". Bob Wooodward, *Bush at War* (New York: Simon & Schuster, 2002), p. 175, 275. Esse bombardeio pode constituir crime de guerra, tendo sido realizado sem levar em consideração a população civil nem o princípio de proporcionalidade do Direito Internacional – de que "uma proporcionalidade razoável exista entre o dano causado e o ganho militar pretendido". Ver Mahmood Mamdani, *Good Muslim, Bad Muslim: America, the Cold War, and the Roots of Terror* (New York: Doubleday, 2004), p. 183.
3. Roland e Sabrina Michaud, *Afghanistan: The Land that Was* (New York: Harry N. Abrams, n.d.), p. 246. A fotografia aparece nas páginas 84-85.
4. Nancy Hatch Dupree, *An Historical Guide to Afghanistan* (Kabul: Afghan Tourist Organization, 1970), p. 27.
5. Nancy Hatch Dupree, p. 24.
6. Dominic Medley e Jude Barrand, *Kabul: The Bradt Mini Guide* (Chalfont St. Peter, UK: Bradt Travel Guides, 2003), p. 136.

7. Ahmed Rashid, *Taliban: Militant Islam, Oil and Fundamentalism in Central Asia* (New Haven: Yale University Press, 2001), p. 207.
8. John K. Cooley, *Unholy Wars: Afghanistan, America and International Terrorism*, 3rd ed. (London: Pluto Press, 2002), p. xiii-xiv.
9. Karen Armstrong usa essa frase em *The Battle for God* (New York: Alfred A. Knopf, 2000), p. 239.
10. Sayyid Qutb, "'The America I Have Seen': em the Scale of Human Values (1951)" em *America in an Arab Mirror: Images of America in Arabic Travel Literature, An Anthology (1895-1995)*, ed. Kamal Abdel-Malek (New York: St. Martin's Press, 2000), p. 9-28. Visitantes mais recentes expressam as mesmas críticas. Vejamos, por exemplo, o caso do romancista egípcio Sonallah Ibrahim, que lecionava literatura árabe em Berkeley, em 1998: "Desprezo o individualismo total, o controle das multinacionais, a manipulação da mídia sobre o cidadão comum, os valores de vida, o viver apenas para comer, beber, transar, ter um carro, e só. [...] Não há valores morais, não há atitudes que mostrem uma visão aberta em relação ao que acontece no mundo, nem qualquer noção do papel que os Estados Unidos estão desempenhando, tentando controlar os recursos mundiais". Ibrahim estava cansado da "estupidez genuína do cidadão americano normal. Ele é ignorante. Não sabe o que o próprio país está fazendo no mundo". David Remnick, "Letter from Cairo: Going Nowhere", *The New Yorker*, 12 e 19 de julho de 2004, p. 80.
11. Hamid Algar sugere que o ministro da Educação egípcio enviou Qutb aos Estados Unidos na tentativa de modificar a crítica social, cada vez mais islamista, que Qutb realizava no Egito, mas a experiência absolutamente "negativa" que teve surtiu o efeito oposto, levando-o a abraçar definitivamente

o Islã. Ver sua introdução ao livro *Social Justice in Islam*, de Sayyid Qutb, traduzido por John B. Hardie, revisado e com uma introdução de Hamid Algar (Oneonta, N.Y.: Islamic Publications International, 200), p. 2.

12. Armstrong, *The Battle for God*, p. 238. Ver também Sayyid Abul A'la Mawdudi, *Let Us Be Muslims*, ed. Khurram Murad (London: Islamic Foundation, 1985). Mawdudi foi o primeiro a rejeitar a esperança reformista de se conseguir alguma acomodação entre o Islã e a modernidade ocidental. Para se opor ao fundador da Liga Muçulmana do Paquistão, o leigo Mohammed Ali Jinnah, Mawdudi fundou a Jamaat-i Islami (Sociedade Islâmica) do Paquistão que, mais tarde, ajudou os partidos islamitas radicais do Afeganistão no exílio. Sobre o início da vida e as posteriores atividades políticas de Mawdudi no Paquistão, ver Tariq Ali, *The Clash of Fundamentalisms: Crusades, Jihads and Modernity* (London: Verso, 2002), p. 170-178, e Cooley, p. 35-38.

13. Sayyid Qutb, *Milestones* (New Delhi: Millat Book Centre, n.d.), p. 61.

14. Para uma discussão sobre as ideias de Mawdudi e Qutb, ver Mamdani, p. 45-62; e Armstrong, *The Battle of God*, p. 236-244, 291-294, e *Islam: A Short History* (New York: Modern Library, 2002), p. 168-70. Armstrong observa que a ênfase de Qutb na *jihad* violenta distorce tanto o Corão, que "se opõe de forma absoluta ao uso da força e da coerção em assuntos religiosos", quanto a vida do Profeta, *Islam*, p. 169-170; *The Battle of God*, p. 243.

15. Entrevista por telefone, em 1 de agosto de 2002. O professor falou de maneira não-oficial e solicitou permanecer anônimo.

16. Não confundir com a Jamaat-i Islami do Paquistão fundada por Abul A'la Mawdudi. Mawdudi equiparava a modernidade ocidental à *jahiliyya* (barbárie), uma alusão à ignorância

pré-islâmica combatida pelo próprio Profeta. Sayyid Qutb, por outro lado, estabelecia uma distinção entre a *jahiliyya* da ocidentalização e o que ele chamava de "modernidade", que oferecia tecnologia e que poderia ser útil às sociedades islâmicas. Ao abraçar o modernismo, a Jamiat-i Islami do Afeganistão se alinha, de maneira mais próxima, aos ensinamentos de Qutb.

17. Barnett R. Rubin, *The Fragmentation of Afghanistan: State Formation and Collapse in the International System*, 2nd ed. (New Haven, Conn.: Yale University Press, 2002), p. 83. Os habitantes de Cabul geralmente se referem a Gulbuddin Hekmatyar pelo primeiro nome, como se ele fosse um inimigo particularmente íntimo. Sigo o exemplo deles.

18. Gulbuddin é membro dos pashtuns Ghilzai do Afeganistão oriental, que são rivais dos dominantes pasthuns durranis do sul – que incluem a família Karzai e os líderes do Talibã.

19. Rubin, p. 83-84. Um segundo partido islâmico Hizb-i Islami foi liderado por Younis Khalis, um acadêmico islâmico mais velho que dirigia uma madrassa e que era muito respeitado entre os pashtuns. O mulá Omar, mais tarde o líder do Talibã, era um dos membros. A distinção entre os dois partidos é geralmente feita com base no nome dos líderes. A menos que contrariamente indicado, todas as referências, neste livro, ao Hizb-i islâmico indicam o Hizb-i islâmico de Hekmatyar.

20. Robert D. Kaplan diz que o general paquistanês Zia ul-Haq preferia Hekmatyar porque, não tendo "praticamente nenhum apoio popular, nem base militar" no Afeganistão, Hekmatyar ficava "totalmente dependente da proteção e da generosidade financeira (cortesia dos contribuintes americanos) de Zia" e podia, assim, ser controlado. "Hekmatyar... era a clássica criação artificial de um poder externo." *Soldiers of God: With the Mujahidin in Afghanistan* (Boston: Houghton Mifflin, 1990),

p. 69. Em maio de 1979, meses antes de os soviéticos invadirem o Afeganistão, o ISI apresentou Hekmatyar ao chefe do escritório da CIA em Islamabad, que concordou em dar armamentos para um grupo de guerrilha liderado por Hekmatyar, "uma cria dos militares paquistaneses". Para uma análise completa, ver Alfred W. McCoy, *The Politics of Heroin: CIA Complicity in the Global Drug Trade, Afghanistan, Southeast Asia, Central America, Colombia*, 2nd. ed. (Chicago: Chicago Review Press, 2003), p. 475. Cooley descreve o "extremamente radical" Hekmatyar como uma "criação da CIA". Cooley, p. 141. Apesar disso, um congressista do Texas, Charlie Wilson, essencial para garantir o envio de dólares dos contribuintes para os *mujahidin*, apoiou Gulbuddin porque acreditou, equivocadamente, que ele fosse um líder popular. Ver Mary Anne Weaver, *Pakistan: In the Shadow of Jihad and Afghanistan* (New York: Farrar, Straus and Giroux, 2002), p. 79-80.

21. Ao longo dos anos, o ISI desviou o dinheiro americano para outras causas, como seu conflito com a Índia sobre a Caxemira. Ver Cooley, p. 203.

22. Rubin, p. 252.

23. Kaplan, p. 168, citando Abdul Haq da Hizb-i Islami de Khalis.

24. Para detalhes, ver McCoy, p. 484-485.

25. Steve Coll, *Ghost Wars: The Secret History of the CIA, Afghanistan, and bin Laden, from the Soviet Invasion to September 10, 2001* (New York: Penguin Press, 2004), p. 186.

26. Algumas pessoas no Departamento de Estado advogavam uma resolução política que promovesse um governo moderado de base ampla e que excluísse tanto os comunistas como os extremistas dos partidos de Peshawar, mas foram atropeladas por manobras da CIA para manter a guerra secreta. Ver Coll, p. 207-211.

27. Coll, p. 212. bin Laden poderia estar agindo em nome da inteligência saudita ou por conta própria.

28. Rubin, p. 264.

29. Rubin, p. 271-272; Johnson e Leslie, p. 5.

30. Amin Saikal, "The Rabbani Government, 1992-1996", em *Fundamentalism Reborn? Afghanistan and the Taliban*, ed. William Maley (New York: New York University Press, 1998), p. 33.

31. Rubin, p. 272-273.

32. Johnson e Leslie, p. 6, citando o *ICRC News* no 44 de 6 de novembro de 1996.

33. Larry P. Goodson, *Afghanistan's Endless War: State Failure, Regional Politics, and the Rise of the Taliban* (Seattle: University of Washington Press, 2001), p. 75.

34. Rashid, *Taliban*, p. 17.

35. Rashid, *Taliban*, p. 22.

36. Há muitas explicações diferentes para o papel do Paquistão no episódio de Spin Baldak. Ver, por exemplo, Anthony Davis, "How the Taliban Became a Military Force", em Maley, p. 45-46; Ahmed Rashid, "Pakistan and the Taliban", em Maley, p. 81.

37. Rashid, *Taliban*, p. 27-28, 32.

38. "Exército por procuração do Paquistão", Goodson, p. 110, 114. Cooley escreve que "o Talibã era, de fato, uma criação paquistanesa". P. 121. Que tanto o ISI como o governo de Benazir Bhutto tenham trabalhado decisivamente para destruir o governo Rabbani e colocar no poder o Talibã é fato amplamente reconhecido, embora ainda negado oficialmente. Ver, por exemplo, Saikal em Maley, p. 39; Davis em Maley, p. 54-55, 69-71; Anwar-ul-Haq Ahady, "Saudi Arabia, Iran and the Conflict in Afghanistan", em Maley, p. 126-127.

39. Coll, p. 332-333. As explicações para a queda de Cabul variam nos detalhes, mas parece claro que o fator decisivo na vitória dos talibãs foi o planejamento militar e o apoio do Paquistão e de bin Laden. Ver também Rashid, *Taliban*, p. 41-54.

40. A Médecins Sans Frontières (Médicos Sem Fronteiras) retirou-se do Afeganistão em 2004, depois que cinco membros de sua equipe de campo foram assassinados.

41. Há duas divisões principais nas tribos pashtun: os pashtuns abdalis — agora chamados durranis —, que escolheram como xá Ahmed Shah Durrani, e os rivais pashtuns ghilzais. Os durranis alegam que descendem do filho mais velho de Qais, um companheiro do Profeta, enquanto os ghilzais afirmam que seus ancestrais descendem do segundo filho de Qais. Ver Rashid, *Taliban*, p. 10.

42. Em 1973, Daoud conclamou os pathans (pashtuns) do Paquistão à secessão. O presidente paquistanês Zulfikar Ali Bhutto respondeu convidando pashtuns afegãos antiseculares a desertarem. Ele organizou os cinco mil que aceitaram seu convite em uma força de guerrilha – *mujahidin* – para desestabilizar o regime de Daoud, seis anos antes dos soviéticos invadirem o Afeganistão. Ver Weaver, p. 60.

43. Martin Ewans, *Afghanistan: A Short History of Its People and Politics* (New York: HarperCollins, 2002), p. 7.

44. Louis Dupree, *Afghanistan* (Princeton, N. J.: Princeton University Press, 1973), p. xvii.

45. Carta de George Eden, conde de Auckland, então governador geral da Índia, e o Manifesto Simla, citado em Ewans, p. 61-62.

46. Lord Hartington, citado em Ewans, p. 97.

47. Jonathan Randal, *Osama: The Making of a Terrorist* (New York: Alfred A. Knopf, 2004), p. 78.

48. Para um relato em primeira mão da retirada pelo Passo de Salang, ver Artyom Borovik, *The Hidden War: A Russian Journalist's Account of the Soviet War in Afghanistan* (New York: Atlantic Monthly Press, 1990).

49. Kaplan, p. 19. Kaplan acreditava que os afegãos eram "diretos" e facilmente se tornavam amigos porque estavam livres dos "medos e preconceitos em relação ao Ocidente" que "sobrecarregavam" os muçulmanos de países colonizados pelas potências ocidentais.

50. George Crile, *Charlie Wilson's War: The Extraordinary Story of the Largest Covert Operations in History* (New York: Atlantic Monthly Press, 2003), p. 470-475. Os persistentes problemas de Wilson com drogas, álcool e mulheres são documentados ao longo de todo o livro. Membro do Comitê de Verbas da Câmara, Wilson conseguira milhões em ajuda para o ditador nicaraguense Anastasio Somoza, antes de se envolver na causa afegã. Crile, p. 34-39; Cooley, p. 89; Coll, p. 91-92. Entre os grupos de interesses especiais que deram a Wilson mais dinheiro do PAC que a praticamente qualquer outro no Congresso, "nenhum grupo tinha maior dívida de gratidão com ele do que as empreiteiras do setor de Defesa". Crile, p. 249. Segundo se afirma, ele estava "sempre pronto a promover os interesses das empreiteiras do Texas, do setor de Defesa, que o apoiavam". Cooley, p. 89.

51. Coll, p. 100.

52. Rashid, *Taliban*, p. 130, 128.

53. Coll, p. 92-93, 97-98. Casey organizou apoio a muitos outros movimentos terroristas e proto-terroristas, incluindo o Renamo, em Moçambique, a Unita, em Angola, e os contras na Nicarágua, que lutavam contra regimes que ele considerava pró-soviéticos. Ver Mamdani, p. 87.

54. Coll, p. 168. Coll relata que embora Shevardnadze tenha feito essa solicitação ao secretário de Estado George Shultz, "nenhum funcionário graduado no governo Reagan jamais tomou o assunto em grande consideração". Temendo ser considerado muito brando em relação ao comunismo, Shultz também guardou consigo "por semanas" a decisão soviética de deixar o Afeganistão.
55. Ewans, p. 280-281. Cooley escreve que a CIA e o exército americano "treinariam um enorme exército mercenário estrangeiro; um dos maiores já vistos na história militar americana. Quase todos os soldados seriam muçulmanos". Cooley, p. 14.
56. Cooley, p. 69-72. Iniciado em 1980, o treinamento secreto foi realizado em bases como o Forte Bragg e o Harvey Point na Carolina do Norte, e Forte A. P. Hill, Camp Picketti, e Camp Peary, da CIA, na Virginia; continuou até 1989, momento em que os soldados árabe-afegãos já estavam deixando o Afeganistão para outros países-alvo. A CIA também cuidava do recrutamento nos Estados Unidos, frequentemente disfarçada sob instituições de caridade islâmicas legítimas, mesquitas e frentes como o Centro para Refugiados Afegãos Al-Kifah no Brooklyn, cujas operações de recrutamento e de obtenção de financiamento foram tão bem-sucedidas que se tornou conhecido como o centro al-Jihad. Entre os notáveis colaboradores da CIA estavam o xeque Omar Abdel Rahman (velho camarada de Peshawar de Gulbuddin Hekmatyar e Osama bin Laden), o líder de orações egípcio, cego, posteriormente condenado em Nova York por várias conspirações, incluindo o atentado ao World Trade Center em 1993, e o xeque Abdullah Azzam, fundador palestino do Hamas, mentor de Osama bin Laden em Jedda e Peshawar e fundador, em Peshawar, do Escritório de Serviços, sua própria agência de recrutamento e rede de apoio que se tornou, após seu assassinato em 1989, a Al-Qaeda de bin

Laden. Ver Cooley, p. 27-30, 214-217; Coll, p. 204; Mamdani, p. 126-128; sobre as amizades paquistanesas do xeque Omar Abdel Rahman, ver Weaver, p. 79-80, 201.
57. Kaplan, p. 19.
58. Coll, p. 182.
59. Mamdani, p. 139, citando, entre outras, as investigações realizadas por repórteres do *Los Angeles Times*. Mamdani faz a importante observação de que a "privatização de informação [por parte da CIA] sobre formas de produzir e disseminar violência" está se mostrando muito mais danosa que sua distribuição de armas e dinheiro. A presidente paquistanesa Benazir Bhutto reclamou à correspondente do *New Yorker*, Mary Ann Weaver: "O governo dos Estados Unidos armou esses grupos, treinou-os, deu-lhes capacidade organizacional; muito, muito dinheiro foi gasto, e tanto o dinheiro quanto o zelo islâmico transbordaram para o lado de cá. E então os americanos se retiraram para Washington e ficaram olhando para a bagunça que haviam criado". Ela desejava acabar com a "influência dos clérigos islâmicos". Weaver, p. 203. Agora, Bhutto está no exílio, e os clérigos islâmicos continuam no Paquistão.
60. Rashid, *Taliban*, p. 25.
61. O incidente mais notório, conhecido como o Massacre de Ashfar, ocorreu em 11 de fevereiro de 1993, quando forças da Jamiat-i Islami de Rabbani (e de Massoud) e da Ittihad-i Islami de Abdur Rasul Sayyaf entregaram-se a uma farra de vinte e quatro horas de estupros, assassinatos, incêndios dolosos e rapto de crianças no distrito hazara de Ashfar, na parte oeste de Cabul. O presidente Rabbani posteriormente classificou o massacre como "um erro". International Crisis Group, *Afghanistan: Women and Reconstruction*, ICG Asia Report nº 48, Cabul/Bruxelas, 14 de março de 2003, p. 7. Ver

também Peter Marsden, *The Taliban: War, Religion and the New Order in Afghanistan* (London: Zed Books, 1998), p. 39.
62. Kaplan, p. 35-36, 49. Na introdução de uma edição posterior, Kaplan diz que o Afeganistão o atraía como uma forma de escapar ao mundo moderno, um lugar "não adulterado pelos poliésteres baratos do Ocidente"; mas é exatamente de poliéster que são feitas as burcas – parecidas com tendas – das mulheres. *Soldiers of God: With Islamic Warriors in Afghanistan and Pakistan* (New York: Vintage, 2001), p. xvi.
63. Scott Carrier, "Over There: Afghanistan After the Fall", *Harper's Magazine*, abril de 2002, p. 68; Borovik, p. 112.
64. Jason Elliot, *An Unexpected Light: Travels in Afghanistan* (London: Picador, 1999), p. 145.
65. Rubin, p. 230-231.
66. Alexander Cockburn e Jeffrey St. Clair, *Whiteout: The CIA, Drugs and the Press* (London: Verso, 1998), p. 263; Crile, p. 463. Goodson relata que o Afeganistão recebeu mais de 7,2 bilhões de dólares durante a década de 1980, p. 152-153. Só Israel e o Egito receberam mais ajuda estrangeira.
67. Weaver, p. 99.
68. Sobre a operação de despiste secreta, ver Lawrence Lifschultz, "Pakistan Was Iran-Contra's Secret Back Door", *Sunday Times of India*, 24 de novembro de 1991, citado em Rubin, p. 198, n. 7. Lifschultz relata a porta de trás trancada em novembro de 1986. Bob Woodward relata que, em determinado momento, o dinheiro para ambas as operações secretas passava pela mesma conta em um banco suíço. *Veil: The Secret Wars of the CIA, 1981-1987* (New York: Simon and Schuster, 1987), p. 502.
69. Alguns dizem que a sugestão de armar os *mujahidin* com Stingers chegou à CIA vinda de Osama bin Laden, com base em conselhos de seus amigos na inteligência saudita.

Peter Dale Scott, *Drugs, Oil, and War: The United States in Afghanistan, Colombia, and Indochina* (Lanham, Md.: Rowman & Littlefield, 2003), p. 32. Ao final da guerra, não se sabia do paradeiro de pelo menos 500 mísseis Stinger. O Paquistão ficou com alguns. Segundo se alega, os homens de Gulbuddin conseguiram um milhão de dólares vendendo 16 deles à Guarda Revolucionária do Irã. Outros apareceram nas mãos de militantes no Golfo Pérsico e nas Filipinas e derrubaram aviões no Tajiquistão e na Geórgia. Em poucos anos, os russos já estavam produzindo cópias passáveis. Ver Cooley, p. 144-46; Weaver, p. 77, 97-98.

70. Rubin, p. 181-182.

71. Rubin sobre "isolar os extremistas", p. 251; sobre a ajuda americana e saudita e armas para o Iraque, p.182-183; sobre o Crescente Vermelho, p. 197; sobre a conta da assistência, p. 179.

72. Coll, p. 228. Coll não dá o nome do oficial que entrevistou.

73. McCoy, p. 478. Weaver relata que 42 comandantes *mujahidin*, liderados por Abdul Haq, recusaram-se a tentar tomar Jalalabad. Haq se opunha à "crescente determinação do ISI de sequestrar a *jihad*". Weaver, p. 83.

74. Coll, p. 264-265.

75. Escreve Ahmed Rashid: "Ficara claro para mim que a estratégia para os oleodutos havia se tornado a força motriz por trás do interesse de Washington no Talibã". Rashid, *Taliban*, p. 163. Ver também Mamdani, p. 159-161.

76. Johnson e Leslie, p. 89. Khalilzad expressou sua opinião em um editorial de 1996 para o *Washington Post*. Cientista político, ele é discípulo (assim como Paul Wolfowitz e Richard Perle) de Albert Wohlstetter, professor da Universidade de Chicago, o teórico da guerra fria que se tornou o famoso modelo para o Dr. Strangelove (NT: Personagem paranoico interpretado por Peter Sellers em um filme de Stanley Kubrik). Jon Lee

Anderson relata que o próprio Khalilzad é visto em alguns setores como uma figura à la Dr. Strangelove", uma "eminência parda do poder imperial americano", reputação que ele conseguiu, em parte, por conta de seu envolvimento com o Taliban, a Unocal e o Plano de Orientação para Defesa, de 1992, documento que definiu a doutrina neoconservadora linhadura, incluindo o conceito de guerra preventiva. Ver "American Viceroy: Zalmay Khalilzad's Mission", *The New Yorker*, 19 de dezembro de 2005, p. 54-65.

77. Em abril de 2005, funcionários anunciaram que havia previsão de se iniciar a construção de um gasoduto ao final do ano. No mesmo dia, talvez por coincidência, o presidente Karzai e o secretário da Defesa, Donald Rumsfeld, encontraram-se em Cabul para discutir a possibilidade de se estabelecerem bases militares americanas permanentes em solo afegão. A Al-Qaeda também escolheu esse dia para anunciar sua promessa de continuar a *jihad* contra a coalizão, liderada pelos EUA, no Afeganistão. "Gas Pipeline Likely to Start by End of 2005", "Afghanistan Seeks Long-Term Security Relationship with US", "Al-Qaeda Vows Jihad against US-led Forces", *Daily Outlook Afghanistan*, 14 de abril de 2005 (25 Hamal, 1384), p. 1. No verão de 2005, os interesses petrolíferos americanos estavam combatendo uma tentativa pouco amistosa do governo chinês de assumir o controle da Unocal. Em depoimento ao Comitê de Serviços Armados do Congresso, James Woolsey, diretor da CIA durante o governo Clinton, insistiu que o Congresso bloqueasse a venda, uma vez que manter a Unocal em mãos americanas é um "assunto de segurança nacional". A China retirou sua oferta e a Chevron abocanhou a Unocal. Steve Lohr, "Unocal Bid Denounced at Hearing", *New York Times*, 14 de julho de 2005, p. C1.

78. Coll, sobre o manifesto de bin Laden, p. 380; sobre os atentados na embaixada, p. 403-4; sobre a tomada de Mazr-i Sharif pelo Talibã, p. 429.
79. Coll, p. 429.
80. A jornalista Christina Lamb cita uma opinião de amplo curso no Afeganistão: "Os paquistaneses são os verdadeiros terroristas. [...] São piores do que os russos porque os russos vieram como homens, como inimigos, ao passo que os paquistaneses fingiram ser nossos amigos, mas enviaram seus fundamentalistas para cá. Eles têm os campos de treinamento, os recursos financeiros; por que o Ocidente não está bombardeando eles e sim nós?" *The Sewing Circles of Herat: A Personal Voyage through Afghanistan* (New York: HarperCollins, 2002), p. 304.
81. Rashid, *Taliban*, p. 120-121. No início da guerra secreta no Afeganistão, Washington tomou a decisão política de "sacrificar a guerra contra as drogas para lutar a guerra fria". McCoy, p. 480. Para saber a história completa da CIA e do tráfico internacional de drogas, ver McCoy.
82. Coll, sobre o conselho de Musharraf, p. 481. O general Musharraf tomou o poder em um golpe militar em outubro de 1999. Sobre os ataques com mísseis, p. 409-412; sobre o financiamento saudita, p. 512; sobre as artimanhas do ISI paquistanês, p. 506. Cooley cita um antigo funcionário da CIA, anônimo: "O ISI nunca teve intenção de caçar bin Laden. Fomos completamente enganados". Cooley, p. 206.
83. Richard A. Clarke, *Against All Enemies: Inside America's War on Terror* (New York: Free Press, 2004), p. 209.
84. Coll, p. 518; Clarke, p. 209-210.
85. Coll, sobre a pressão sobre Massoud para capturar bin Laden, p. 458, p. 489; sobre a leitura de Massoud da política americana, p. 468-469; sobre a Al-Qaeda, p. 471; sobre o plano para o 11 de setembro, p. 485.

86. Coll, sobre Abdul Ahad Karzai, p. 459-460; sobre o lugar de Massoud na História, p. 569.
87. Coll, sobre Rice, p. 539; sobre a impermeabilidade a avisos do governo Bush, p. 541-543; sobre a adoção de um plano de segurança nacional, p. 560-561. Sobre o plano de segurança nacional, ver também Wooodward, *Bush at War*, p. 34-36; para detalhes, ver Clarke, p. 227-247.
88. Rubin, p. 5. Depois da Guerra do Vietnã, os EUA envolveram-se em guerras por procuração em Angola, em Moçambique, no Congo, na Nicarágua e no Afeganistão, apenas para citar os principais campos de batalha, e realizaram operações de apoio secretas no Camboja e na Etiópia, antes de invadirem, abertamente, o Iraque a primeira vez e de adotarem a política da guerra preventiva (a doutrina Bush) para invadir o Iraque pela segunda vez. Para uma discussão ampla da política de guerras por procuração, suavizadas, no jargão militar, como "conflitos de baixa intensidade", ver Mamdani.
89. Sobre bin Laden como *protégé*, Chalmers Johnson, *Blowback: The Costs and Consequences of American Empire* (New York: Metropolitan Books, 2000), p. 10.
90. O sociólogo francês Olivier Roy descreve a sociedade afegã como um "desequilíbrio constante", uma expressão que também descreve o *buzkashi*. *Islam and Resistance in Afghanistan*, 2nd ed. (Cambridge, UK: Cambridge University Press, 1990), p. 23. Roy afirma que "nunca houve uma nação afegã", embora "haja certamente um Estado afegão cuja história pode ser contada", p. 12.
91. G. Whitney Azoy, *Buzkashi: Game and Power in Afghanistan*, 2nd ed. (Prospect Heights, Ill.: Waveland Press, 2003), p. x.
92. A piada sugere os problemas de identidade mais profundos essenciais à política afegã. Os khalquis, de bigode, eram

pashtuns, em sua maior parte de origem operária ou rural. Os parchamis, de cabelos curtos, eram não-pashtuns falantes de dari, geralmente pertencentes às elites urbanas. O presidente Najibullah é frequentemente descrito como um "parchami típico".
93. Sobre Taraki, escreveu o vice-presidente Hafizullah Amin: "Nosso grande líder percebeu a verdade de que, devido ao fato de a classe trabalhadora não ser ainda desenvolvida como força política nos países desenvolvidos, há uma outra força que pode derrubar um governo feudal e opressivo e, no Afeganistão, essa força é o exército. Ele também deu ordens expressas para que a ideologia das classes trabalhadoras seja difundida dentro do exército. [...]", *Kabul Times*, 19 de abril de 1979, citado em Roy, p. 85.
94. Lamb, p. 130.
95. O presídio de Pul-i Charkhi foi construído por Daoud, que o utilizou, primeiramente, para abrigar inimigos políticos. No que diz respeito aos massacres, estima-se que 1.170 civis desarmados foram mortos, em um único dia, em um vilarejo na província de Kunar. Ver Rubin, p. 115. Roy relata massacres também em vilarejos em Samangan, Farah e Darrah-yi Souf. Roy, p. 97. Foi amplamente noticiada, também, a execução, em uma única noite, de 70 homens da moderada família Mujaddidi.
96. Karl E. Meyer, *The Dust of Empire: The Race for Mastery in the Asian Heartland* (New York: Public Affairs Books, 2003), p. 127.
97. Sobre o número de mortos e desaparecidos, ver Rubin, p. 115; Roy, p. 95; Kaplan, p. 115.
98. Ewans, p. 202. Segundo Coll, a KGB soviética tentou primeiro desacreditar Amin plantando falsos boatos de que fosse agente da CIA, mas, em um caso típico de tiro que saiu

pela culatra, eles posteriormente começaram a acreditar em sua própria história e a agir como se fosse verdade. Coll, p. 47.

99. Brzezinski revelou esse esquema, pela primeira vez, em 1998, em uma entrevista ao *Le Nouvel Observateur* de 15 e 21 de janeiro de 1998, e essa informação é agora rotineiramente apresentada como fato. Ver, por exemplo, Mark Danner, "Taking Stock of the Forever War", *New York Times Magazine*, 11 de setembro de 2005, p. 49. Ver também Cooley, p. 10-11; Mamdani, p. 123-124. O texto com a parte mais significativa da entrevista foi reproduzido em Scott, p. 35, n. 17. Ver a nota 101 seguinte.

100. Azoy, p. 118.

101. Para o esquema de Brzezinski, ver a nota 99 anterior. Coll, entretanto, relata que os memorandos de Brzezinski à época da invasão soviética não dão qualquer sinal de satisfação com o fato de que os soviéticos houvessem mordido qualquer isca. Coll, p. 581, n. 17. Não há dúvidas, entretanto, quanto à ação que ele sugeriu ao presidente Carter naquele momento, embora ele possa mais tarde ter exagerado tanto sua presciência como sua importância.

102. Woodward, *Veil*, p. 79.

103. Essa interpretação dada à "mudança de regime" é falsa. O objetivo, a princípio, na medida em que o governo tivesse qualquer objetivo, era simplesmente forçar o Taliban a entregar bin Laden e outros "assassinos" da Al-Qaeda. Ver Woodward, *Bush at War*, p. 124, 163.

104. Sobre a quantidade de pessoal, Woodward, *Bush at War*, p. 314. Sobre sua retirada, Barton Gellman e Dafna Linzer, "Afghanistan, Iraq: Two Wars Collide", *Washington Post*, 22 de outubro de 2004.

II. Nas prisões

1. "Afghan Recovery Report", nº 44, Institute for War and Peace Reporting, 17 de janeiro de 2003.
2. "Afghanistan: Country Gender Report, agosto de 2004", relatório provisório do Banco Mundial, Cabul, 2004, p. 64.
3. Corão 2:282. Alguns especialistas apontam outras passagens que equiparam o testemunho de ambos os gêneros, como em Corão 24:6-9. Mas as culturas patriarcais geralmente derivam o "governo" do Islã de leituras seletivas.
4. Artigo 22 (2) da Constituição da República Islâmica do Afeganistão, 4 de janeiro de 2004.
5. Omite-se a referência para preservar o anonimato do autor do relatório.
6. Sobre a "enorme influência" de Sayyaf sobre o tribunal, ver Chris Johnson e Jolyon Leslie, *Afghanistan: The Mirage of Peace* (London e New York: Zed Books, 2004), p. 163.
7. Entrevista, porta-voz da Comissão Independente de Direitos Humanos do Afeganistão, que solicitou que seu nome fosse omitido. 30 de março de 2005.
8. Johnson e Leslie, p. 164-165.
9. Mohammad Hashim Kamali, "Islam, Pernicious Custom, and Women's Rights in Afghanistan", anais da Conferência Nacional sobre Direitos da Mulher, Direito e Justiça no Afeganistão, 26 e 27 de maio de 2003, Kabul: International Human Rights Law Group, 2003, p. 46-47.
10. Kamali, p. 53.
11. Artigo 3, Constituição da República Islâmica do Afeganistão, 4 de janeiro de 2004.
12. "The Role of the Judiciary in Safeguarding Women's Rights: proceedings of a Conference of the Supreme Court of the Islamic Republic of Afghanistan, 22 a 24 de fevereiro de 2005", Kabul: medica mondiale, maio de 2005, p. 26.

13. "The Customary Laws of Afghanistan", Kabul: International Legal Foundation, setembro de 2004, p. 10, 13-14.

14. Código Penal da República Islâmica do Afeganistão, artigos 428 e 429.

15. "Bad Painful Sedative: Final Report", Kabul: Women and Children Legal Research Foundation, 2004, p. 8.

16. "Bad Painful Sedative: Final Report", p. 18.

17. "The Role of the Judiciary in Safeguarding Women's Rights", p. 26.

18. Amy Waldman, "The 15 Women Awaiting Justice in Kabul Prison", *New York Times*, 16 de março de 2003:4:1.

19. Omite-se a referência para preservar o anonimato do autor do relatório.

20. Omite-se a referência para preservar o anonimato do autor do relatório.

21. Corão 33:59 e 33:53. Sura 33:59, o versículo a que geralmente se atribui a "prescrição do uso do véu" está aberto a traduções e interpretações substancialmente diferentes. Frequentemente é traduzido para sugerir que as esposas e filhas do Profeta e as "mulheres piedosas" deveriam "lançar suas vestimentas exteriores [i.e., burcas] sobre os corpos de forma que fossem reconhecidas e não fossem molestadas". Mas como é que uma mulher vestindo uma burca pode ser "reconhecida"? Outra tradução parece trazer um pouco mais de bom senso, dizendo que as esposas e filhas do Profeta e as "esposas dos fiéis" deveriam "deixar seus véus caírem até embaixo. Assim elas serão mais facilmente reconhecidas e não serão desrespeitadas". Mas dizer que se deve deixar o véu "cair até embaixo" implica expor o rosto ou abaixar a barra? Uma mulher deve ser reconhecida individualmente ou genericamente, como seguidora do Profeta? As possibilidades para discussões são infinitas.

22. Louis Dupree, *Afghanistan* (Princeton, N. J.: Princeton Universtity Press, 1973), p. 531; George Macmunn, *Afghanistan: From Darius to Amanullah* (London: G. Bell, 1929), p. 296.

23. Jan Goodwin relata esses casos em entrevistas com mulheres islâmicas em *Price of Honor: Muslim Women Lift the Veil of Silence on the Islamic World* (Boston: Little, Brown, 1994).

24. Asne Seierstad descreve um caso típico de "consentimento" em *O Livreiro de Cabul*. Ela escreve: "Não dizer nada significa que se consentiu". E embora os membros da família se opusessem ao plano do livreiro de tomar uma segunda esposa, "ninguém ousava dizer nada em contrário – ele sempre conseguia o que queria".

25. Donald N. Wilber et al. *Afghanistan: Its People, Its Society, Its Culture* (New Haven, Conn.: HRAF Press, 1962), p. 136.

26. Ludwig W. Adamec, *Afghanistan's Foreign Affairs to the Mid-Twentieth Century: Relations with the USSR, Germany, and Britain* (Tucson, Ariz.; University of Arizona Press, 1974), p. 44.

27. Louis Dupree, p. 438-439. Quem geralmente recebe o crédito por iniciar a modernização e a liberalização de tendências no Afeganistão do século XX é o intelectual nacionalista Mahmud Beg Tarzi. Ele era conselheiro de Amir Habibullah, tutor dos filhos do emir, Inyatullah e Amanullah (seu sucessor), e casou-os com suas próprias filhas. Ver também Ewans, p. 111-112; Louis Dupree, p. 453-457.

28. Leila Ahmed, *Women and Gender in Islam: Historical Roots of a Modern Debate* (New Haven, Conn.: Yale University Press, 1992), p. 129.

29. Adamec, p. 90.

30. Adamec, p. 132-134.

31. Adamec, p. 137.

32. Adamec, p. 140.
33. Adamec, p. 183.
34. Dupree, p. 530-533.
35. Wilber et al., p. 80.
36. Entrevista, Dra. Laila Arash, Cabul, 2 de maio de 2005.
37. Conversa pessoal, 13 de março de 2005.
38. Tanto o Afeganistão como os Estados Unidos assinaram a CEDAW em 1980; o Afeganistão ratificou a convenção em 2003, mas os Estados Unidos não o fizeram até agora.
39. O candidato presidencial Wakil Mangal disse a repórteres: "A mulher pode obter todos os seus direitos quando tem acesso à educação, mas sem auto-suficiência financeira ela não consegue sair do controle do homem". "On the Issue of Afghan Women: Interviews with Presidential Candidates", Kabul: medica mondiale, outubro de 2004, p. 18.
40. Entrevista, Cabul, 26 de abril de 2004.
41. Entrevista, Cabul, 7 de abril de 2004.
42. Marjo Stroud, pesquisa não publicada, fevereiro-março de 2004.
43. Bernard-Henri Levy, "A Tale of Love and Death in Afghanistan", *New York Times*, 17 de abril de 2004.
44. Shawna Wakefield, "Gender and Local Level Decision Making: Findings from a Case Study in Samangan", Kabul: Afghanistan Research and Evaluation Unit, março de 2005, p. 3.
45. Em 2003, celebridades feministas americanas, incluindo Jane Fonda, Oprah Winfrey e Eve Ensler levaram uma ativista da RAWA ao Madison Square Garden para mostrar sua burca em uma demonstração midiática de solidariedade feminina. Zoya, com John Follain e Rita Cristofari, *Zoya's Story: An Afghan Woman's Struggle to Freedom* (New York: William Morrow, 2002), p. 210-212. Para um relato favorável sobre a

RAWA, ver Cheryl Bernard, *Veiled Courage: Inside the Afghan Women's Resistance* (New York: Broadway Books, 2002).
46. Johnson e Leslie, p. 171.
47. Louis Dupree, p. 411.
48. *Qanoon, or The Law*, enredo por Nasir Yosuf Zai, diálogos por Saba Sahar, Cabul, 2005. Todas as citações são da versão original em tradução inglesa preparada pelos realizadores.
49. "Afghan justice ministry promises to build new prison for women with many facilities", Pajhwok Afghan News Service, 6 de março de 2005.

III. Nas escolas

1. Nancy Hatch Dupree, "Education Patterns in the Context of an Emergency", *Refuge* 17, nº 4 (outubro de 1998), p. 18-19.
2. Programa das Nações Unidas para o Desenvolvimento, "Security with a Human Face: Challenges and Responsabilities", Afghanistan Summary National Human Development Report, 2004 (Islamabad: Army Press, 2004), p. 6.
3. Nancy Hatch Dupree, "Education Patterns", p. 18.
4. Nancy Hatch Dupree, "Education Patterns", p. 18. Donald N. Wilber et al, *Afghanistan* (New Haven, Conn.: HRAF Press, 1962), p. 84.
5. Wilber et al, p. 84-85; Nancy Hatch Dupree, "Education Patterns", p. 19.
6. O US Engeneering Team (USET) incluía as seguintes instituições: Carnegie Institute of Technology, University of Cincinnati, Georgia Institute of Technology, Illinois Institute of Technology, Lehigh University, University of Notre Dame, Rice University, North Carolina State University e Purdue University. Ver Louis Dupree, *Afghanistan* (Princeton, N. J.: Princeton Universtiy Press, 1973), p. 598.

7. Louis Dupree, p. 516, 598-599.
8. Muhsen Nazari, "Afghanistan Ponders Privatization of Electricity", *Kabul Weekly*, 11 a 17 de maio de 2005, p. 1.
9. Chris Johnson e Jolyon Leslie, *Afghanistan: The Mirage of Peace* (London: Zed Books, 2004), p. 11, citando *The Guardian*, 8 de agosto de 2002.
10. George Packer, "A Democratic World", *The New Yorker*, 16 e 23 de fevereiro de 2004, p. 100.
11. Packer, p. 100.
12. A descrição de Reagan é citada em Mahmood Mamdani, *Good Muslim, Bad Muslim: America, the Cold War, and the Roots of Terror* (New York: Doubleday, 2004), p. 143.
13. Joseph E. Stiglitz, *Globalization and Its Discontents* (New York: Norton, 2003), p. 78.
14. John Brohman, *Popular Development: Rethinking the Theory and Practice of Development* (Oxford: Blackwell, 1996), p. 203.
15. Stiglitz, p. 78.
16. Brohman, p. 224.
17. Para os neoliberais, o sofrimento dos pobres é compensado pelo ganho dos poderosos tanto no país doador como no país que recebe. Uma das razões dos pobres ficarem mais pobres em uma nação doadora rica como os Estados Unidos é que seus empregos foram "terceirizados" para trabalhadores de países em que os pobres aceitam salários mais baixos. Assim, por meio da globalização, os pobres nos países ricos subsidiam os ricos nos países pobres, de modo que os ricos ficam mais ricos, e os pobres, mais pobres, em toda a parte. Ver James Goldsmith, "The Winners and the Losers", *The Case against the Global Economy: And For a Turn toward the Local*, ed. Jerry Mander e Edward Goldsmith (San Francisco: Sierra Club Books, 996), p. 176.

18. Ian Traynor, "The Privatization of War, $30 Billion Goes to Private Military; Fears over 'Hired Guns' Policy", *The Guardian*, 10 de dezembro de 2003, citado em Mamdani, p. 259.
19. Johnson e Leslie, p. 101.
20. Sarah Lister e Adam Pain, "Trading in Power: The Politics of 'Free' Markets in Afghanistan", Kabul: Afghanistan Research and Evaluation Unit, junho de 2004, p. 8.
21. Mirwais Harooni, "Questions Surface on Roads Going Nowhere: Millions Wasted on Second-Rate Highways", *Kabul Weekly*, 30 de março de 2005, p. 1, 4; David Rohde e Carlotta Gall, "Delays Hurting U. S. Rebuilding in Afghanistan", *New York Times*, 7 de novembro de 2005, p. 1. Louis Berger recebeu o maior contrato da USAID no Afeganistão, conferido em 2002 e 2003, no valor de 665 milhões de dólares. Em parte, determinava a construção de 96 clínicas e escolas até setembro de 2004; mas, mais de um ano depois, apenas 11 prédios haviam sido completados.
22. Sobre a KPMG, "Criminal Case is Broadened over Tax Shelters at KPMG", *New York Times*, 18 de outubro de 2005, p. C1, C9.
23. Rohde e Gall relatam que o contrato da Bearing Point "com o tempo chegou ao valor de 98 milhões de dólares". "Windfalls of War", um relatório do Center for Public Integrity de 30 de outubro de 2002, lista o valor original do contrato como sendo de 64 milhões de dólares. Ver www.publicintegrity.org. Algumas fontes não-oficiais dizem que o contrato chegou a 165 milhões de dólares.
24. Chris Johnson e Jolyon Leslie, experientes trabalhadores em ajuda humanitária, escrevem: "O que é notável no Afeganistão é a profundidade com que agências multilaterais, e mesmo

algumas ONGs supostamente independentes, se envolveram no projeto do livre-mercado". Johnson e Leslie, p. 101.

25. Entrevista não-oficial, Cabul, 18 de abril de 2005. Em documentos oficiais, e em minhas próprias notas de entrevista, há três grupos diferentes de números para o programa TEP. As metas geralmente são abaixadas quando as demandas do doador se chocam com a realidade dos fatos.

26. Para listas de empreiteiras, contratos e de suas contribuições de campanha, ver "Windfalls of War".

27. A ajuda bilateral dos Estados Unidos para o Paquistão saltou de uma média de 40 milhões durante o período de 1998-2000, para 770 milhões de dólares em 2002. USAID Greenbook, citado em Romilly Greenhill e Patrick Watt, "Real Aid: An Agenda for Making Aid Work", Johannesburg, S.A.: Action Aid International, junho de 2005, p. 19.

28. Rohde e Gall.

29. Sobre a história e os contratos da Creative Associates International, ver "Windfalls of War".

30. "Windfalls of War"; Entrevista, funcionário do Ministério da Educação que pediu para permanecer anônimo, Cabul, 17 de maio de 2005. Em seu website, a Creative Associates International alega: "Os livros chegaram ao Afeganistão por via aérea e foram distribuídos antes do início do ano letivo".

31. "Windfalls of War", University of Nebraska em Omaha; Steve Coll, *Ghost Wars: The Secret History of the CIA, Afghanistan, and bin Laden, from the Soviet Invasion to September 10, 2001* (New York: Penguin Press, 2004), p. 364.

32. Scott Bauer, "Peace Group: UNO Textbooks Distributed in Afghanistan Contributed to Terrorism", AP, 16 de abril de 2005.

33. Christian Parenti, "Afghan Poppies Bloom", *The Nation*, 24 de janeiro de 2005, p. 22; ver também Amy Waldman, "Afghan Route to Prosperity: Grow Poppies", *New York Times*,

10 de abril de 2004; Carlotta Gall, "Afghan Poppy Growing Reaches Record Level, UN Says", *New York Times*, 19 de novembro de 2004.

34. Parenti relata remunerações para mulheres no valor de até sete dólares por dia, p. 24.

35. Gall, "Afghan Poppy Growing Reaches Record Level, UN Says".

36. Alfred W. McCoy, *The Politics of Heroin, CIA Complicity in the Global Drug Trade, Afghanistan, Southeast Asia, Central America, Colombia*, ed. rev. (Chicago: Chicago Review Press, 2003), p. 470. Para uma convincente discussão sobre o contexto atual das campanhas americanas, ver Mamdani.

37. Carlotta Gall, "Afghan Poppy Farmers Say Mistery Spraying Killed Crops", *New York Times*, 5 de dezembro de 2004.

38. Gall, "Afghan Poppy Farmers Say Mistery Spraying Killed Crops".

39. Waldman, "Afghan Route to Prosperity: Grow Poppies".

40. Citado em Parenti, "Afghan Poppies Bloom", p. 25.

41. Eric Schmitt, "Drug Eradication: Afghan's Gains Face Big Threat in Drug Traffic", *New York Times*, 11 de dezembro de 2004.

42. Mirwais Harooni, "Behind the Chinese Lantern, Guesthouses or Brothels?", *Kabul Weekly*, 9 de fevereiro de 2005, p. 1, 4.

43. Greenhill e Watt, p. 31.

44. Anita Anastacio e Dawn Stallard, "Report Card: Progress on Compulsory Education, Grades 1-9", Kabul Human Rights Research and Advocacy Consortium, março de 2004, p. 7.

45. "Current Realities and Future Prospects for Afghanistan's Public Education System", relatório provisório de organização não identificada, Cabul, 31 de outubro de 2004, p.12. Os números citados se referem apenas ao Ministério da Educação.

Para todo o Setor de Educação, o gasto previsto era de 432,45 milhões de dólares, dos quais apenas 32% estavam disponíveis.

46. Anastacio e Stallard, p. 6.

47. Anastacio e Stallard, p. 1-2.

48. Amy Waldman, "In Afghanistan, US Envoy Sits in Seat of Power", *New York Times*, 17 de abril de 2004; "US Ambassador Afghan's Chief Executive?", *The Nation* (Paquistão), 18 de abril de 2004; Thom Shankar, "Prison Abuse: US Army Inquiry Implicates 28 Soldiers in Deaths of 2 Afghan Detainees", *New York Times*, 15 de outubro de 2004; Tim Golden, "In US Report, Brutal Details of 2 Afghan Inmates' Deaths", *New York Times*, 20 de maio de 2005; Reuters, "Karzai Demands Custody of All Afghan Prisoners", *New York Times*, 22 de maio de 2005; "Karzai Fails to Gain Control fo Afghan Prisoners Held by US Authorities", *Kabul Weekly*, 25 de maio de 2005, p. 1.

49. Ramtanu Maitra, "The Party's over for Afghan NGOs", *Asia Times*, 21 de abril de 2005. As reclamações de Bashardost eram populares entre os habitantes de Cabul que lhe deram a terceira maior votação nas eleições parlamentares de 2005.

50. Salem Mandokhil, "Number of Dead Still Unknown in Ghazni", *Kabul Weekly*, 6 de abril de 2005, p. 1.

51. "Karzai Asks for More Control as Government Questions NGO's Accountability", *Kabul Weekly*, 6 de abril de 2005, p. 1.

52. "Italian Aid Worker Abducted in Kabul", *Kabul Weekly*, 18-25 de maio, p. 1.

53. Carlotta Gall, "Ambush Kills 5 Aid Workers; Taliban Claims Responsability", *New York Times*, 2 de junho de 2004.

54. Paul O'Brien, "PRTs — Guaranteeing or Undermining a Secure Future in Afghanistan?", *FMR*, setembro de 2003, p. 38.

55. O'Brien, p. 38.

56. Foi apenas em dezembro de 2005 que se anunciou que a OTAN expandiria a ISAF, liderada pela OTAN, que opera

no Afeganistão sob um mandato da ONU para a manutenção da paz. Havia previsões de que até junho ou julho de 2006 mais seis mil soldados da OTAN iriam se juntar aos dez mil que já operam em Cabul e em certas regiões a norte e oeste do Afeganistão. O plano previa que os EUA reduzissem, em quantidade proporcional, o número de soldados e que entregasse à OTAN a maioria de suas operações ao sul, coincidentemente em um momento em que as forças do Talibã ao sul estão atingindo seu maior poder de fogo desde a queda do governo Talibã. Ver Carlotta Gall, "As NATO Forces Ease Role of G.I.'s in Afghanistan, the Taliban Steps Up Attacks", *New York Times*, 11 de dezembro de 2005.

57. Mike Dougherty, "American Killed in Bombing Was Due Home Soon", *New York Times*, 25 de outubro de 2004.

58. Carlotta Gall, "3 Election Workers Are Abducted in Afghanistan", *New York Times*, 28 de outubro de 2004; Reuters, "Kidnappers Free Three UN Workers in Afghanistan", *New York Times*, 23 de novembro de 2004.

59. Reuters, "British Man Shot Dead in Afghan Capital", 8 de março de 2005.

60. "American Escapes Kidnap Attempt in the Capital", *Kabul Times*, 12 de abril de 2005, p. 1.

61. Nadene Ghouri, "Clementina Cantoni: A Force for Good", *Kabul Weekly*, 25 de maio de 2005, p. 2.

62. Carlotta Gall, "Laura Bush Carries Pet Causes to Afghans", *New York Times*, 31 de março de 2005.

63. Gall, "Laura Bush Carries Pet Causes to Afghans". A American International School, de 1a série à 3a série do ensino médio, abriu em novembro de 2005 com 160 alunos. Anuidade: 5 mil dólares. Afirma-se que há bolsas de estudo disponíveis para crianças afegãs com "forte habilidade em inglês".

64. Michael Bhatia, Kevin Lanigan e Philip Wilkinson, "Minimal Investments, Minimal Results: The Failure of Security Policy in Afghanistan", Kabul: Afghanistan Research and Evaluation Unit, junho de 2004.

65. Ver especialmente "A Call for Justice: A National Consultation on Past Human Rights Violations in Afghanistan", Kabul: Afghanistan Independent Human Rights Comission, n.d.

66. A própria "caçada" se tornou, mais tarde, polêmica. Durante a campanha presidencial de 2004, o senador John Kerry afirmou que os Estados Unidos deveriam estar lutando contra a Al-Qaeda e o Talibã. Mas o governo Bush alegou que o estava fazendo quando, de fato, começara a deslocar tropas envolvidas na "guerra" do Afeganistão, alguns meses depois de ter atacado o país, em preparação para o ataque ao Iraque. Foi o que relatou o genereal Tommy Franks ao senador Bob Graham em fevereiro de 2002. Ver Bob Graham, "Bush at War: Eye on the Ball?", *New York Times*, 24 de outubro de 2004.

67. Bhatia et al, p. 1.

68. Citado em Bhatia et al, p. 1.

69. Entrevista com Zolaykha Sherzad em Cabul, em 12 de março de 2005. Sobre a School of Hope, acesse: www.sohope.org; Julie Salamon, "From a Crisis, Children Reach across the World", *New York Times*, 15 de novembro de 2004.

AGRADECIMENTOS

Não fui ao Afeganistão para escrever um livro. Minha intenção e meu interesse, o tempo todo, eram o de prestar ajuda humanitária. Mas, quando voltava aos EUA, em visita, via que as pessoas estavam cheias de perguntas do tipo: "As coisas estão melhorando?", para as quais as respostas eram, invariavelmente, complexas demais para uma simples conversa. A agente literária britânica Mary Clemmey, minha velha amiga, foi a primeira a me encorajar a responder, por escrito, a algumas dessas perguntas; e, durante meu terceiro longo inverno em Cabul, comecei a escrever o registro que aparece aqui.

Sou grata a muitos afegãos e estrangeiros que enriqueceram minha estada em Cabul e me auxiliaram com sua maior experiência. Por razões de privacidade, não irei revelar seus nomes aqui; nem os identifico nesse livro em que a maioria das pessoas e organizações, exceto as figuras públicas, aparecem sob nomes fictícios e apresentados em suas características mais marcantes. Alguns colegas em Nova York também incentivaram e apoiaram meu trabalho humanitário e compartilharam comigo suas informações. Meus agradecimentos a Lynn Hayden-Findlay, Leslie Painter e Bonnie Tsai; Manizha Naderi e Masuda Sultan da Women for Afghan Women; e Zama Coursen-Neff da Human Rights Watch.

Devo muito — como todos nós, creio — aos historiadores, escritores e jornalistas (citados nas notas) que ainda estão desenterrando detalhes tanto do envolvimento oficial como do envolvimento secreto dos EUA no Afeganistão. O trabalho deles me ajudou a compreender o que lá testemunhei. Como também me ajudaram as sugestões dos três colegas em Cabul que leram as primeiras versões de alguns trechos do manuscrito. Mas as conclusões são minhas, assim como a responsabilidade por qualquer erro factual ou de interpretação.

Toda a equipe da Metropolitan Books merece toda minha gratidão; especialmente Lindsay Roos, Raquel Jaramillo, Kelly Too e minha brilhante editora, Riva Hocherman. Agradeço também a Betsy Reed, minha editora no *The Nation*, que publicou uma pequena porção, em texto algo diferente, da segunda parte deste livro. Tenho uma dívida especial de gratidão com minha velha amiga Irene Young, a fotógrafa adorada por músicos e atores na costa leste e na costa oeste, que fez o favor de aprimorar minhas imagens para impressão. E a minha agente Ellen Geiger, da Frances Goldin Literary Agency. E à magnífica Eleanor Torrey West, que por tantos anos generosamente ofereceu, a artistas e escritores, sua selvagem ilha Ossabaw, na costa da Geórgia, e deu a esta escritora, há muito tempo, a oportunidade de adentrar um lugar completamente desconhecido e abraçá-lo.

Meu trabalho no Afeganistão (e esse livro) não teria sido possível sem o apoio da minha equipe nos EUA que ajudou, de várias maneiras, a tornar possíveis minhas longas ausências e perdoá-las: a falecida Meri Straz, Paula Fackleman Pierce e Ken Pierce, Barbara Boris, Andrea Lurie, Nancy Rosen, Alison Baker, Catherine Ruocco e Murray Dauber. E meus companheiros, todos ótimos escritores, que me lançaram um cordão salva-vidas de e-mails que me ajudou a ir adiante — Valerie Martin, Patricia Lewis, Charles Wachtel e Joan Silber.

Finalmente, claro, minha maior dívida é com os afegãos que me acolheram e me confiaram suas preocupações. A eles digo *Manda nabashen. Zenda bashen*. Que vocês não se cansem. Que tenham longa vida.